TEACHING MATERIALS FOR COLLEGE STUDENTS
高等学校教材

俄罗斯概况
Обзор России

主　编　孙大满　周瑞平　孟宏宏　赵婷廷

参　编　林　超　赵　云　殷艳艳　史秀珍

中国石油大学出版社
CHINA UNIVERSITY OF PETROLEUM PRESS

图书在版编目(CIP)数据

俄罗斯概况:俄文/孙大满等主编. — 东营:中
国石油大学出版社,2018.5
ISBN 978-7-5636-5754-4

Ⅰ. ①俄… Ⅱ. ①孙… Ⅲ. ①俄语－高等学校－教材
②俄罗斯－概况 Ⅳ. ① H359. 39;K

中国版本图书馆 CIP 数据核字(2018)第 085740 号

中国石油大学(华东)规划教材

书　　名:俄罗斯概况
作　　者:孙大满　周瑞平　孟宏宏　赵婷廷

责任编辑:尼凯敏　袁超红(电话 0532－86981531)
封面设计:韩彩宁

出 版 者:中国石油大学出版社
　　　　　(地址:山东省青岛市黄岛区长江西路 66 号　邮编:266580)
网　　址:http://www.uppbook.com.cn
电子邮箱:shiyoujiaoyu@126.com
排 版 者:青岛友一广告传媒有限公司
印 刷 者:沂南县汶凤印刷有限公司
发 行 者:中国石油大学出版社(电话 0532—86981531,86983437)
开　　本:180 mm × 235 mm
印　　张:16. 5
字　　数:333 千
版 印 次:2018 年 5 月第 1 版　2018 年 5 月第 1 次印刷
书　　号:ISBN 978-7-5636-5754-4
定　　价:33. 00 元

前 言

　　俄罗斯具有广袤的地域、丰富的资源、悠久的历史和文化。在中俄合作中,作为俄罗斯语言文字工作者,除了要精通俄语外,更要深入了解俄罗斯的自然风情、历史进程、文化传统、风俗民情等。近年来,俄罗斯文化、俄罗斯文化国情学这类教材出版数量较多,在俄语教学中发挥了重要作用。但是,这类教材大多局限于文化知识方面,缺少对俄罗斯整体情况的介绍,不利于学生对俄罗斯社会的全面了解。同时,多数教材用汉语编写或用俄语而没有相应的汉语解释,这些都不符合学生掌握原汁原味的俄语资料或易于阅读的要求。针对这种状况,本书作者结合中国石油大学(华东)俄语专业必修课"俄罗斯语言国情学"的需求而编写了本教材,目的是使学生更多地了解俄罗斯地理、历史、文学、文化等方面的知识。同时,本书还有一大特色,即根据中国石油大学(华东)俄语教学的实际情况以及中俄能源领域的合作现状,特别编写与俄罗斯能源状况有关的章节。因此,学生在学习过程中不仅可扩大知识面,还可促进对俄语语言的正确理解和运用,并为将来的就业和俄语交际能力的提高打下良好基础。

　　本书共分六章:

　　第一章　俄罗斯地理。主要讲述俄罗斯的地理位置、地形特点、气候特点、矿产资源、人口以及俄罗斯的主要城市,从空间上对俄罗斯进行详细而准确的描述。

　　第二章　俄罗斯历史。主要以俄罗斯历史的发展为主线,讲述俄罗斯各个历史时期的重大事件和著名人物,具有一定的知识性和趣味性。

　　第三章　俄罗斯文学。主要讲述俄罗斯文学的发展概况和各个时期的著名作家及代表作品。

　　第四章　俄罗斯文化。主要选取较能体现俄罗斯民族特点的文化知识进行简要介绍,使读者了解俄罗斯文化习俗和传统。

　　第五章　俄罗斯能源。主要介绍俄罗斯的能源种类、分布状况、储量等,并介绍中俄能源合作的现状及前景展望,为现在及将来的俄语工作者提供基本的俄罗斯能源知识。

第六章 俄罗斯石油公司及油田。主要介绍目前俄罗斯运营的部分石油公司及油田概况,使读者了解俄罗斯的石油公司和油田的经营情况。

本书采用俄语编写,每课配有相关生词解释及课后作业,且重要专有名词后附有相应汉语。这样使学习者能够突破某些知识障碍,较为容易地阅读"第一手"资料,同时在阅读过程中掌握更为地道的俄语表达方式。本书在编写过程中参阅了大量近年来俄罗斯及我国出版的相关书籍,编者对其作者表示由衷的感谢。

本书可供大学俄语专业学生作为教材使用,也可供从事俄语教学与研究并对俄罗斯感兴趣的人员参考使用。

由于时间仓促和编者水平有限,疏漏和谬误在所难免,恳请读者批评指正并提出宝贵意见,编者将不胜感激。

主 编
2017 年 6 月

Содержание

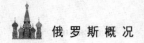

Раздел I

География России

Урок 1   Географическое положение России

Российская Федерация (РФ, 俄罗斯联邦) — самое большое государство мира. Его площадь — 17,1 млн км², что чуть меньше всей территории одного из материков Земли — Южной Америки (17,8 млн км²). Население — 146,3 млн чел. Протяженность границ — 60932 км, в том числе морских — 38807 км. Проживает свыше 100 народов. Русские составляют 81,5 %. Столица — Москва. Площадь Москвы — 1071 км². Население Москвы — 8794 тыс. чел.

Первые упоминания об этой стране датируются примерно 10 в., в древнерусских памятниках 10 — 15 вв. эти земли назывались «Русью», «Русской землей». В XIV в. они стали называться Московским княжеством, в XV в. — Московским государством или Московией, с XVI в. — Россией.

В 1721 государство было официально названо Российской империей. До 1917 под Россией понималась совокупность территорий Российской империи, населённых как русскими, так и иными народами. После 1917 в связи с установлением советской власти появилось понятие «Советская Россия», которым могли именовать и собственно Россию (и образованную на ее землях РСФСР), и весь образованный в 1922 Советский Союз.

После 1991 и распада СССР под «Россией» подразумевают Российскую Федерацию (провозглашенную 12 июня 1990).

Территория. Российская федерация расположена на востоке Европы и на

1

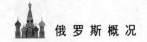

севере Азии. Самая северная точка на материке — мыс Челюскин (полуостров Таймыр), на островах — север острова Рудольфа в архипелаге Земля Франца-Иосифа; самая южная — в Дагестане, на границе с Азербайджаном; западная — на Балтийской косе в Калининградском заливе; восточная — на острове Ратманова в Беринговом проливе.

Протяженность сухопутных границ 22125,3 км, они разделяют Россию на северо-западе с Норвегией (挪威), Финляндией (芬兰), на западе — с Польшей (波兰), Эстонией (爱沙尼亚), Латвией (拉脱维亚), Литвой (立陶宛), Белоруссией (白俄罗斯). Юго-западная граница — с Украиной (乌克兰), южная — с Грузией (格鲁吉亚), Азербайджаном (阿塞拜疆), Казахстаном (哈萨克斯坦), Китаем(中国), Монголией (蒙古) и Корейской (朝鲜).

Россия расположена на самом большом материке Земли — Евразии (欧亚大陆), занимая значительные территории в двух частях света — Европе и Азии.

Россия омывается водами трех океанов: с запада — Атлантического (大西洋), с севера — Северного Ледовитого (北冰洋), с востока — Тихого (太平洋).

Территория России занимает 11 часовых поясов.

Столица России — Москва располагается во втором часовом поясе, а Чуковский полуостров — в двенадцатом. Однако для удобства 11-й и 12-й часовые пояса у России были объединены в один.

В 1981 г. в России введено летнее время. Ежегодно в последнее воскресенье марта стрелка часов переводится на один час вперед по сравнению с поясным и декретным временем. А отменяется летнее время обычно в последнее воскресенье сентября переводом часовой стрелки на час назад. Таким образом, с конца марта до конца сентября в России к поясному времени любого пункта прибавляется два часа, а в осенне-зимний период — один час.

Новые слова

1. материк   大陆 ,洲

2. датироваться   注明日期 ;确定日期

3. княжество   公国 ,侯国 ,公爵领地

4. империя   帝国

5. подразумевать   暗指 ,暗示 ,意味着 ,意思是

6. мыс   岬 ;海角

7. провозгласить   (隆重) 宣布

8. омываться   濒临；洗干净   10. декретное время   法定时间
9. часовой пояс   时区

◇ **Задания по тексту**

Задание 1   Прочитайте текст и ответьте на вопросы.

1. Какая площадь у России?

2. Какие океаны омывают Россию?

3. Какую роль играют моря в России?

4. На каком часовом поясе находится Москва?

5. Почему в России введено летнее время с 1981 года?

6. Расскажите коротко географическое положение России.

Задание 2   Постарайтесь передать содержание текста.

Урок 2   Водные ресурсы России

Берега России омываются 12 морями, принадлежащими бассейнам 3 океанов — Атлантического (Балтийское 波罗的海 , Черное 黑海 , Азовское море 亚速海), Северного Ледовитого (Баренцево 巴伦支海 , Белое 白海 , Карское 喀拉海 , Восточно-Сибирское 东西波利亚海 , Чукотское 楚科奇海), Тихого (Берингово 白令 海 , Охотское 鄂霍次克海 , Японское 日本海) и бессточного Каспийского моря (里 海). Протяженность морских границ России — 38807,5 км. Она также имеет морские границы с США (美国) и Японией (日本).

Белое море было освоено русскими еще в 11 в. Старейшее русское поселение — Холмогоры (霍尔莫戈雷), откуда был родом крупнейший русский ученый М.В. Ломоносов. С конца 15 до начала 18 в. море имело значение важнейшего морского пути, связывавшего Россию с Западной Европой. В начале 18 в. его транспортная роль уменьшилась в связи с выходом России к Балтике (巴尔季卡). С 20-х годов 20 в. значительная часть морских перевозок России осуществляется через Мурманск (摩尔曼斯克), незамерзающий порт Баренцева моря. Вдоль побережья арктических морей России проходит транспортная артерия, соединяющая европейские и дальневосточные порты от Новой Земли до Берингова пролива. Моря Тихого океана — Берингово, Охотское и Японское — вытянулись вдоль азиатского материка. Выход к Балтике Россия обеспечила себе победой в Северной войне начала 18 в., присоединив к своей территории побережье с портами Ревель (Таллин), Нарва (纳尔瓦), Рига (里加), Выборг (维堡).

Черное и Азовские моря — внутриматериковые, соединены между собой Керченским проливом (刻赤海峡), а проливами Босфор (波斯普鲁斯海峡) и Дарданеллы со Средиземным морем (地中海) и Атлантическим океаном. Освоение Россией этой акватории относится к концу 17 — началу 18 в.

Крупнейший в мире бессточный водоем — Каспийское море («море-озеро»). В Каспий впадает самая большая русская река — Волга (伏尔加河). Крупнейшая в Европе и пятая по длине в мире она соединена каналами с Балтийским, Белым, Азовским и Черными морями, а также с Москвой-рекой — главной рекой российской столицы.

По ресурсам водного стока Россия занимает 2-е место в мире после Бразилии (巴西) с ее самой многоводной рекой Амазонкой (亚马孙河). В пересчете на одного жителя, обеспеченность ресурсами подземного стока, почвенной влаги, полным речным стоком Россия превосходит в 4 раза среднюю мировую.

По территории России протекает свыше 2,5 млн рек. Самая многоводная из них — Енисей (叶尼塞河) (по этому показателю у России пятое место в мире). Большинство русских рек несут свои воды в Северный Ледовитый и Тихий океаны.

Россия — озерный край, хотя крупных озер мало. Общее число русских озёр превышает 2,7 млн, площадь их (без Каспия) — более 400 тыс. км^2. В азиатской части России, на юге Восточной Сибири в тектонической впадине в системе рифов, окруженной горными хребтами, расположено озеро Байкал (贝加尔湖). Озеро Байкал находится на первом месте в мире по глубине (1620 м) и объему пресной воды (23 тыс. км^2, это 1/5 мировых запасов пресной воды). Площадь озера — 31,5 тыс. км^2, максимальная длина — 636 км, ширина — 48 км. Уровень воды подня́т плоти́ной Ирку́тской ГЭС на 0,8 м. На о́зере 27 острово́в, в него́ впада́ют 336 рек. и вытека́ет одна́ река́ — Анга́ра. Бра́тское водохрани́лище (布拉茨克水库) на Анга́ре, образо́ванное в 1967 плоти́ной одноимённой ГЭС (пл. 5470 км^2, объём 169,3 км^2) испо́льзуется для судохо́дства и водоснабже́ния.

На се́веро-за́паде Росси́и лежи́т са́мое кру́пное из европе́йских пресново́дных озёр (Ла́дожское 拉多加湖) (пло́щадь — 17,7 тыс. км^2, длина́ 219 км, ширина́ 83 км, глубина́ 230 м), оно́ име́ет 660 острово́в; в него́ впада́ет 35 рек, вытека́ет река́ Нева́, на кото́рой в нача́ле 18 в. воздви́гнут Санкт-Петербу́рг (圣彼得堡), бы́вший бо́льше двух веко́в столи́цей Росси́и. Во вре́мя Вели́кой Оте́чественной войны́ по льду Ла́дожского о́зера была́ проло́жена «Доро́га жи́зни», спа́сшая от го́лода жи́телей осаждённого фаши́стами Ленингра́да.

В структу́ре испо́льзования воды́ преоблада́ют произво́дственные ну́жды. Гла́вная во́дная пробле́ма Росси́и — загрязне́ние рек. и водоёмов отхо́дами хозя́йственной де́ятельности, из-за чего́ кру́пные во́дные объе́кты страны́ не соотве́тствуют нормати́вным европе́йским тре́бованиям. По Во́дному законода́тельству на хозя́йственно-питьево́е водоснабже́ние испо́льзуется 76 % пре́сных подзе́мных вод, а 24 % идёт на ну́жды промы́шленности и ороше́ния по специа́льному разреше́нию природоохра́нных о́рганов. Одна́ко то́лько 30 % городо́в и населённых пу́нктов Росси́и по́лностью обеспе́чено подзе́мной питьево́й водо́й. Водоснабже́ние Москвы́, Петербу́рга и ря́да други́х кру́пных городо́в бази́руется на незащищённых от загрязне́ния пове́рхностных во́дах. Одна́ко то́лько 30 % городо́в и населённых пу́нктов Росси́и по́лностью обеспе́чено подзе́мной питьево́й водо́й. Петербу́рга и ря́да други́х кру́пных городо́в бази́руется на незащищённых от загрязне́ния пове́рхностных во́дах.

Новые слова

1. бессто́чный 内陆的；内流的
2. в связи́ с чем 关于；因此
3. незамерза́ющий порт 不冻港
4. экспеди́ция 考察；探险
5. аквато́рия 水域
6. ГЭС (гидроэлектроста́нция) 水力发电站
7. риф 暗礁
8. хребе́т 山脉
9. водохрани́лище 水库

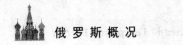

10. загрязнение 污染

11. водоем 水体；水库

12. водоснабжение 供水

13. орошение 灌溉

◆ Задания по тексту

Задание 1 Прочитайте текст и ответьте на вопросы.

1. Сколько километров протяженности морских границ России?

2. Расскажите освоение морей в России?

3. Сколько рек по территории России протекает?

4. Опишите озеро Байкал?

5. Какая водная проблема в России?

Задание 2 Постарайтесь передать содержание текста.

Урок 3   Климаты и почвы России

Климаты. Россия — страна с относительно холодным климатом, зимние температуры отрицательные. Расположена в четырех климатических поясах: арктическом (热带), субарктическом (亚热带) (моря Северного Ледовитого океана, арктические острова, северная материковая территория), умеренном (большая часть территории) и субтропическом (небольшой участок Черноморского побережья Кавказа). Почти повсеместно климат континентальный, степень континентальности возрастает в направлении с запада на восток по мере ослабления влияния Атлантического океана. В этом же направлении циклоны приносят основные осадки. В зимнее время континентальный воздух весьма холоден.

По климатическим показателям Россия делится на ряд зон. (1) Российская Арктика (俄罗斯北极带) с длительным солнечным днем (когда солнце не опус-кается за горизонт с начала апреля до середины сентября) и столь же продолжительной полярной ночью (когда солнце не встает над горизонтом с середины октября до конца февраля); (2) Европейская часть России с ощутимым влиянием Атлантики — тут происходит трансформация морского умеренного влажного воздуха в сухой континентальный, а сам климат быстро меняется с запада на восток; (3) Западно-Сибирская равнина с Алтаем (阿尔泰) и Саянами (萨彦), где усиление континентальности климата идет с севера на юг; (4) Восточная Сибирь(东西伯利亚) с ярко выраженным континентальным климатом — холодной зимой, теплым летом; (5) Дальний Восток с типично муссонным климатом.

Зимой над Сибирью, Средней и Центральной Азией(中亚) регулярно возникает область высокого атмосферного давления — азиатский антициклон. Наиболее холодный месяц года в России — январь, на берегах морей — февраль. Самые низкие температуры — в Восточной Сибири (там расположен полюс холода Евразии, среднемесячная температура января — минус 50 ℃). Абсолютный минимум (− 68 ℃) наблюдался в Верхоянске (上扬斯克) в 1892, где установлен обелиск «Полюс холода». Рост температур наблюдается с февраля до июля — августа, с августа — похолодание. Большой ущерб российскому сельскому хозяйству наносится весенними и осенними заморозками, из-за чего почти вся территория страны относится к зоне рискованного земледелия.

Нынешнее общее потепление климата в России отмечено с 70-х годов 20 в. и является беспрецедентным за последние 1000 лет (0,9 ℃ за 100 лет). Основные интервалы потепления: 1910 — 1945, 1970-е и 1990-е. 1998 — самый теплый год 20 в. Самый интенсивный рост температуры наблюдался в Прибайкалье (贝加尔湖沿岸地区) и Забайкалье (外贝加尔山区), причины его толкуются гипотетически.

Почвы. На общей площади России в 17,1 млн км^2 почвенный покров составляет 14,5 млн км^2. Почвенный покров разнообразен: 90 природных типов почв дополняются примерно таким же количеством антропогенно-преобразовательных типов с характерными для них сообществами растений, животных и микроорганизмов. На долю России приходится около 9 % мировой пашни, свыше 20 % мировой площади лесов. Важную экономическую роль играют тундровые и болотистые территории. Однако использование почвенного покрова, обширных площадей, высокоплодородных черноземов затруднено: 80 % земледельческого массива России лежит на территории с

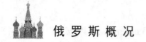

низким теплообеспечением; 8 % занимают болота, требующие осушения; 7 % — пески и каменистые почвы.

Общая площадь страны — 2,21 млн км². Земли, пригодные для вспашки, обширны, но их доля в общей площади ниже, чем в других странах. Русские черноземы, интенсивно эксплуатировавшиеся веками, ухудшали свои свойства и теперь снизили продуктивность (нарушился баланс гумуса, ухудшился водный режим). Распаханность в последние десятилетия 20 в. превысила экологически допустимые нормы и достигла 70 %, что привело к общей деградации чернозема. Лесные серые, темно-каштановые почвы распаханы на 40 %. Площадь пахотных угодий к 1980-м годам составила около 1,34 млн км².

Большая площадь пашни во второй половине 20 в. поддерживалась использованием низкоплодородных земель на окраинах, но и это не спасло ее от сокращения на 100 тыс. км². Из задействованных пахотных земель стали исключаться малоплодородные, что позволило улучшить качество засева, особенно на участках, отданных в личное пользование. Площади их растут: с 1,6 % от общей площади угодий (1998) до 6,1 % (2002). Продолжается рост площади многолетних насаждений и не засеваемой пашни: с 250 тыс. км² (1996) до 372 тыс. км² (2002).

Но экологи бьют тревогу по поводу эрозии почв: в 1990-е площадь смывных почв возросла в 2 раза, в неудовлетворительном состоянии — более 7 тыс. км. орошаемых земель. Продуктивность почв понижается, загрязнение почвенного покрова вызывает ухудшение качества воды, воздуха, пищи. В некоторых районах Белгородской обл. (别尔哥罗德区) почвы смыты до меловых отложений; после аварии на Чернобыльской АЭС (切尔诺贝利核电站,1986) радиоактивное загрязнение ряда близлежащих областей достигло масштабов бедствия.

Почвы, используемые как кормовые угодья, занимают свыше 900 тыс. км². Процессы их деградации очевидны в местах бессистемного выпаса скота. Маломощные, кислые, заболоченные почвы тундры и тайги, используемые под оленьи пастбища, низкоустойчивы к механическим воздействиям (нефтедобыче, работе промышленных предприятий). Ежегодное их сокращение достигает 20 тыс. км².

Около 70 % площадей, имеющих почвенный покров, занято лесами, среди которых основная часть — тайга. Государственные природные заповедники занимают 335 тыс. км², национальные парки — 70 тыс. км². Самый удивительный по продолжительности эксплуатации (свыше 100 лет) и научной значимости — рукотворная Каменистая степь на юго-востоке Воронежской области (沃罗涅日区).

Новые слова

1. отрицательный　零下；负的
2. арктический　极地的，北极的
3. субарктический　亚极地的
4. умеренный　温带的
5. субтропический　亚热带的
6. циклона　旋风；飓风
7. муссонный　季风的
8. антициклон　高压区；高气压
9. наносится чего　带来
10. гипотетически　假定地；假设地
11. почвенный покров　土壤覆盖层
12. микроорганизм　微生物
13. антропогенной-преобразовательный 人造的；人类活动形成的
14. массив　平顶的高山；一大片
15. гумус　腐殖土；物化土
16. распаханность　开垦
17. пахотное угодье　耕地
18. низкоплодородная земля 低产田
19. АЭС (атомная электронная станция)　核电站
20. деградация　退化

◇Задания по тексту

Задание 1　Прочитайте текст и ответьте на вопросы.

1. В каких климатических поясах расположена Россия?

2. На какой ряд зон делится Россия по климатическим показателям?

3. Где возникает самую низкую температуру в России?

4. Какие типы почвы в России? И сколько процентов составляет в отдельности?

5. Расскажите положение пашни России.

6. Почему деградация почвы, используемые как кормовые угодья, быстрая?

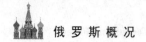

Задание 2 Прочитайте текст и постарайтесь представить тему каждым абзацам.

Урок 4   Животный мир и население России

Животный мир. Животный мир России — это фауна умеренного и холодного поясов Северного полушария. Распределение животных, их видовое разнообразие, численность и экологические связи обусловлены широтной зональностью. В структуре фауны отражена ее сложная история, многообразие источников и путей формирования.

Видовое разнообразие подразумевает деление на фауны на ряд зон: представители Северного Ледовитого океана и высокоширотных островов (белые медведь, чайка, нарвал, белуха), тундровой зоны (олень, гагары, песец и др.), обитатели плоскогорий (снежные баран, барс, кавказский тур), зона тайги (бурый медведь, лось, росомаха, соболь, рысь), леса Европейской части России (зубр, европейские косуля, норка, куница), степи и полупустыни (сайгак, степные суслик, сурок, хорь), животный мир Дальнего Востока (тигр, черный медведь, бенгальский кот, енотовидная собака, пятнистый олень).

Разнообразны обитатели дальневосточных морей и их побережий (морской котик, баклан, морская выдра, кит, кашалот и др.), а также бассейнов южных морей (тюлень, акула, русский осетр, севрюга, волжский судак и др.).

Россия занимает одно из ведущих мест в мире по ресурсам диких животных (промысловых рыб, млекопитающих, охотничьих зверей и птиц, водных беспозвоночных). Истребительный характер промыслов и исчезновение естественных мест обитания — причины сокращения ряда видов диких животных и ресурсов животного мира. Более 25 лет в России предпринимаются меры по восстановлению численности фауны, в их числе-изъятие из хозяйственного использования некоторых видов животных и занесение их в Красную книгу.

Население. Этнический состав. В РФ проживает 148 млн чел. (1996), в т.ч. 160 народов. Это — русские (79,8 %), татары (3,8 %), украинцы (2,0 %), башкиры (1,2 %), чуваши (1,1 %), чеченцы (0,9 %), армяне (0,8 %), мордва (0,6 %), белорусы (0,6 %).

Демография. Первые ревизии населения относятся к 1718 — 1724. К 1745 численность населения не превышала 15,4 млн чел.; к 1800 — возросла до 26,7 млн, к 1850 — до 42,4 млн к 1900 — до 71,1 млн, но до конца 19 в. темп прироста населения составлял лишь 1 % в год.

Демографическая история России 20 в. драматична. На него пришлись Первая мировая и гражданская войны, революция 1917 с последовавшими за ней волнами эмиграции, 1920-е с их компенсаторной рождаемостью и новыми законами о браке, голод 1932 — 1933 и репрессии 1930-х, рост числа рождений в 1937 — 1939 после запрета абортов в 1936. Великая Отечественная война 1941 — 1945, послевоенный рост рождаемости 1946 — 1955 и спад ее в начале 1960-х (рожало поколение родившихся в войну) стал причинами направленной пронаталистской политики СССР 1982 — 1987, после чего последовал новый спад (детей рожали дети войны в обстановке социальных реформ) 1990 — 1995. К 2002 постоянное население России (по переписи 2002) составило 145,3 млн. Среди наиболее населенных стран у России 7-ое место в мире. С 1990-х естественная убыль (1992 — 2002 — 8 млн) компенсировалась миграцией из государств СНГ и Балтии, что повлияло на возрастные показатели: средний возраст в РФ в 1999 был 37 лет.

Наиболее распространены семьи с одним ребенком (50 %) и с двумя (ок. 40 %), имеющие 3-х и более считаются многодетными (10 %). Средняя продолжительность жизни в 1980-х — 70,3 года. После реформ 1990-х она снизилась до 64,8 лет (на 2002), в том числе для мужчин — до 58,4; для женщин — до 72, 4. Провозглашенная правительством демографическая политика пока не создает предпосылок для роста рождаемости.

В начале 19 в. в городах жило всего 10 % населения России, страна оставалась «лапотной», в ней было всего лишь 14 крупных городов с числом жителей более 50000. Численность горожан резко выросла после 1861 и промышленного переворота 1830 — 1870. Начало 20 в. принесло России дальнейший рост численности населения, но в отличие от Западной Европы, в ней росло именно сельское население. После революции 1917 и гражданской войны численность горожан опять упала (с 18 % в 1913 до 16 % в 1923). Поэтому советские чиновники приняли решение отнести к городам множество поселков городского типа (свыше 3000 жителей).

Городское хозяйство России сильно пострадало в ходе Великой Отечественной войны (особенно на западе). Восстановление сопровождалось реконструкцией и строительством новых, в том числе на востоке страны (Волжский, Ангарск, Братск, Дивногорск). Возникновение новых крупных городских поселений требовало развития городского хозяйства, транспорта (особенно метро). Очевидные преимущества городской жизни заставили быстро сократиться сельское население: к концу 1950-х число горожан превысило число сельских жителей, городами стали считаться населенные пункты с численностью жителей свыше 12000.

В нач. XXI в. 73 % населения России проживает в городах. С 1990-х фактически прекратился рост новых городских поселений, более 300 вновь стали сельскими. Для больших городов — таких, как Москва (в 1900 в ней проживало 1,04 млн, к 2000 — 10,4 млн) и С.-Петербург — типичными стали процессы субурбанизации, образования мегаполисов за счет развития ближайшего пригорода и близлежащих городков. Возросли международные инвестиции в их реконструкции.

Новые слова

1. фауна   生物群
2. нарвал   独角鲸
3. белуха   白鲸
4. барс   雪豹
5. кавказский тур   高加索野山羊
6. лось   驼鹿
7. росомаха   狼獾
8. соболь   紫貂
9. рысь   猞猁
10. тюлень   海豹
11. этнический состав   民族构成
12. башкир   巴什基尔人
13. чуваш   楚瓦什人
14. демография   人口学
15. репрессия   镇压；惩罚
16. урбанизация   都市化
17. мегаполис   超大城市

◇ **Задания по тексту**

Задание 1   Прочитайте текст и ответьте на вопросы.

1. На какие фауны на ряд зон видовое разнообразие животных в России?

2. В каком положении животные в России в настоящее время?

3. Назовите главные нации в России и их доля в населении России.

4. Какая демографическая история России 20 веке?

5. Какие семьи наиболее распространены в России?

6. Расскажите отношения между населением и развитием города.

Задание 2   Постарайтесь передать содержание текста.

Урок 5   Промышленность России

Промышленность России начинает свою историю с кон. 17 в., когда в стране возникли первые крепостные мануфактуры (очаги зарождения — Москва, Урал). Бурное развитие мануфактурного производства пришлось на 18 — нач. 19 в., когда сложилось и территориальное разделение труда (Центральный, Уральский, Северо-Западный промышленные районы). Строительство железных дорог в 19 в. дало мощный толчок развитию промышленности, она вышла на мировой рынок.

После 1917 промышленное производство России развивалось в русле плановой экономики. Большое значение обрел план ГОЭЛРО (1920), нацеленный на электрификацию страны с целью ускорения развития ее машиностроения, металлургии, химической и других отраслей. Он же заложил основы промышленного районирования советской эпохи.

Успехами развития промышленности была подготовлена победа в войне 1941 — 1945, восстановление хозяйства после которой подразумевало прежде всего восстановление тяжелой промышленности и воссоздание топливно-энергетического комплекса.

Многоотраслевое промышленное хозяйство России и СССР складывалось в послевоенное время как часть народно-хозяйственного комплекса, о котором постоянно говорилось на заседаниях созданного в 1949 Совета экономической взаимопомощи. Эта ориентация на комплексность вела к структурным искажениям: высокотехническое оборудование было сосредоточено в оборонно-промышленной сфере (атомная и космическая отрасли) и в меньшей степени готовилось для внутреннего потребления, где нарастало технологическое отставание. Закрытая плановая экономика усложняла структуру производства, негативно влияла на его эффективность, низкое качество продукции не выдерживало конкуренции на мировом рынке. Росла зависимость России от стран Запада в прогрессивных видах техники и технологиях.

С 1990 начался спад промышленного производства, стремительно нараставший во время рыночной реформы и либерализации цен. Сократился внутренний спрос. Проведение ваучерной приватизации ослабило контроль со стороны государства за предприятиями государственной собственности и усилило частный сектор в промышленности. В промышленной структуре производство высокотехнологической продукции стало занимать ничтожно малое место. Потребовалось перевести приватизацию на конкурсную основу и строже соблюдать требования законодательства. В результате принятых мер в настоящее время доля государственной собственности в промышленности составляет около 21 %. Основные объемы производств обеспечиваются частными предприятиями смешанной формы и собственности. Заметную роль играют предприятия, находящиеся в совместном владении с иностранными предпринимателями.

В настоящее время промышленность РФ включает: конкурентоспособные отрасли, развивающиеся на собственной финансовой базе (нефтяная, газовая, добыча и переработка драгоценных камней и металлов), отрасли с высоким научным потенциалом (самолетостроение, ракетно-космическое производство, атомная промышленность, производство вооружения и военной техники, электротехника, целлюлозно-бумажная промышленность и др.) отрасли со значительным техническим отставанием (автомобильная промышленность, транспортное, дорожное и машиностроение, легкая и пищевая промышленность). Каждая из этих групп нуждается в особой промышленной политике.

Рост экспортных поставок, курс на повышение производительности труда и эффективное использование капитала, сырья и энергоносителей сглаживают негативные последствия развития прошлых лет. К 2001 промышленное производство возросло на треть, а продукция машиностроения — в 1,5 раза. Идет модернизация основных средств производства, повышается квалификация персонала, снижается энергоемкость предприятий, в промышленность внедряются новейшие научные достижения. Особое внимание уделяется стратегическим отраслям производства: металлургии (включает 3,4 тыс. предприятий с более чем 1,4 млн. человек — почти 9 % от всех занятых в промышленности) и машиностроению. Последнее работает на устаревшем оборудовании и использует труд в 5 — 10 раз большего числа рабочих, чем на аналогичных предприятиях за рубежом. Оборонно-промышленный комплекс РФ располагает более чем 1700 предприятий, в которых занято 1,5 млн человек в промышленности и 0,5 млн — в науке, на его долю приходится 35 % экспорта машин и военного оборудования. Наконец, авиационно-технический комплекс РФ объединяет около 370 предприятий (более 150 заводов и 200 научно-исследовательских институтов), где трудятся около 900 тыс. человек. Деятельность промышленных отраслей регулируется программами РФ.

Энергетика РФ делится на тепло/гидроэнергетику и атомную энергетику. На производство тепла в стране расходуется 2/3 первичных энергоресурсов, идущих на внутренние нужды. Главные источники теплоснабжения — котельные и теплостанции (ТЭС) — их 69 % от общего числа, а это — 260 тыс. км. теплосетей, хотя они технически несовершенны, высокоаварийны и теплорасточительны.

В лучших условиях находится гидроэнергетика: в РФ сосредоточено около 9 % мировых запасов водной энергии (больше только у Китая), однако распределение технического потенциала рек по территории страны неравномерно: большая часть полноводных рек протекает в Сибири (Ангара, Витим, Енисей, Иртыш, Лена, Обь), где спрос на электроэнергию невелик. В Сибири освоено лишь 1,1 % гидротехнического потенциала региона, на Дальнем Востоке — 1,4 %, а в Европейской России — 26,6 %. Крупнейшими в стране водохранилищами гидроэлектростанций являются Волгоградское, Вятское и

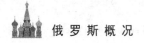

Зейское.

Со строительством первой АЭС в Обнинске (Калужская область) в 1954 атомные электростанции с тепловыми реакторами на уране 235 получили быстрое распространение. За полвека сложилась мощная отрасль энергетики — атомная. Ныне АЭС вырабатывают 15 % от общего объема электроэнергии в стране. Эксплуатируется 30 энергоблоков, заканчивается сооружение Балаковской (巴拉科沃), Калининской (加里宁), Курской (库尔斯克) и Ростовской (罗斯托夫) АЭС. Тепловые атомные реакторы установлены на 300 подводных лодках и 8-ми ледоколах. Однако после аварии в 1986 на Чернобыльской АЭС это направление энергетики обращает на себя внимание со стороны общественности и экологов, встревоженных накоплением опасных для здоровья отходов этой отрасли.

Топливно-энергетический комплекс (ТЭК) РФ объединяет также отрасли, осуществляющие добычу, транспортировку, обработку первичных энергетических ресурсов (нефть, газ, уголь), занимая 2-е место в мире после США по производству энергоресурсов и 3-е место в мире после США и Китая по внутреннему употреблению. Почти 40 % первичных энергоресурсов РФ экспортируется (в том числе по построенному в советское время нефтепроводу «Дружба» в Западную Европу), что и определяет ориентацию экономики РФ (лишь 54 % добытого перерабатывается внутри страны). Важнейшие нефтяные компании: «Тюменская нефтяная компания» (ТНК), «НК ЛУКойл», «Сургутнефтегаз», «НК Роснефть», «Татнефть», «Сибнефть», «СИДанко» «НТК Славяннефть», «АНК Башнефть». По состоянию на 2001 в РФ известны 2232 нефтяных, нефтегазовых, нефтегазоконденсатных месторождения и 770 месторождений газа (но разрабатывается лишь 1235 и 340 соответственно). Ведется работа по прокладке нефтепроводов через Балтийское море (波罗的海) в Западную Европу. Благополучие в нефтяной отрасли связано с высокими ценами на нефть (2005 — более долл. 60 за баррель).

Растет значимость добычи газа для промышленности, составляя около 50 % в общем потреблении (в качестве топлива) энергоресурсов РФ. Свыше 85 % газа добывается в Западной Сибири и затем экспортируется в страны СНГ, Балтии и дальнего зарубежья (принято, в частности, решение о строительстве нового газопровода через Финляндию в Германию). Магистральные газопроводы протянулись более чем на 150 тыс. км (газораспределительные — более чем на 360 тыс. км). Однако далеко не все жилища в РФ газифицированы (лишь 36 млн квартир, в том числе 12 млн в сельской местности).

По запасам угля РФ занимает лидирующее положение в мире, энергетический потенциал угольной промышленности значительно превышает нефтяной. Но доля угольной промышленности в энергетическом балансе страны снижается, поскольку треть добываемого угля — бурый, и цена на него на 75 % дотируется государством. В угледобывающей отрасли действуют 72 акционерных общества (114 шахт, 125 разрезов), где занято более 270 тыс. чел. Основные угледобывающие компании: «Воркутауголь», «ХК Кузбасразрезуголь», «УК Южкузбасуголь», «Востоксибирьуголь», «Читинская УК», «ГУП Якутуголь».

Новые слова

1. мануфактура 手工工场；手工作坊
2. очаги зарождения 生产基地
3. ГОЭЛРО (государственная комиссия по электрификация России) 俄罗斯国家电气化委员会
4. машиностроение 机械制造业
5. металлургия 冶金业
6. либерализация 自由化
7. тяжелая промышленность 重工业
8. ваучерный 证券的；私有化证券的
9. приватизация 私有化
10. целлюозно-бумажная промышленность 造纸业
11. негативный 消极的

Задания по тексту

Задание 1 Прочитайте текст и ответьте на вопросы.

1. Как развивалась промышленность России до второй мировой войны?
2. Когда и как многоотраслевое промышленное хозяйство России и СССР складывалось?
3. Расскажите положение промышленностии во время рыночной реформы и либерализации цен.

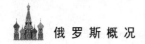

4. Какие отрасли включает в настоящее время промышленность РФ?

5. Как сглаживают негативные последствия развития рост экспортных поставок, курс на повышение производительности труда и эффективное использование капитала?

6. Расскажите разделение энергетики России и её развитие в последних годах.

Задание 2 Прочитайте текст и постарайтесь пересказать его по обзацам.

Урок 6 Экономика России

Современная российская политика в отношении трудовых ресурсов ориентирована на сокращение неквалифицированного труда, переподготовку кадров, повышение их профессиональной мобильности. Трудовые ресурсы РФ характеризуются растущим уровнем их образованности (доля лиц со средним и высшим образованием возросла с 49 % в 1992 до 55 % в 2002), постепенным увеличением лиц старшего возраста, высокого (в сравнении с высокоразвитыми странами) уровня заболеваемости населения, сравнительно низких продолжительности жизни и уровня доходов населения. По индексу развития человеческого потенциала (долголетие, образованность, уровень жизни) РФ входит по статистике ООН (联合国) группу стран среднего уровня, занимая 60-е место в списке 173 государств. В сельской местности в РФ сохраняется избыточность рабочих рук, что ведет к снижению производительности труда и общей рентабельности отрасли по сравнению с передовыми странами Запада.

Организация производства РФ основана на природноресурсном потенциале, составляющем свыше 20 % мировых запасов. Это обеспечивает Россию особое место среди индустриальных стран. Природные ресурсы, используемые экономикой России, составляют 95,7 % национального богатства страны. К ним относятся запасы пресных вод и минерального сырья (нефть, газ, уголь, руда), требующего больших затрат на транспортировку к местам применения. Природные ресурсы — преобладающая часть экспорта в страны

СНГ (独联体), Западной Европы (西欧) Китай и Японию. Они остаются важнейшими структурообразующими элементами глобальных экологических систем планеты.

РФ занимает первое место в мире по запасам газа (32 % мировых запасов, 30 % мировой добычи); второе место по уровню добычи нефти (348,8 млн тонн и 10 % доля мировой добычи); третье место по запасам угля (22 угольных бассейна, 115 месторождений, в том числе в европейской России — около 15,6 %; в Сибири — 66,8 %; на Дальнем Востоке — 12,9 %; на Урале — 4,3 %). По разведанным запасам железных руд (около 57 млрд т.) РФ занимает тоже первое место, по олову — второе, по свинцу — третье. В то же время, занимая лидирующее положение в мире, например, по обеспеченности лесом, Россия использует его малоэффективно: в Швеции (瑞典), Финляндии (芬兰) и США съем древесины с 1 га (1 га = 10000 м^2) лесопокрытой площади в 10 раз выше, чем в РФ.

Сельское хозяйство России, дававшее в 1913 до 51,4 % национального дохода, после 1917 стало приходить в упадок. Частично восстановленное в годы НЭПа, сельское хозяйство было в последующие годы переориентировано на коллективную обработку земли. Падение производства в годы войны 1941 — 1945 тяжелейшим образом сказалось на отрасли; довоенный уровень был достигнут лишь в 1950-х путем укрепления материально-технической базы сельского хозяйства. Большие надежды возлагались и на освоение 19,6 млн гацелинных и залежных земель, однако эйфория первых лет сменилась новым упадком в начале 1960-х, когда страна была вынуждена начать закупать зерно за рубежом.

Необходимость решительных изменений в управлении сельским хозяйством стала очевидна в 1990-е: удельный вес сельскохозяйственного производства составлял в экономике страны в 1990 — 16,4 %, в 2002 — лишь 6 %. После распада СССР и перехода к рынку в стране началась широкомасштабная приватизация земли, сопровождавшаяся ликвидацией государственной системы заготовок сельскохозяйственных продуктов. Однако переход на свободные цены привел оказался разорительным для товаропроизводителей, идея сплошной «фермеризации» в стране, где веками традиционно развивалось коллективное хозяйствование (общинное пользование землей), нанесла больше вреда, чем пользы. Ослабление государственного управления привело к неуправляемости аграрной отрасли, к спаду и снижению эффективности производства. Уход из села работоспособных работников увеличил бедность на селе.

Чтобы найти выход из положения, в 2000 были разработаны Основные направления агропродовольственной политики на 2001 — 2010. После вступления в силу этого документа в собственность граждан было передано 63 % сельскохозяйственных угодий страны, а 43,6 млн людей получили участки для ведения личного хозяйства. Одновременно вводилась плата за пользование землей.

В 2001 принят Земельный кодекс РФ.

Как и в былые времена, сельское хозяйство РФ охватывает: растениеводство (в том числе зерноводство — производство пшеницы и ржи; свекловодство — производство сахарной свеклы; производство масличных культур, особенно подсолнечника; картофелеводство, овощеводство, садоводство и кормопроизводства), животноводство (скотоводство, свиноводство, овцеводство, птицеводство, коневодство, рыбоводство, звероводство, оленеводство, верблюдоводство, пчеловодство).

Сельское хозяйство размещено в нескольких зонах: Южно-европейской (черноземной) — это Центрально-Черноземный, Северо-Кавказский и Поволжский районы, которые производят 50 % зерна, 34 % мяса скота, птицы, 33 % овощей и молока, 25 % картофеля; Северной Европейской (нечерноземной). Это — Северный, Северо-Западный, Центральный, Волго-Вятский районы, в которых производится 49 % картофеля, 45 % овощей, 36 % молока, 35 % фруктов, 34 % мяса скота и птицы, 21 % зерна; Восточной, охватывающей районы: Уральский (без Пермской, Свердловской областей и Удмуртии), Западно-Сибирский, Восточно-Сибирский и Дальневосточный районы (производят 37 % мяса скота и птицы, 31 % зерна, 35 % картофеля).

По принципу удовлетворенности населения продуктами сельско-хозяйственного производства территория страны делится на районы: (1) избыточным производством продовольствия (Северокавказский, Центрально-Черноземный, Поволжский районы); (2) с относительно высоким его производством (Западно-Сибирский, Волго-Вятский районы и Калининградская область); (3) районы высокого производства картофеля при недостаточном производстве иных видов продовольствия (Центральный и Уральский); (4) районы с низким показателем производства продовольствия (Северный, Северо-Западный, Восточно-Сибирский и Дальневосточный). В 1998 заключено Соглашение об общем аграрном рынке государств СНГ и РФ.

Пищевая промышленность и переработка (свыше 30 суботраслей) включает 170 спиртовых заводов. Огромное значение имеет улов рыбы (8-е место в мире) и нерыбные объекты морского промысла (производство кормовой муки, рыбьего жира, рыбы для звероловства, другой продукции для народов Крайнего Севера и Дальнего Востока).

В агропромышленном комплексе РФ быстрыми темпами идет интеграция и кооперация мелких и средних собственников в акционерные общества, кооперативы, ассоциации, союзы и финансово-промышленные группы, в том числе холдингового типа («Юг России» «Балтика» «Вимм-Билль-Данн» «Парнас» «Микомс»). Последние конкурентоспособны на мировом рынке, привлекают зарубежные инвестиции (ок. 15 % от общей суммы во все народное хозяйство), обеспечивая расширение рынка сбыта и защиту отечественного производителя.

В РФ функционирует 35 оптовых рынков в 20 регионах (данные 2002). Видное место занимает ввоз в РФ теплолюбивых культур, экзотических фруктов, мяса, молочных продуктов. Правда, импорт зарубежной продукции, в случае преобладания над экспортом, приводит к сдерживанию насыщения рынка отечественными товарами и не способствует росту их производства. Нормальному функционированию агропромышленного комплекса препятствует слабое развитие отечественного рынка и отсутствие системы его регулирования, межрегиональные торговые барьеры.

Новые слова

1. мобильность　机动性；流动性
2. заболеваемость　发病率；患病率
3. глобальный　全球的
4. древесина　木质；木材

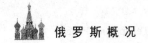

5. приватизация　私有化

6. эйфория　精神愉快

7. Земельный кодекс　土地法典

8. кооперация　合作；合作社；合作制

9. барьера　障碍；界限

10. экзотический　异地的；异国的；异样的

11. НЭП (новая экономическая политика)　新经济政策

12. былой　过去的；以往的

◇**Задания по тексту**

Задание 1　Прочитайте текст и ответьте на вопросы.

1. Чем трудовые ресурсы РФ характеризуются?

2. Почему рассказывается в тексте, что организация производства РФ основана на природно-ресурсном потенциале?

3. Как развивалось сельское хозяйство РФ до 2001 года?

4. Какие отрасли сельское хозяйство РФ охватывает?

5. В каких зонах сельское хозяйство размещено?

6. На какие районы сельскохозяйственного производства территория страны делится?

Задание 2　Прочитайте текст и постарайтесь пересказать его.

Урок 7　Государственное устройство и политика России

Государственное устройство и политика. С начала русской истории (10 в.) русское государство было монархическим: раннефеодальную монархию эпохи Киевской Руси сменила великокняжеская (13 — 15 вв.), затем царская монархия (16 в.), эволюционировавшая от самодержавия, ограниченного Боярской думой (16 — 17 вв.) к абсолютной монархии (18 — нач. 20 в.). После свержения самодержавия в феврале 1917 Россия недолго была республикой (провозглашена 1 сентября 1917). Большевистский переворот октября 1917 сделал Россию, а затем и СССР, страной, где должен был быть реализован принцип полновластия Советов (вначале Советов рабочих, крестьянских, красноармейских и казачьих депутатов, с 1936 — Советов депутатов трудящихся, с 1977 — Советов народных депутатов). В провозглашенной 12 июня 1990 еще в составе СССР Российской федеративной республике был введен институт президентства. 12 декабря 1991 РФ провозгласила свою независимость. 8 декабря 1991 на Беловежской встрече главы России, Украины и Белоруссии заявили о прекращении существования СССР и образовании Содружества Независимых государств, в которое вошла РФ.

31 марта 1993 в РФ был подписан Федеративный договор между центром и республиками. 12 декабря 1993 в результате всенародного голосования была принята Конституция, избрана Государственная дума (国家杜马).

Согласно этой конституции, Российская Федерация — демократическое федеративное правовое государство с республиканской формой правления. Глава государства — президент, избираемый на 4 года. Президент является также Верховным главнокомандующим Вооруженными силами РФ. Представительный и законодательный орган — Федеральное собрание (парламент РФ) состоит из двух палат: Совета Федерации (联邦委员会) и Государственной думы. Исполнительный орган власти — правительство РФ. Столица — Москва. Официальный язык — русский. Денежная единица — рубль.

Региональное управление России претерпевало изменения еще в 1989 — 1990, когда во всем СССР обсуждалось принятие республиками деклараций о национальном суверенитете, и в отдельных субъектах РФ также начали готовить собственные документы подобного рода. Ныне Россия состоит из 85 равноправных субъектов (регионов), в их числе — 22 автономные республики, 9 краев, 46 областей, 4 автономных округа, 1 автономная область и 3 города федерального значения (Москва, С.-Петербург и Севастополь).

Все субъекты федерации имеют право на выработку своих законов, равноправны во взаимоотношениях с федеральными органами власти. Все республики имеют свои конституции, остальные субъекты федерации — уставы и законодательство. Границы между субъектами не могут быть изменены без их взаимного согласия.

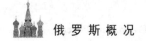

Конституция РФ разграничивает компетенции центра и регионов, предоставляя последним права по регулированию социальной жизни внутри каждого субъекта (при условии заключения внутрифедеральных договоров о распределении полномочий). 19 июня 1996 был принят закон, регламентирующий права национальных меньшинств, не имеющих своих территориальных образований.

Однако в последние годы в различных регионах появилась проблема экономического сепаратизма. Война в Чечне, экспансия международного терроризма превратились в общенациональную проблему, поэтому вопросы регионального управления приобретают все большее значение в РФ как едином многонациональном государстве.

Местное управление по Конституции 1993 не входит в систему государственной власти. Оно создается и реализуется на основе ряда фундаментальных принципов: самостоятельное решение населением вопросов местного значения-владения, пользования и распоряжения муниципальной собственностью; самостоятельная деятельность населения по решению вопросов местного значения через выборные органы. Так, граждане осуществляют право на самоуправление через местные референдумы, выборы, местные сходы и др. формы волеизъявления, создают свои выборные органы, имеют равный доступ к муниципальной службе. Власть на местах осуществляется губернаторами и мэрами, выбранными или назначаемыми. К вопросам и задачам местного значения относятся: местный бюджет, местные налоги и сборы, бытовое обслуживание населения, содержание и строительство местных дорог и т.д; учет пожеланий населения; невмешательство и недопустимость подмены органов самоуправления органами государственной власти; материальная, правовая и иная гарантированность местного самоуправления (судебной защиты, компенсации расходов, установленных Конституцией и т.п.).

Муниципальные образования (городские, районные, поселковые, сельские, волостные, станичные (大村 , 镇) избираются населением. Они могут создавать свои объединения и являются юридическими субъектами, имеющими собственный бюджет и свою символику (гербы, эмблемы, флаги, реже гимны). В настоящее время в России существует около 14 тыс. муниципальных органов власти. При президенте РФ образован Совет по местному управлению, действующий на совещательных началах.

На современном этапе обновления России сосуществуют две тенденции — к укреплению центральной власти и к усилению региональной автономии. С целью усиления центральной власти в 2003 была проведена реформа федеральной власти и создано семь федеральных округов во главе с полпредами президента, но был сохранен принцип выборности населением губернаторов. Согласно решениям последнего времени, кандидатуру нового губернатора предлагает президент, а утверждают ее местные органы власти. На фоне общего стремления к централизации наблюдается тенденция к передаче центральным органам некоторых функций, находившихся ранее в ведении местных властей.

Судебная система в России установлена конституцией РФ и законами, изданными с 1992 по 2002. Это законы: о прокуратуре РФ (1992, новая редакция — 1995); о статусе судей в РФ (1992, новая редакция — 2001); о Конституционном суде РФ(1994); об арбитражных судах (1995); о судебной системе РФ (1996); о мировых судьях РФ (1998); о военных судах РФ (1999); об адвокатской деятельности и адвокатуре в РФ (2002). Единство судебной системы обеспечивается соблюдением всеми судами и судьями правил судопроизводства, принципов и норм международного права и исполнением судебных постановлений.

Судебная система и мировые судьи финансируются из федерального бюджета.

В РФ действуют: федеральные суды, конституционные (уставные) суды и мировые судьи (судьи общей юрисдикции). Суды общей юрисдикции рассматривают дела трех категорий: уголовные, гражданские и дела об административных нарушениях. Различаются суды первой, кассационной (апелляционной) и надзорной инстанций.

Высшим судебным органом судов общей юрисдикции является Верховный суд РФ — высшая инстанция по отношению к верховным судам республик, краевым, областным, судам автономной области или округа, к военным судам армии и флота, которые рассматривают судебные дела в пределах республик, областей, округов.

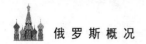

Районный суд — вышестоящая инстанция по отношению к мировым судьям, он рассматривает уголовные и гражданские дела, за которые может быть назначено наказание до 3-х лет лишения свободы.

Мировые судьи (самая низшая судебная инстанция) назначаются или выбираются сроком на 5 лет с правом повторного назначения.

Дела в сфере экономической деятельности, предпринимательства (банкротства, споры и т.д.) разбираются арбитражными судами. Высшей инстанцией здесь является Высший арбитражный суд РФ. Арбитражные апелляционные суды (их может быть несколько на одной территории) проверяют решения судов первой инстанции.

Конституционный суд РФ состоит из 19 судей, назначаемых Советом Федерации по представлению президента РФ. Конституционный суд РФ принимает решения только по запросам судов низших инстанций, сделанных в соответствии с Конституцией, а также по запросам президента РФ, Совета Федерации, Государственной думы, Верховного суда РФ, Высшего арбитражного суда РФ. Постановления Конституционного суда обжалованию не подлежат и исполняются немедленно.

Все судьи РФ несменяемы и неприкосновенны, их деятельность может быть прекращена только по решению квалификационной коллегии судей. Судьи (в том числе и ушедшие с работы) образуют судейское сообщество РФ, органами которого являются Всероссийский съезд судей, Совет судей субъектов РФ, Высшая квалификационная комиссия судей субъектов РФ. Последняя назначает судей на должность и контролирует их работу. Ей дано право классифицировать судей, представлять их к наградам, прекращать их полномочия и наказывать в случае провинности.

От имени РФ действует единая система надзора — прокуратура. Она следит за исполнением закона, координирует деятельность правоохранительных органов в борьбе с преступностью. Прокуратура возглавляется Генеральной прокуратурой РФ. Генеральный прокурор назначается Советом Федерации по представлению президента РФ сроком на 5 лет. Прокуроры осуществляют надзор за исполнением законов всеми субъектами и юридическими лицами, начиная с министров и кончая должностными лицами за исключением президента РФ и правительства РФ. Прокурор в суде поддерживает государственное обвинение, является участником состязательного судебного процесса.

Адвокатура РФ предназначена для защиты прав человека в суде и различных учреждениях. Она не входит в систему государственной власти и местного самоуправления (закон 2002). Статус адвоката присваивается квалификационной комиссией пожизненно. Адвокатская деятельность не является предпринимательской. Адвокат действует на основании соглашения с клиентом, но может и назначаться следователем, прокурором или судом. Адвокаты объединяются в адвокатскую палату адвокатов РФ. Всероссийский съезд адвокатов собирается раз в два года.

При рассмотрении уголовных дел после окончания следствия и квалификации преступления, если подсудимому грозит высшая мера наказания, он может ходатайствовать о суде присяжных. Суды присяжных были введены в РФ во второй половине 1990-х. сначала в нескольких крупных городах, затем во всей стране. На каждый город имеется один суд присяжных.

В РФ действуют законы: федеральные конституционные (о референдуме, правительстве, государственном флаге, государственном гербе, о военном положении и др.) и федеральные законы.

Российское законодательство делится на: публично-правовое (конституционное, административное, муниципальное, бюджетное, таможенное, налоговое, уголовное право) и частноправовое (гражданское, авторское, наследственное, семейное право). Каждой отрасли права соответствует закон общего характера (кодекс). В РФ действует 20 кодексов (Гражданский, Уголовный, Семейный, Земельный и др). Особое место среди отраслей права занимает международное право. Все законы РФ подлежат официальному опубликованию, за исключением составляющих государственную тайну.

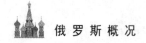

Новые слова

1. монархия　君主制；君主制国家
2. конституция　宪法
3. суверенитет　主权
4. регламентировать　定出规则；制定细则
5. сепаратизм　分离；分立；分立主义
6. муниципальный　市政府的
7. инстанция　法院的审级
8. наград　奖励；奖赏
9. надзор　监督人员；监督机构
10. прокуратура　检察院；检察机关
11. референдум　全民投票；全民公决
12. государственный герб　国徽

◈ Задания по тексту

Задание 1　Прочитайте текст и ответьте на вопросы.

1. Как развивалось государственное устройство до 1993 года?
2. Как изменяется региональное управление России?
3. Чем характеризуется местное управление по Конституции 1993?
4. Какая судебная система в России?
5. Каким органом дела в сфере экономической деятельности разбираются?

Задание 2　Прочитайте текст и постарайтесь пересказать его.

Урок 8　Внешняя политика РФ

После международного признания страны как правопреемницы СССР, сохранения ее членства в ООН и в Совете Безопасности ООН ориентирована на упрочнение роли ООН в международных отношениях, последовательное следование Уставу ООН.

Задача формирования новой после многолетней «холодной войны» внешнеполитической стратегии России заставляет ее строить отношения с бывшими идеологическими противниками СССР с позиций делового партнерства. Лидеры стран Запада не сразу согласились признать в РФ равноправного партнера. России пришлось заново осваивать геополитическое пространство, формировать отношения со странами СНГ, заниматься урегулированием возникающих конфликтов, защищать права соотечественников, оказавшихся за пределами РФ, стремясь одновременно к восстановлению исторической преемственности внешней политики России.

Внешняя политика РФ ориентирована на формирование внешнеполитической стратегии по обеспечению мира в условиях глобализации и обострения внешнеполитической обстановки. Это подразумевает участие России в институтах глобального регулирования, реализацию мирного внешнеполитического курса (участие в контроле над вооружениями, проведение целенаправленной политики в области разоружения), региональное и двустороннее сотрудничество, обеспеченное мирными дипломатическими средствами, защиту от акций международного терроризма с учетом ответственности РФ как постоянного члена Совета Безопасности ООН.

Видное место во внешней политике РФ занимает двустороннее сотрудничество со странами СНГ по созданию «пояса добрососедства». Из этих стран наиболее успешно внешнеполитическое партнерство РФ и Белоруссии. В 1996 между ними был подписан Договор об образовании Сообщества Белоруссии и России, в 1999 — Договор РФ и Республики Беларусь о создании Союзного государства.

В 2000 принята Концепция внешней политики РФ: многополярный мир на принципах международного права, демократии и сотрудничества, борьба за обеспечение международной безопасности.

Участие РФ в институтах глобального регулирования, ориентированного на поддержание мира и безопасности, на борьбу с международным терроризмом — один из показателей включенности страны в решение общемировых задач. В 2001 при участии РФ была принята резолюция Совета безопасности ООН о противодействии терроризму и создании Контртеррористического комитета РФ. Россия активно участвует во всех авторитетных международных институтах: в Организации по безопасности и сотрудничеству в Европе (ОБСЕ), в Европейском Союзе (ЕС), в «большой восьмерке» — группе лидеров восьми наиболее развитых стран мира. На саммите «восьмерки» в Эвиане в

2003 она добилась создания «Группы контртеррористических действий». РФ вместе с ООН и ОБСЕ участвовала в урегулировании конфликтов в Абхазии, Южной Осетии, Нагорном Карабахе и Приднестровье. Развитие двусторонних отношений с ЕС и ОБСЕ закреплено Совместной декларацией об укреплении диалога и сотрудничества, согласно которой РФ признается страной с рыночной экономикой, могущей войти в Постоянный совет партнерства.

В Совете Европы РФ участвует в реализации политической декларации «За Большую Европу без разделительных границ». Ведется постепенное восстановление отношений между РФ и НАТО, замороженное в результате силовых действий альянса против Югославии. Создан Совет Россия — НАТО, разрабатывающий программу совместных действий по нераспространению оружия массового уничтожения и борьбе с международным терроризмом.

В 2003 вступил в силу Договор между РФ и США о сокращении стратегических ядерных потенциалов — это шаг к созданию глобальной системы контроля (политико-дипломатическими, а не силовыми методами) за нераспространением ракет и ракетных технологий. Ведется работа по предотвращению торговли ядерным и химическим оружием, оружием массового уничтожения. В том же 2003 западными странами было подписано Соглашение о многосторонней ядерно-экологической программе в России, в том числе по утилизации списанных атомных подводных лодок. Продолжение политики регионального добрососедского сотрудничества реализуется Соглашением между РФ, Белоруссией, Казахстаном, Украиной по формированию Евразийского экономического пространства. Речь идет о перемещении товаров, услуг, капитала и рабочей силы.

Российско-американские отношения вот уже полтора десятилетия (со времени подписания в 1992 Хартии российско-американского партнерства и дружбы) характеризуются как теплые и дружественные. Центральное место в диалоге двух стран занимают вопросы экономической стабильности и контроля над вооружениями. В 1994 вступил в силу Договор о сокращении стратегических наступательных вооружений. В 2002 он был подтвержден.

Активно развиваются двусторонние отношения РФ с ведущими европейскими странами, особенно выделяется трехсторонний диалог по важнейшим проблемам современности с Германией и Францией. Наращивает РФ сотрудничество и со многими странами на Ближнем Востоке, участвуя и в урегулировании израильско-палестинского конфликта, выступая против агрессии США в Ираке, поддерживая соответствующие резолюции ООН.

Поступательное развитие приняли взаимоотношения РФ со странами Азиатско-Тихоокеанского региона. В созданную в 2001 Шанхайскую организацию сотрудничества вошли РФ, Китай, Казахстан, Киргизия, Таджикистан и Узбекистан. РФ включена в работу Ассоциации государств Юго-Восточной Азии и Азиатско-тихоокеанского экономического сотрудничества. Приоритетным в этом регионе для РФ являются ее связи с Китаем. Подписаны соглашения по урегулированию пограничных вопросов, об укреплении доверия в военной области, о взаимном сокращении вооруженных сил в пограничных районах. Развиваются связи с Индией на уровне стратегического партнерства. РФ стремится достигнуть прогресса в российско-японских отношениях, пока что осложняемых вопросом о национальной принадлежности ряда дальневосточных островов.

РФ выступает с позиций комплексного подхода к острым проблемам Африки, вносит существенный вклад в мирное разрешение межнациональных конфликтов, ратуя за устойчивое развитие стран этого континента.

Участвуя в экономическом сотрудничестве со странами Европы, Америки, Азии, РФ ведет переговоры о вступлении во Всемирную торговую организацию. Цель РФ — добиться такой интеграции страны в систему мирового хозяйства, которая бы обеспечила выход на мировой рынок не только энергоресурсов (нефть, газ, уголь, лес), но и продукции российской промышленности и сельского хозяйства, создание благоприятного климата для иностранных инвестиций, урегулирование проблем внешнего долга.

РФ поддерживает деятельность соотечественников за рубежом, отстаивая их законные интересы, настаивая на сохранении позиций русского языка в странах бывшего СССР. Внешняя культурная политика РФ строится на принципах культурного многообразия, учета условий глобализации при задаче сохранения самобытности российской многонациональной культуры, взаимовыгодного партнерства РФ в мировом культурном процессе.

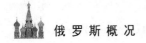

Новые слова

1. ориентировать 定向, 定位
2. дипломатический 外交的
3. соотечественник 同胞
4. урегулирование 调节
5. конфликт 冲突

◇Задания по тексту

Задание 1 Прочитайте текст и ответьте на вопросы.

1. Чем трудовые ресурсы РФ характеризуются?

2. Почему рассказывается в тексте, что организация производства РФ основана на природно-ресурсном потенциале?

3. Как развивалось сельское хозяйство РФ до 2001 года?

4. Какие отрасли сельское хозяйство РФ охватывает?

5. В каких зонах сельское хозяйство размещено?

6. На какие районы сельскохозяйственного производства территория страны делится?

Задание 2 Прочитайте текст и постарайтесь пересказать его.

История России

Урок 1 Русь изначальная: исторические версии происхождения славян и древнерусской государственности

Предки славян являлись частью древнего индоевропейского единства, расселенного на необъятных просторах Евразии. С течением времени из массы индоевропейских племен выделяются общности, родственные по языку, хозяйственным занятиям, культуре. Одним из таких объединений племен стали славяне. Славяне заселяли земли Центральной и Восточной Европы. Прародиной славян считают территорию от реки Эльбы (易北河) до Днепра (第聂伯河). С этой территории славяне в первой половине 1-го тысячелетия начали расселение в бассейн Днепра, а так же на север — в район озера Ильмень (伊尔门湖). Эта часть славян получила название «восточных». Летописи рассказывают о четырнадцати племенных объединениях восточных славян.

Постепенно славянские племена разделяются на западную и восточную ветви. С конца IV в. н.э. славяне на ряду с другими племенами Восточной Европы оказались вовлеченными в масштабные миграционные процессы, получившие название Великое переселение народов (III — VII вв.). В течение VI — VIII вв. славяне заняли новые обширные пространства в Восточной, Центральной и Юго-Восточной Европе. На юге славянская миграционная волна преодолела дунайскую

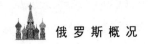

(多瑙河) границу Византийской империи (拜占庭帝国), заселив Балканы (巴尔干半岛), это привело к возникновению новой, южной ветви славянства.

Древние славяне были язычниками. У славян на ранней ступени развития сложился пантеон (богов), они верили в злых и добрых духов, каждый из которых олицетворял разнообразные силы природы или отражал социальные и общественные отношения того времени.

Славяне жили не родовым строем, объединяющим началом была сельская община или зарождающийся город. Главным занятием восточных славян было земледелие в сочетании с разведением скота и различного рода промыслами.

Образованию государства у восточных славян предшествовало разложение племенного строя. Постепенно складывался господствующий социальный слой, основу которого составляла военно-служивая знать киевских князей — дружина. Дружинники прочно заняли ведущие позиции в обществе, укрепляя вместе с тем власть князя. Древнерусское государство представляло из себя своеобразную федерацию полунезависимых княжеств, подчинявшихся великому князю. В начале IX в Восточной Европе сформировалось два центра: Киев и Новгород. Русское государство было создано варягами (норманнами), а его первая правящая династия (Рюриковичи 留里克王朝) имела варяжское происхождение.

Центром образования Древнерусского государства стали города Киев (基辅) и Новгород (诺夫哥罗德), они объединили вокруг себя обе группы восточносла-вянских племен — северную и южную. В конце IX в. произошло объединение южной и северной групп восточных славян в единое Древнерусское государство, вошедшее в историю под именем Киевской Руси (基辅罗斯).

Новые слова

1. славянин　斯拉夫人	4. язычник　多神教徒
2. прародина　发源地	5. пантеон　万神庙
3. племя (мн. племена)　部落, 种族	6. община　古代的公社

7. скот　牲畜

8. варяг　瓦兰吉亚人（瓦兰人）

9. норманн　诺曼人

10. промысел　狩猎，小手工业

11. представлять　（常与собой连用）是，系

12. знать　贵族

13. дружина　（古罗斯诸侯的）侍卫

◇ **Задания по тексту**

Задание 1 Прочитайте текст и ответьте на вопросы.

1. Как образовались древние славяне?

2. Где расселены древние славяне?

3. Расскажите о религии древних славян.

4. Что было главным занятием древных славян?

5. Когда сформирована Киевская Русь?

Задание 2 Прочитайте текст и постарайтесь пересказать его.

Урок 2　Принятие христианства. Политические, экономические и культурные последствия крещения Руси

Большое значение для укрепления княжеской власти имело крещение Руси. Созрели необходимые предпосылки: налаживались торговые пути с востоком, протесты против жертвоприношения, развитие государства движется к феодализму. После тщательного знакомства с крупнейшими монотеистическ- ими религиями Владимир решил остановить свой выбор на православии. Вероятно, главной причиной такого решения была политическая ориентация на Византию（拜占庭）— одно из наиболее могущественных государств Европы и Азии того времени, где православие было господствующей религией.

Крещение Руси началось в 988 г., после того как крестился сам Владимир и его дружинники. Несмотря на то, что этот процесс проходил сложно и драматично (так как значительная часть населения Руси не желала расставаться с верой в языческих богов), принятие Русью христианства во многом способствовало дальнейшему укреплению и развитию Руси.

Усилилась власть киевского князя, поскольку она приобрела божественный характер. Значительно возрос международный авторитет Руси. Христианизация Руси способствовала ее просвещению, развитию культуры. Расцвет Руси приходится на время правления Ярослава Мудрого (智者雅罗斯拉夫). При Ярославе Мудром Русь стала одним из сильнейших государств Европы. Это выразилось не только в военных успехах, но и в переменах внутри государства. Был принят первый письменный свод законов — «Русская Правда» (《罗斯法典》), которая имела очень большое значение для развития правовых институтов в зарождающемся русском обществе. Происходит дальнейшее развитие экономики. Серьезные изменения произошли в церковной организации. Церковь стала феодальной организацией, в ее пользу собирали налог «Десятину» — десятая часть назначаемых князьями оброков и дани отдавалась на нужды церкви. Главой церкви был митрополит, назначаемый из Византии патриархом. Первый христианский храм, построенный в Киеве, получил название Десятиной церкви. В руках церкви был суд, ведавший делами об антирелигиозных преступлениях, нарушениях нравственных и семейных норм. В этот период на Руси возникают первые монастыри, наиболее значимым из которых был Киево-Печерский. Монастыри являлись центрами культуры и просвещения, в которых создавались первые русские летописи. Отличительной чертой времени Ярослава Мудрого было распространение книжности, которая стала выходить и за пределы монастырей.

Принятие христианства имело большое значение для дальнейшего развития Руси. Оно содействовало завершению объединения восточных славян, укрепило международный престиж Руси, экономические, культурные связи с другими христианскими государствами, повлияло на развитие политических и правовых отношений в Древней Руси. Русь признали цивилизованным государством.

Новые слова

1. христианство   基督教
2. крещение   洗礼
3. предпосылка   前提条件
4. монотеизм   一神教
5. жертвоприношение   ＜宗＞祭祀
仪式,祭祀
6. православие   东正教

7. феодализм   封建主义
8. свод   汇集
9. институт   法则
10. десятина   什一税
11. оброк   地租
12. митрополит   都主教,大幕首
13. патриарх   教皇

◇Задания по тексту

Задание 1   Прочитайте текст и ответьте на вопросы.

1. Какие предпосылки имело крещение христианства Киевской Руси?

2. Когда и при каком князе Киевская Русь приняла православие?

3. Какое значение имело принятие христианства для Руси?

Задание 2   Прочитайте текст и постарайтесь пересказать его.

Урок 3   Период феодальной раздробленности. Последствия раздробленности русских земель

Во второй половине XI в. на Руси все отчетливее проявляются тенденции феодальной раздробленности. Между наследниками Ярослава Мудрого разворачивается острейшая борьба за власть в Киеве и отдельных княжествах. Эта борьба сопровождалась кровавыми распрями и ослабляла Русь. Но толчок феодальной раздробленности дали не только раздоры русских князей, но и объективные обстоятельства: все государства в период складывания народности и государственности проходят через этап раздробленности и Россия этого не избежала. Русские земли были еще слишком экономически слабы и слишком велики политические амбиции каждого князя.

В 1097 г. в Любече (柳别契, 古城, 现为乌克兰切尔尼戈夫省的一个村镇) состоялся съезд князей, на котором, с целью прекращения междоусобиц, было принято решение установить новый принцип организации власти на Руси, в соответствии с которым каждое княжество становилось наследственной собственностью местного княжеского рода. Таким образом, нарушалась целостность Древнерусского государства и закрепилась феодальная раздробленность.

В начале XII в. в годы правления киевского князя Владимира Мономаха единство на Руси было временно восстановлено. Но с середины XII в. феодальная раздробленность окончательно утверждается на Руси. На месте некогда единого государства теперь существует ряд независимых государственных образований. К середине XII в. Русь распалась на 15 княжеств, которые были лишь в формальной зависимости от Киева.

Среди ряда независимых государственных образований наиболее крупными и влиятельными были Владимиро-Суздальское княжества (弗拉基米尔 — 苏兹达利公国), Галицко-Волынское княжества (加利西亚 — 伏林斯克公国), а также Новгородская феодальная республика (诺夫哥罗德封建共和国).

Владимиро-Суздальское княжество находилось на северо-востоке Руси. В XI — XII вв. сюда переселяется значительная часть населения с южных земель, которые постоянно разорялись кочевниками. В результате этого переселения осваиваются новые территории, распахиваются пашни, возникают новые центры ремесла и торговли, среди которых выделялись Суздаль и Владимир.

Галицко-Волынское княжество располагавшееся на юго-западе Руси, было образовано в конце XII в. в результате объединения Голиции и Волыни князем Романом Мстиславовичем. Благодаря теплому климату и плодородной земле здесь успешно развивалось земледелие. Соседство с европейскими странами способствовало развитию ремесла и торговли. Но это соседство имело и негативную сторону — постоянные набеги со стороны Польши, Венгрии создавали серьезную угрозу независимости княжества.

Новгородская феодальная республика занимала северо-западные территории Руси и существенно отличалась от других русских земель своей экономикой и государственным устройством. Суровый климат и неплодородные почвы делали местное земледелие малопродуктивным. Но, несмотря на это, Новгород был одним из наиболее богатых и экономически развитых городов на Руси. Достигнуто это было благодаря тому, что этот город занимал очень выгодное географическое положение — он стоял у начала известного торгового маршрута «из варяг в греки» (从瓦良格至希腊商路). В результате чего здесь процветала торговля и ремесло, что, в свою очередь, способствовало складыванию богатой и независимой боярской торгово-ремесленной верхушки. А это вело к формированию особого социально-политического строя — феодальной республике. Высшим органом власти было народное собрание — вече, решавшее путем голосования вопросы жизни города.

Последствием феодальной раздробленности стало нашествие на Русь монголо-татарского ига.

Новые слова

1. раздробленность 分裂
2. наследник 继承人
3. распря <旧> 纷争,争吵
4. амбиция 自负;傲慢;(复) 野心
5. междоусобица 内讧
6. некогда 从前
7. разоряться 被破坏
8. кочевник 游牧人,(复) 游牧民族
9. распахать <完> 开垦(土地)
10. пашня 耕地
11. набег 袭击
12. иго 枷锁

◇ Задания по тексту

Задание 1 Прочитайте текст и ответьте на вопросы.

1. В чём причина раздробленности Киевской Руси?
2. На сколько княжеств распалась к середине XII в. Русь?
3. Какие были крупными и влиятельными среди ряда независимых княжеств?
4. Где находятся крупные и влиятельные княжества? Расскажите о них.

Задание 2 Прочитайте текст и постарайтесь пересказать его.

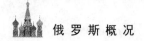

Урок 4　Татаро-монгольское иго на Руси

В середине ⅩⅢ в. один из внуков Чингисхана Батый (成吉思汗·拔都) основал государство «Золотая Орда» (金帐汗国). Золотая Орда охватывала обширную территорию от Дуная до Иртыша (额尔齐斯河). Столицей Золотой Орды был город Сарай (萨莱), расположенный в низовьях Волги. Это было государство, состоявшее из полу самостоятельных улусов, объединенных под властью хана. Управляли ими братья Батыя и местная аристократия. Религией Золотой Орды было язычество. Золотая Орда была одним из самых крупных государств своего времени. В начале ⅩⅣ в. она могла выставить 300 тыс. войско. Расцвет Золотой Орды приходится на правление хана Узбека (乌兹别克汗, 1312 — 1341 гг.). В эту эпоху государственной религией Золотой Орды стал ислам. Основной причиной захвата монголо-татарами Русского государства была его раздробленность. Для системы контроля над русскими землями был создан институт наместников-баскаков — руководителей военных отрядов монголо-татар, следивших за деятельностью русских князей. Некоторые князья стремились поскорее избавиться от вассальной зависимости от Орды, стали на путь открытого вооруженного сопротивления. Однако сил свергнуть власть захватчиков не хватало.

В ⅩⅤ в. в жизни Руси происходят важные изменения. В первой половине столетия идет война за великое княжение на Руси. Победителем из нее выходит Московское княжество. Во второй половине ⅩⅤ в., в годы правления Иван Ⅲ (伊凡三世, 1440 — 1505), ускоряется процесс объединения русских земель вокруг Москвы, итогом которого является создание единого Русского государства.

В 1478 г. Иван Ⅲ захватил Новгород и лишил его самостоятельности. В 1485 г. войско Ивана Ⅲ вторгается на территорию Тверского княжества и захватывает Тверь. Присоединение Новгородской и Тверской земель стало началом образования единого русского государства.

Одновременно с началом складывания единого государства происходит свержение монголо-татарского ига. В середине ⅩⅤ в. Золотая Орда переживает раздробленность и распадается на несколько независимых ханств, что вело к ослаблению татарского ига. Иван Ⅲ, свергнув иго, стремился к расширению своего государства. В 1487 г. после военного похода казанский хан признал зависимость от Москвы. К концу XV в. в состав сформировавшегося Русского государства входят новые территории на северо-востоке. Кроме восточных земель Иван Ⅲ отвоевывает у Польши и Литвы ряд белорусских и украинских земель. Монгольское нашествие и золотоордынское иго стало одной из причин отставания русских земель от развитых стран Западной Европы. Был нанесен огромный ущерб экономическому, политическому и культурному развитию Руси. Десятки тысяч людей погибли в битвах или были угнаны в рабство. Значительная часть дохода в виде дани отправлялась в Орду. Запустели и пришли в упадок старые земледельческие центры и некогда освоенные территории. Упростились, а порой и исчезли многие ремесла, что тормозило создание мелкотоварного производства и в конечном итоге сдерживало экономическое развитие. Замедлились темпы культурного развития русских земель.

В годы правления Ивана Ⅲ происходят важнейшие изменения, способствовавшие превращению Московского княжества в единое Русское государство. Сам Иван в последующие годы своего правления принимает титул «государя всея Руси» (全罗斯君主). Тогда же был принят новый государственный герб с изображением двуглавого орла и символами государственной власти.

Новые слова

1. низовье　下游
2. улус　乌卢斯 (沙俄东部和北部边远地区的行政区单位, 隶属于区、州)
3. аристократия　贵族, 贵族阶级
4. наместник　全权代理人
5. герб　徽章
6. баскак　巴斯哈 (蒙古汗派驻征服地的长官)
7. тормозить　遏制
8. титул　封号
9. государь　< 旧 > 国王, 国君

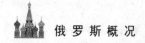

◇ **Задания по тексту**

Задание 1 Прочитайте текст и ответьте на вопросы.

1. Как Золотая Орда управляла русской землей?

2. Как Иван Ⅲ объединил Россию?

3. Какое влияние оказало Татаро-монгольское иго?

Задание 2 Прочитайте текст и постарайтесь пересказать текст.

Урок 5   Формирование абсолютизма при Иване Ⅳ

Первым шагом на пути укрепления власти становится венчание Ивана Ⅳ (伊凡四世 , 1547 — 1584) на царство, проведенное митрополитом Макарием в 1547 г.. Это по тогдашним понятиям резко возвышало Ивана над русской знатью и уравнивало его с западно-европейскими государями. Иван Ⅳ принял шапку Мономаха и другие знаки царской власти. Отныне великий князь Московский стал называться царем.

В период, когда складывалось централизованное государство, также во время междуцарствий и внутренних распрей роль законодательного и совещательного органа при великом князе, а позднее при царе играла Боярская дума. Во время царствий Ивана Ⅳ почти втрое был расширен состав Боярской думы, с тем чтобы ослабить в ней роль старой боярской аристократии. Первые шаги государя московского направлены на достижение компромисса между феодалами.

Создается «Избранная рада», в которую входят представители разных сословий из приближенных царя. В 1549 г. создается Земский собор (全俄缙绅会议) — совещательный орган, в котором представлена аристократия, духовенство, «государевы люди», позднее избираются представители купечества и городской верхушки. Земские соборы собирались нерегулярно и занимались решением важнейших государственных дел, прежде всего вопросами внешней политики и финансов. Первый Земский собор был созван в 1549 г. Он принял решение составить новый Судебник и наметил программу реформ. Стала складываться единая система управления на местах.

Продолжается реформирование, ограничение власти феодалов. В 1550 г. принимается Судебник, закрепляющий ограничение власти наместников, отменяющий податные льготы монастырей. Создается стрелецкое войско (射击军) — зачатки будущей армии. В стрельцы могли поступать свободные люди, за службу стрелец получал земельный надел, не имеющий надела получал денежное и хлебное жалование. Помимо создания стрелецкого войска принимается «Уложение о службе»(《兵役条例》), регламентирующее военную службу дворян, за которую также выплачивалось жалование. Все это требовало от казны денег. Была проведена реформа налогообложения, ограничивающая льготы феодалов. Создается система приказов, в основе которой лежали принципы неразделимости судебной и административной властей.

Усиление государства во главе с царем, ослабление позиций феодальной знати вновь ставит вопрос о месте церкви в обществе и государстве. В 1551 г. был собран так называемый Стоглавый собор, утвердивший, освятивший Судебник, одобривший проводимые реформы. Между церковью и царской властью достигается компромисс.

В западной Европе главной причиной для образования государства был развивающийся рынок. В России была только одна политическая предпосылка для образования государства — свержение монголо-татарсткого ига. От того, что образование государства прошло не в силу объективных причин, оно образовывается уродливым путем: власть возникла как деспотическая, только таким путем можно было подчинить себе русских князей. Эти тенденции закрепились в последующие столетия. Власть становилась все более жестокой и при Петре I уже сформировалась абсолютная монархия.

Новые слова

1. венчание 加冕
2. абсолютизм 专制制度
3. феодал 农奴主
4. духовенство 牧师(们),僧侣(们)
5. купечество <集>商业界
6. верхушка 上层人士
7. судебник 法典
8. наместник 地方长官

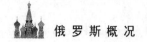

9. податный   纳税的

10. зачаток   开端

11. стрелец   （俄国 16—17 世纪）特
种常备军的兵士；射击手

12. надел   （十月革命前村社或地主
分给农民的）份地

13. жалование   赏赐；薪水

14. уложение   法典；法令汇编

15. регламентировать   严格规定

16. казна   国库

17. знать   显贵

◇Задания по тексту

Задание 1   Прочитайте текст и ответьте на вопросы.

1. При каком царе Московский князь стал называться царем?

2. Какие меры принял царь Иван Ⅳ для усиления государства?

Задание 2   Прочитайте текст и постарайтесь пересказать его.

Урок 6   Опричнина и ее роль в утверждении режима личной власти

Реформы государственного управления 50-х гг. ⅩⅥ в. подорвали политическую власть боярства. У представителей родовой феодальной знати ущемление их прав вызывало протест. Иван Ⅳ (Грозный), борясь с мятежами и изменами боярской знати, видел в них главную причину неудач своей политики. Он твердо стоял на позиции необходимости сильной самодержавной власти, основным препятствием к установлению которой, по его мнению, были боярско-княжеские оппозиции и боярские привилегии.

Вопрос состоял в том, какими методами будет вестись борьба. Острота момента и общая неразвитость форм государственного аппарата, а также особенности характера царя, бывшего, по-видимому, человеком крайне неуравновешенным, привели к установлению опричнины. Название «опричнина» происходит от древнерусского слова «опричь» — «кроме». Так Иван IV назвал территорию, которую просил выделить себе. Иван IV расправлялся с остатками раздробленности чисто средневековыми средствами. Это был хорошо рассчитанный политический маневр. После жестокого поражения в войне с Ливонией царь бежит в Александрову слободу в конце 1564 г. Используя веру народа в царя, Иван Грозный ожидал, что его позовут вернуться на трон. Когда же это произошло, царь продиктовал свой условия: право неограниченной самодержавной власти и учреждение опричнины.

Страна была разделена на две части: опричнину, в которой создавалась параллельная система органов управления и особое войско из 1000 служилых людей и земщину, которая по-прежнему управлялась Боярской думой и приказами. В опричнину Иван IV включил наиболее важные земли: поморские города, стратегически важные и экономически развитые районы страны. Этим он создал себе экономическую опору.

Опричнина являлась не только административной, но и земельной реформой. В результате 90 % земель не обрабатывалась, начался страшный голод. Созданием опричнины царь хотел покончить с теми, кого считал своими врагами. Малейшее подозрение в измене, в неповиновении царю влекло за собой пытки, казни, ссылки, лишение состояния. Стремясь уничтожить сепаратизм феодальной знати, Иван IV не остановился ни перед какими жестокостями. Была учреждена тайная полиция — войска опричники. В их задачу входило найти и уничтожить ересь, тех, кто против. В народе его стали называть «Иван Грозный» (伊凡雷帝).

Правление Ивана Грозного во многом предопределило ход дальнейшей истории страны и установление крепостного права в государственном масштабе. В 1572 г. опричнина была отменена. Причина этого была не только в том, что основные силы оппозиционного боярства к этому моменту были сломлены. Причины отмены опричнины заключаются в назревавшем общем недовольстве различных слоёв населения, не боеспособности опричного войска.

Новые слова

1. опричнина （伊凡四世实行的）削藩制,沙皇直辖区,禁卫军
2. мятеж   叛乱
3. оппозиция   反对
4. привилегия   特权
5. неуравновешенный   不平衡的
6. расправляться с кем-чем   处理掉
7. маневр   手腕
8. ересь   邪说,异端

9. земщина （俄国古时伊凡雷帝分给大贵族管辖的）地区
10. проруха   <旧>差错,过错
    И на старуху бывает проруха.
    <谚>智者千虑,必有一失。
11. пытка   刑讯
12. казнь   死刑
13. состояние   财产
14. сепаратизм   分离主义

◇**Задания по тексту**

Задание 1   Прочитайте текст и ответьте на вопросы.

1. Почему Иван IV установил опричнину?

2. Какую роль играла опричнина в утверждении режима личной власти Ивана IV ?

3. Какое влияние оказала опричнина для дальнейшего развития истории страны?

Задание 2   Прочитайте текст и постарайтесь пересказать его.

Урок 7   Причины и особенности «Смутного времени» в России

События рубежа XVI — XVII вв. получили название «Смутное время» (混乱时期). Причины смуты заключались в обострении социальных, сословных, династических и международных отношений в конце правления Ивана IV и при его преемниках.

В период Смутного времени в России сложилась следующая ситуация: в период правления Василия Шуйского большая группа дворян выехала в Польшу (波兰) и договорилась о восшествии на российский престол Владислава (弗拉基斯拉夫), сына Сигизмунда(король Польский и великий князь Литовский). Был заключен союз с Польшей. В это же время царь Василий Шуйский (瓦西里•舒伊斯基) заключил политический союз со Швецией (瑞典). В сражении под Клушиным (克鲁什诺) объединенные русско-шведские войска противостояли полякам. Шведы бежали с поля боя, чем обрекли российские войска на поражение. Начинается борьба русского народа против засилья интервентов. Зимой 1611 — 1612 гг. возникает первое народное ополчение. В марте 1612 г. в Москве против поляков вспыхивает восстание. На улицах шло сражение, но первое ополчение не смогло выполнить поставленной задачи. Интервентам удалось добиться больших успехов. Новгородские бояре пустили шведов с согласия, что Новгород и вся земля до Урала входят в состав Швеции. Был предательски сдан Смоленск (斯摩棱斯克). В Нижнем Новгороде (下诺夫哥罗德) начинает формироваться второе ополчение, во главе которого встают Минин (米宁) и князь Пожарский (波查尔斯基). Цель у них была одна — освобождение Москвы и создание своего правительства. В августе 1612 г. происходит сражение с поляками в Москве. В октябре поляки капитулируют, и Москва была освобождена. Благодарная Россия воздвигла в Москве первый скульптурный памятник Кузьме Минину и Дмитрию Пожарскому (на красной площади, скульптор И. П. Матрос, 1818).

Победа была одержана в результате героических усилий русского народа. Символом верности Родине вечно служит усилий русского крестьянина Ивана Сусанина (伊凡•苏萨宁), пожертвовавшего собственной жизнью в борьбе против польских интервентов.

Итогами Смутного времени стала потеря северных земель, разрушение городов, истребление почти половины российского населения, запущение земель. Но Россия вышла новой, обновленной после Смутного времени. Угроза иностранного завоевания России сплотила все патриотические силы в стране.

Новые слова

1. восшествие 登上
2. ополчение 民兵组织
3. капитулировать 投降
4. одержать 取得
5. истребление 消灭
6. запущение 荒芜

◇ Задания по тексту

Задание 1 Прочитайте текст и ответьте на вопросы.

1. Какая ситуация сложилась в России в период «Смутного времени»?

2. Кто такой Иван Сусанин?

Задание 2 Прочитайте текст и постарайтесь пересказать его.

Урок 8 Воцарение династии Романовых.Церковный раскол. Конец «Смутного времени»

В 1613 г. состоялся Земский собор в Москве, на котором стоял вопрос о выборе нового русского царя. 21 февраля собор остановил свой выбор на Михаиле Федоровиче Романове (米哈伊尔·费奥多洛维奇·罗曼诺夫), 16-летнем внучатом племяннике первой жены Ивана Грозного Анастасии Романовой. 2 мая 1613 г. Михаил прибыл в Москву, 11 июля венчался на царство. Вскоре ведущее место в управлении страной занял его отец — Патриарх Филарет. Власть восстановилась в форме самодержавной монархии.

После нескольких военных столкновений, а затем переговоров 1617 г. был заключен Столбовский мир. Швеция возвращала России новгородскую землю, но удерживала за собой Балтийское побережье и получила денежную компенсацию. В селе Деулино в 1618 гг. было заключено Деулинское перемирие с Речью Посполитой, за которой оставались Смоленские и Черниговские земли. Таким образом, в основном территориальное единство России было восстановлено, хотя часть русских земель оставалась за Речью Посполитой и

Швецией.

В ходе смуты, в которой приняли участие все слои и сословия русского общества, решался вопрос о самом существовании Российского государства, о выборе пути развития страны. Смута поселилась прежде всего в умах и душах людей. В конкретных условиях начала XVII в. выход из смуты был найден в осознании регионами и центром необходимости сильной государственности. В сознании людей победила идея отдать все ради всеобщего блага, а не искать личной выгоды. После смутного времени был сделан выбор в пользу сохранения крупнейшей на востоке Европы державы. В конкретных геополитических условиях того времени был избран путь дальнейшего развития России: самодержавие как форма политического правления, крепостное право как основа экономики, православие как идеология.

Церковная реформа диктовалась необходимостью укрепить дисциплину, порядок, нравственные устои духовенства. Сын мордовского крестьянина Никон (尼康) сделал стремительную карьеру. Приняв монашеский постриг на далеких Соловецких островах, Никон вскоре стал игуменом Кожеозерского монастыря. Никона связывали знакомство и дружба с царем Алексеем Михайловичем (阿列克谢·米哈伊洛维奇, 1645 — 1676), чьей поддержкой он долго пользовался. Никон становится архимандритом московского Новоспасского монастыря — родовой усыпальницы Романовых. После короткого пребывания митрополитом Новгородским Никон в 1652 г. избирается московским патриархом.

Стремясь превратить русскою церковь в центр мирового православия, властный патриарх Никон начал реформу по унификации обрядов и установлению единообразия церковной службы. За образец были взяты греческие правила. Реформы, проводившиеся в условиях массового народного недовольства, вызывали протест со стороны части бояр и иерархов церкви, которые боялись, что перемены церкви подорвут ее авторитет в народе. Произошел раскол в русской церкви. Приверженцы старых порядков — старообрядцы (旧礼仪派或旧信仰者) — выступали за возврат к дореформенным порядкам. Раскол стал одной из форм социального протеста народных масс, связывавших ухудшение своего положения с реформой церкви. Но Михаил поддержал новую церковь и Никон переоценил свои силы, перестал считаться

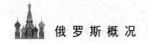

с царем и был сослан в ссылку. Но тем не менее новая церковь победила. И она помогла укрепить абсолютизм в России.

Новые слова

1. раскол　分裂
2. компенсация　赔偿
3. перемирие　停战
4. игумен　男修道院院长
5. архимандрит　修士大司祭
6. усыпальница　公墓
7. постриг　＜宗＞剃度
8. унификация　统一
9. иерарх　主教
10. приверженец　信徒

◇Задания по тексту

Задание 1　Прочитайте текст и ответьте на вопросы.

1. Когда началась династия Романова?

2. Почему в России в XVII в. принялась церковной реформы?

3. Кто такой Никон? Что он сделал для России?

Задание 2　Прочитайте текст и постарайтесь пересказать его.

Урок 9　Возникновение и утверждение крепостного права в России

В 17 и 18 веках крепостное право (农奴制) окончательно утверждается в России. Введен Юрьев день (大里节) (28 ноября). В течение двух недель крестьяне могли выбирать помещика. Позже Юрьев день отменен. В 1648 — 1649 гг. проходили заседания Земского собора, завершившиеся принятием «Соборного уложения» (《会议法典》) царя Алексея Михайловича. Это был крупнейший Земский собор в истории России. Важнейшим разделом «Соборного уложения» была глава XI «Суд о крестьянах»: водился бессрочный сыск беглых и увезенных крестьян, запрещались крестьянские переходы от одного владельца к другому.

Это означало юридическое оформление системы крепостного права.

Крепостническая система (农奴制体系) организации сельского хозяйства на рубеже XVIII — XIX вв. переживала период разложения и кризиса. Производительные силы в сельском хозяйстве к этому времени достигли относительно высокого развития, показателем чего было применение машин, определенные достижения в области агрономической науки, распространение посевов новых трудоемких технических культур. В крестьянском хозяйстве также имелись определенные сдвиги, хотя они и не получили здесь сколько-нибудь заметного развития.

Эти новые производственные силы были несовместимы со старыми, феодальными производственными отношениями (封建生产关系), основанными на подневольном крепостном труде с присущей ему рутинной техникой, вследствие чего они и не могли получить значительного развития. Основой крепостного хозяйства являлась феодальная собственность на землю (封建土地有). Этот вид собственности характеризовался следующими признаками: монопольное право владения землей принадлежало лишь дворянству; непосредственный производитель, крепостной крестьянин, находившийся в личной зависимости от помещика, был прикреплен к земле, чтобы гарантировать рабочие руки феодалу. Поэтому за крепостными крестьянами закреплялся определенный надел, который отнюдь не являлся его собственностью и мог быть у него отнят помещиком. Этой системе хозяйства соответствовало низкое состояние техники, отражавшее в свою очередь низкий уровень развития производительных сил при феодализме.

Крепостное хозяйство было по своему характеру натуральным, представляя собой замкнутое целое. Формами эксплуатации крепостного труда в этот период являлись барщина и оброк, нередко переплетавшиеся между собой. Эти формы крепостной зависимости дополнялись различными натуральными сборами и другими повинностями.

Таким образом, на протяжении первой половины XIX в. в условиях кризиса феодально-крепостнической системы наблюдается ухудшение экономического положения помещичьих крестьян, что являлось следствием усиления эксплуатации и частичного их обезземеливания, вместе с тем ухудшается и

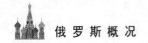

правовое положение крестьян. Это в свою очередь приводило к обострению классовых противоречий, к усилению борьбы народных масс, не желавших мириться с существующим порядком вещей.

Новые слова

1. сыск 搜寻
2. подневольный 强迫的
3. рутинный 墨守成规的
4. барщина 徭役
5. переплетаться 交织在一起
6. повинность 差役

◇Задания по тексту

Задание 1 Прочитайте текст и ответьте на вопросы.

1. Что означало юридическое оформление системы крепостного права?
2. Какое виляние оказала система крепостного права на экономическое и социально-культурное развитие России?

Задание 2 Прочитайте текст и постарайтесь пересказать его.

Урок 10 Государственные, экономические, военные, социальные и культурные преобразования Петра I: содержание и оценка

В начале своей деятельности Петр I (1689 — 1725) сосредоточил усилия на борьбу за выход России в Азовское (亚速海) и Черные моря. Первым внешнеполитическим шагом, направленным к осуществлению этой цели, явились Азовские походы. Их результатом стало овладение в 1696 г. крепостью Азов.

Стрелецкий бунт (射击军叛乱) в Москве летом 1698 г. стал для Петра I началом о необходимости реорганизации вооруженных сил. Стрелецкое войско было расформировано. С 1699 г. правительство переходит к новой системе комплектования армии — набору рекрутов для постоянной строевой службы в регулярных полках. Это был важный шаг к укреплению оборонной мощи страны. Создавались учебные заведения для подготовки морских, артиллерийских и инженерных офицеров.

В 1699 г. Петр I начинает проводить городскую реформу. Создаются органы городского самоуправления — ратуши в Москве и земские избы (地方自治机构) в других городах. Реформы в управлении государством четко выразили стремление Петра к централизации и абсолютизму.

Ликвидация патриаршества (1721) и введение Синода (коллегии по делам религии во главе со светским чиновником (宗教事务管理局,宗教局) ознаменовали окончательную победу светской власти над духовной. Создаются новые властные структуры. В 1701 г. на смену Боярской думе пришла «Консилия (Совет) министров», а в 1711 г. учрежден Сенат. Вместо всевозможных приказов в 1717 — 1718 гг. были созданы 12 коллегий.

Была изменена система местного управления. Страна была разделена на 11 губерний во главе с губернаторами, облеченными всей полнотой власти. Губернии делились на провинции, а последние — на уезды. К 1719 г. структура областной администрации изменилась. Основной единицей административного деления стала провинция. В 1722 г. была принята «Табель о рангах» (《官秩表》).

Согласно ей военные, гражданские и придворные звания были разбиты на 14 рангов (等级). Был издан указ о престолонаследии, по которому император сам назначал наследника. В итоге административных преобразований в России было завершено оформление абсолютной монархии (君主专制).

В Петровскую эпоху произошел скачок в развитии мануфактурной промышленности. Ко второй четверти века в России действовало большое количество мануфактур и горных предприятий, было положено начало освоению железорудных месторождений, появился новый мощный промышленный район —— Урал.

Главная социальная мера правительства в отношении крестьян состояла в проведении переписи (人口普查) 1718 — 1724 гг., с окончанием которой в России подворное обложение было заменено подушной податью (人头税).

В области внешней торговли осуществлялась политика меркантилизма. Меркантилизм — это накопление средств внутри страны путем преобладания

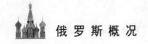

вывоза над ввозом, путем обложения иностранных товаров высокими пошлинами, путем запрещения ввоза в страну тех товаров, которые в ней производились.

Петр I ликвидировал патриаршество, которое было введено еще в 1589 г. при царе Федоре. Церковь была подчинена государству, ее деятельность контролировал Святейший Синод.

В итоге преобразований Россия стала сильным европейским государством. Во многом была преодолена технико-экономическая отсталость.

Новые слова

1. комплектования 充实, 补充
2. рекрут 新兵
3. ратуша 市政厅
4. патриаршество 宗主教制
5. подушная подать 人头税
6. коллегия (18 世纪俄国中央机关的) 部
7. подворное обложение 按户征税
8. Синода (革命前俄国) 东正教最高会议

◇Задания по тексту

Коротко расскажите о преобразованиях Петра I.

Урок 11 «Просвещенный абсолютизм» как европейское явление

Екатерина Ⅱ (叶卡捷琳娜二世, 1762 — 1796) обнаружила ум и способности крупного государственного деятеля. Она заняла престол в сложное время. Екатерина Ⅱ должна была выработать политику, отвечающую условиям Нового времени, политику реформирования. Эта политика и получила название «Просвещенного абсолютизма» (开明专制).

С 1763 г. Екатерина Ⅱ начала постоянную переписку с Вольтером (伏尔泰) и его единомышленниками, обсуждая с ними государственные дела. Желание лучше узнать Россию привело Екатерину к мысли о поездке по стране, как до этого делал Петр Великий. В начале своего царствования, Екатерина II посетила Ярославль и Ростов Великий, побывала в Прибалтике, проехала по Волге от Твери до Симбирска.

В условиях массовых волнений монастырских крестьян, Екатерина в 1764 г. провела секуляризацию церковных имуществ, объявленную еще Петром III (彼得三世). Устанавливались штаты и оплата церковнослужителей. Бывшие монастырские крестьяне перешли под власть государства. Они стали называться экономическими, так как для управления ими была создана Коллегия экономии (经济部).

В 1763 г. был введен принцип веротерпимости (信仰自由原则).

В 1765 г. в стране приступили к межеванию земель: на местности происходило определение границ земельных владений и их юридическое закрепление. Оно было призвано упорядочить землевладение и остановить земельные споры.

Преследуя цель установить «тишину и спокойствие» в стране, укрепить свое положение на престоле Екатерина II созвала в 1767 г. в Москве специальную Комиссию для составления нового свода законов Российской империи взамен устаревшего «Соборного уложения» 1649 г.

В работе Уложенной комиссии участвовали 572 депутата, представлявших дворянство, государственные учреждения, крестьян и казачество. Крепостные крестьяне, составлявшие примерно половину населения страны, в работе Комиссии не участвовали. Ведущую роль в ней играли дворянские депутаты. Депутаты по предложению Екатерины II представили в комиссию примерно 1600 наказов с мест. В качестве руководящего документа комиссии 1767 г. императрица подготовила «Наказ» — теоретическое обоснование политики просвещенного абсолютизма.

«Наказ» Екатерины II состоял из 22 глав и был разбит на 655 статей. Почти три четверти текста «Наказа» составляли цитаты из сочинений просветителей. Эти цитаты были тщательно подобраны, и «Наказ», таким образом, представлял собой цельное произведение, в котором доказывалась необходимость сильной самодержавной власти в России и сословного устройства русского общества. Уложенная комиссия начала заседание в Грановитой палате Московского Кремля летом 1767 г. На пятом заседании императрице был присвоен титул «Великой, премудрой матери Отечества», что означало окончательное признание Екатерины II русским дворянством. Работа Комиссии, продолжалась более года. Под предлогом начала войны с Турцией, она была распущена в 1768 г. на неопределенное время, так и не составив нового уложения.

В конкретных условиях России второй половины XVIII в. Екатерина II сделала попытку модернизации страны, создания законной самодержавной монархии, опираясь на тогдашний уровень знаний о природе и обществе.

Новые слова

1. престол　王位
2. выработать　制定
3. модификация　改型
4. секуляризация　教会财产国有化
5. веротерпимость　信教自由
6. Уложенная комиссия　法典委员会
7. межеванию　测量土地
8. Вольтер　伏尔泰 (法国启蒙时代的 思想家、哲学家和作家，1694—1778)
9. свода　汇编

◇Задания по тексту

Задание 1　Прочитайте текст и ответьте на вопросы.

1. Что значит «Просвещенный абсолютизм»?

2. Какие сословия участвовали в составлении нового свода закона?

Задание 2　Прочитайте текст и постарайтесь пересказать его.

Урок 12　Крестьянская война Емельяна Пугачева

В 60 — 70 гг. XVIII в. по стране прокатилась волна антифеодальных восстаний крестьян, казаков, приписного и работного люда. Основной причиной выступлений стал рост недовольства народа деятельностью верховной власти. Серия указов 60-х г. превратила крестьян в бесправных рабов. Следствием процесса разложения феодально-крепостнической системы хозяйствования стало увеличение эксплуатации крестьянства: усиление барщины, рост денежного оброка. Выросли повинности приписных государственных крестьян, работавших на заводах и мануфактурах, ущемлялись права казачества.

В августе 1773 г. донской казак Емельян Пугачев (叶麦利杨·普加乔夫) объявил лидерам яицких казаков, что он — уцелевший император Петр III. 17 сентября 1773 г. им был обнародован манифест, жалующий казаков землями, лугами, беспошлинной рыбной ловлей, деньгами и пр. Эта дата считается началом восстания.

На первом этапе (сентябрь 1773 г. — март 1774 г.) казацкое восстание переросло в крестьянскую войну: отряд из 200 человек стал 30 — 50 тысячной армией с артиллерией. На этом этапе более 20 крепостей перешли на сторону восставших. Особый размах придало восстанию участие в нем крепостных крестьян, мастеровых, работных людей и приписных крестьян Урала, а также башкиров, марийцев, татар, удмуртов и других народов Поволжья(伏尔加河中下游流域). В начале октября началась 6-месячная осада Оренбурга (奥伦堡). К району восстания были стянуты войска, и в решающем сражении под Татищевой крепостью 22 марта 1774 г. восставшие потерпели поражение. Осада Оренбурга была снята.

На апрель — июль 1774 г. приходится второй этап крестьянской войны, когда после ряда боев на Среднем Урале основные силы восставших двинулись по Каме (卡马河) на Казань (喀山). В начале июля 1774 г. армия Пугачева подступила к Казани и овладела ею. Но в разгар боя к городу подошли правительственные войска. Сражение закончилось поражением восставших.

Третий период начался после поражения под Казанью и перехода Волги (июль 1774 — 1775). Война охватила все Поволжье и грозила перекинуться в центральные районы страны. Против Пугачева были двинуты отборные армейские войска. Под напором правительственных войск Пугачев отошел на юг. Под Царицыным (察里津) восставшие были разгромлены, их предводитель попытался прорваться на Яик, но был схвачен яицкими казаками и передан властям. 10 января 1775 г. Е. И. Пугачев был казнен на Болотной площади в Москве. К этому времени были подавлены разрозненные очаги восстания.

Крестьянская война под предводительством Е. И. Пугачева окончилась поражением по тем же причинам, что и другие крупные выступления народных масс: ей свойственны были стихийный характер, локальность движения, неоднородность его социального состава, плохое вооружение, наивный монархизм, отсутствие ясной программы и цели борьбы. Крестьянская война заставила Екатерину Ⅱ провести серию реформ по централизации и унификации органов управления в центре и на местах, и законодательному закреплению сословных прав населения.

После смерти матери Екатерины Ⅱ, Павел Ⅰ (保罗一世) принял престол. В 1801 г. он был убит, а престол унаследовал его старший сын Александр.

Новые слова

1. уцелеть 〈完〉得以保全；安然无恙，幸免于难
2. барщина 徭役地租
3. денежный оброк 租金
4. артиллерия 火炮
5. башкир 巴什基尔人
6. мариец 马里人
7. удмурт 乌德穆尔特人
8. предводительство 统帅
9. локальность 区域性
10. монархизм 君主主义

◇ Задания по тексту

Задание 1 Прочитайте текст и ответьте на вопросы.

1. В чем причины происшествия крестьянской войны Пугачева?
2. Что привело к поражению крестьянской войны Пугачева?

Задание 2 Прочитайте текст и постарайтесь пересказать его.

Урок 13　Концепция «просвещенного правления» Александра I. М.М. Сперанский

Эпоха Александра I (亚历山大一世, 1801 — 1825) характеризуется борьбой двух направлений во внутренней политике: либерального и консервативного (自由派与保守派). Император начал свое правление с либеральных преобразований. В первую очередь были отменены одиозные приказы Павла I. Для подготовки проектов реформ был создан Негласный комитет (1801 — 1803). Был проведен ряд мер в социальной сфере: указ 1801 г. о праве недворян покупать землю, указ 1803 г. о «вольных хлебопашцах», легализовавший практику отпуска помещиком крестьян на волю.

В 1804 — 1805 гг. было ограничено крепостное право в Прибалтике, в 1809 г. — отменено право помещиков ссылать крестьян в Сибирь. В 1803 г. было издано новое положение об устройстве учебных заведений. В основу системы образования были положены принципы бессословности учебных заведений, преемственности учебных программ. На нижних ступенях обучение было бесплатным. В начале XIX в. создаются 5 университетов.

В первые годы правления Александра I реорганизуются высшие и центральные органы государственной власти. В 1802 — 1811 гг. была проведена министерская реформа. Для совместного обсуждения дел создан Комитет министров.

С 1807 г. на арену политической жизни выдвигается М. М. Сперанский. В 1809 г. по поручению императора Сперанский подготовил план государственных преобразований, в котором рекомендовал для предотвращения возможных революционных потрясений в России придать самодержавию внешние формы конституционной монархии (выборность чиновников, разделение властей и т.д.). Высшим законодательным органом должна была стать выборная Государственная дума. Однако удалось учредить лишь Государственный совет — прообраз верхней палаты Думы (1810), который стал только совещательным органом при разработке законов. Деятельность Сперанского вызвала недовольство консервативного дворянства, которое добилось его отставки и

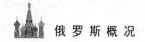

последующей высылки в 1812 г.

В 1821 г. он был возращен в Петербург и назначен членом Государственного совета.

К 1812 г. война между Россией и Францией стала неизбежной. Наполеон (拿 破仑) занял Польшу, где создал плацдарм для вторжения в Россию. В июне 1812 г. его войска перешли русскую границу. Россия к тому времени по военнопромышленному потенциалу не уступала противнику, но ее армия не была отмобилизована. Поэтому задачей русского командования (вначале возглавляемого царем через М. Б. Барклая-де-Толли, а с середины августа 1812 г. — М. И. Кутузовым (库图佐夫)) было немедленное соединение сил. Отступление русского войска должно было увлечь французов вглубь страны, предельно растянуть их линии снабжения и связи. После сражения под Бородино, которое обескровило французскую армию, войско Наполеона 2 сентября вступило в Москву, но покинуло ее через месяц, не получив ответа на предложение мира. Во время отступления от Москвы на запад французская армия обескровливалась атаками партизанских отрядов и потерпела окончательное поражение в середине октября. Спасаясь бегством из России, Наполеон передал командование остатками войск маршалу Мюрату и поспешил в Париж за резервами. Новая армия Бонапарта была разгромлена объединенными силами России, Пруссии и Австрии в битве под Лейпцигом в 1813 г.

Европейские революции, волнения крестьян и солдат в России, разочарование Александра в способностях сановников вести реформационную деятельность — все это обусловило поворот царя к реакционному курсу.

Правительство проводило реакционную политику в различных сферах государственной жизни. Указом 1822 г. было восстановлено право помещиков ссылать крестьян в Сибирь. В этом же году последовал указ о запрещении тайных организаций и масонских лож. Усилились гонения на просвещение и печать. Цензура подвергла запрету множество изданий. В университетах начались гонения на либеральных профессоров.

Поворот Александра I к реакции во многом привел декабристов к идее насильственного переворота.

Новые слова

1. угасание　消失，消退
2. одиозный　不受欢迎的
3. негласный　秘密的
4. сановник　（革命前俄国）达官显贵
5. реакционный　反动的
6. масонская ложа　共济会分会
7. гонение　压制；迫害
8. обескровить　消弱

◇ Задания по тексту

Задание 1　Прочитайте текст и ответьте на вопросы.

1. Как Александр I продолжал просвещенное управление?
2. Почему преобразование М. М. Сперанского потерпела поражение?

Задание 2　Прочитайте текст и постарайтесь пересказать его содержание.

Урок 14　Восстание декабристов. Декабризм: истоки, лидеры, программы, расправа с декабристами Николая I

Первая половина XIX в. стала периодом становления в России революционного движения и его идеологии. Первыми русскими революционерами стали декабристы. Их мировоззрение сформировалось под воздействием российской действительности первой четверти XIX в. Прогрессивная часть дворянства ожидала от Александра I продолжения либеральных преобразований, начатых в первые годы его правления. Однако политика царского правительства после Отечественной войны (卫国战争) 1812 г. вызывала их негодование. Крепостное право воспринималось декабристами как оскорбление национальной гордости народа-победителя. Вызывало негодование и участие царского правительства в подавлении революционных и национально-освободительных движений в Европе. Вместе с тем эти движения служили примером, вдохновляли на борьбу.

Первое тайное политическое общество «Союз спасения» (救国协会) возникло в Петербурге в феврале 1816 г. В состав общества входили Муравьев, Муравьевы-Апостолы, Трубецкой, Якушкин, Пестель (всего 28). Его члены ставили своей целью отмену крепостного права, принятие конституции. Однако ограниченность сил побудила членов «Союза» к созданию новой, более широкой организации.

В 1818 г. в Москве был создан «Союз благоденствия» (幸福协会), насчитывающий около 200 членов и имевший устав с обширной программой действий. В отношении тактики борьбы члены обществ держались одинакового взгляда: восстание армии против правительства.

С 1823 г. началась подготовка восстания, которое было назначено на лето 1826 г. Однако смерть Александра I в ноябре 1825 г. подтолкнула заговорщиков к активным действиям. Члены Северного общества решили в день принесения присяги Николаю I (尼古拉一世, 1825—1855) выступить с требованиями своей программы. 14 декабря 1825 г. на Сенатской площади (参议院广场) собралось 3 тыс. восставших. Однако их планы рушились. Николай, знавший о заговоре, заранее принял присягу Сената. Трубецкой (特鲁别茨科伊) — руководитель заговорщиков — на площадь не явился. Верные правительству войска были стянуты на Сенатскую площадь и начали обстрел восставших. Выступление было подавлено. 29 декабря началось восстание Черниговского полка (契尔尼哥夫军团) под командованием Муравьева-Апостола. Однако 3 января 1826 г. оно было подавлено правительственными войсками.

Главными причинами поражения восстания явились несогласованность действий и неподготовленность, отсутствие активной поддержки в разных слоях общества, неготовность общества к радикальным преобразованиям. Однако это выступление было первым открытым протестом в России, ставившим своей задачей коренное переустройство общества.

Новые слова

1. идеология   思想体系
2. действительность   现实
3. вдохновлять   鼓舞
4. благоденствие   幸福

5. тактика   战术

6. заговорщик   参与密谋的人

7. рушиться   失败；落空

8. стянуть   集结

9. радикальный   根本的；激进的

◇ **Задания по тексту**

Причины восстания декабристов и причины его поражения.

Урок 15   Бюрократизация и милитаризация государственного строя при Николае I

Николая I не готовили к управлению государством. Но железная воля и природный ум дали возможность достаточно эффективно управлять государством. В качестве главной опоры Николай I видел разветвленный полицейский и бюрократический аппарат, по средствам которого он стремился контролировать все стороны жизни общества и государства. Цель политики он видел в укрепление внутреннего и внешнего положения России. Роль государственного совета, как законосовещательного органа, уменьшилась. Полномочия министерств были ограничены в пользу разросшихся подразделений — собственной его императорского Величества канцелярии (沙皇办公厅).

Страна была разделена на округа, во главе с жандармскими генералами. Каждый округ включал несколько губерний. В губерниях вводился пост, штаб-офицеров, которым подчинялись младшие офицеры и нижние чины.

Жестоким репрессиям подверглись даже писатели и общественные деятели, не высказывавшие противоправительственных лозунгов.

В 1842 г. был издан указ «Об обязанных крестьянах»(《农奴法令》). Он позволял помещикам отпускать крестьян на волю, предоставляя им землю в пользование, за что крестьянин отрабатывал повинность. В 1843 г. безземельные дворяне

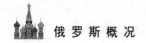

лишились права приобретать крестьян. В 1844 г. в западных губерниях началось введение инвентарей: правительство регламентировало размеры крестьянских наделов и повинностей, стремясь ограничить влияние местного дворянства.

В 1837 — 1841 гг. была проведена реформа государственной деревни. Государственным крестьянам было дано самоуправление, было упорядочен аппарат управления государственной Деревней. Пересматривалось наделение крестьян землей, обложение их податями, создавались склады на случай неурожая, начальная школа и больницы в деревни.

В 1826 г. был создан Комитет по устройству учебных заведений: проверить уставы учебных заведений, выработать единые принципы просвещения.

В 1828 г. был создан устав низших и средних учебных заведений. Было выявлено, что разные ступени школы, были оторваны друг от друга: предназначались для различных сословий.

В 1835 г. был создан новый университетский устав, фактически ликвидировавший автономии университетов и установивший жестокий контроль за внутренней жизнью, в плоть до вмешательства в учебную программу. Прослеживается четкая тенденция к ограничению числа студентов.

В 1826 г. был издан новый цензурный устав. Создаются два специальных надзорных комитета: надзор над периодической печатью и надзор над книгопечатанием.

Новые слова

1. бюрократизация　官僚主义
2. милитаризация　军国主义化
3. репрессия　镇压；惩罚
4. повинность　差役
5. цензурный　新闻检查的
6. надзор　监视

◇ Задания по тексту

Какие уставы были приняты при Николае I?

Урок 16   Общественное движение в 1830 — 1840 гг.

После расправы царского правительства с декабристами для передовой русской интеллигенции создалась тяжелая, гнетущая обстановка. Все стороны общественной жизни контролировались III отделением (第三厅), имевшим разветвленную сеть доносчиков. В противовес этой политике в конце 1820 — начале 1830 гг. распространяются студенческие кружки, продолжавшие традиции декабристов.

На рубеже 1830 — 1840 гг. определились три идейно-политических направления: реакционно-охранительное (保守派), либеральное (自由派), революционно-демократическое (民主革命派).

Идейным выражением реакционно-охранительного направления стала «теория официальной народности». Ее принципы были сформированы министром просвещения С. С. Уваровым: православие, самодержавие, народность. «Народность» трактовалась как приверженность народных масс к исконно русским началам — самодержавию и православию. Крепостное право объявлялось важнейшим устоем России, а самодержавие — священным и неприкосновенным. Обосновывался самобытный путь развития России, отличный от развития стран Запада.

Либерально-оппозиционное направление было представлено двумя общественными течениями — славянофилами и западниками (斯拉夫派和西方派). И те, и другие выступали за отмену крепостного права и искали пути совершенствования существующего строя. Однако их подход к прошлому и будущему был противоположен.

Славянофилы доказывали своеобразие русского исторического процесса, идеализировали «самобытные» учреждения: крестьянскую общину и православную церковь. Николаевскую политическую систему с ее «немецкой» бюрократией рассматривали как логическое следствие отрицательных сторон преобразований Петра I, осуждали чиновничью бюрократию. Они считали, что русский народ никогда не претендовал на участие в политической жизни. Традиционно русская жизнь строилась на коллективистских принципах, и отвергала единовластие, власть московских царей была ограничена народным

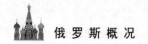

мнением, выражавшимся Земским собором.

Западники доказывали идею об общности исторических путей Европы и России. Их устраивала конституционно-монархическая форма правления с определенными гарантиями свободы слова, печати, гласного суда. Они отрицательно относились к самодержавию, крепостному праву и полицейско-бюрократическим порядкам николаевской России. Они считали, что правительство навязала народу общину для удобства управления и сбора налогов. Деятельность Петра I они рассматривали как первую фазу обновления России, вторая должна начаться проведением буржуазных реформ сверху.

Представители революционно-демократического течения верили в действенность насильственного переворота.

Новые слова

1. западничество 西欧派
2. славянофильство 斯拉夫派
3. доносчик 告密者
4. трактоваться 解释
5. приверженность 忠实
6. устой 基础
7. самобытный 独特的
8. славянофил 斯拉夫主义者
9. выступать за 赞同
10. осуждать 斥责
11. чиновничий 官僚的
12. бюрократия 官僚制度
13. претендовать на что 希望得到；
    追求
14. отвергать 反对
15. единовластие 独裁
16. насильственный 强制的
17. переворот 变革；政变

◇Задания по тексту

Какие идейно-политические направления определились в 1830 — 1840 гг. России?

66

Урок 17 Отмена крепостного права в России. Эпоха великих реформ 1860-х г. Реформа 1861 г.

К середине XIX в. в России назрел острейший социально-экономический и политический кризис. Сохранение феодальных пережитков тормозило развитие капитализма и определяло общую отсталость России от развитых государств Запада. Таким образом, основными причинами отмены крепостного права в России явились: стремление преодолеть экономическую отсталость страны и предотвратить надвигающийся социальный взрыв.

19 февраля 1861 г. Александр II (亚历山大二世) подписал манифест об отмене крепостного права «Положение о крестьянах, вышедших из крепостной зависимости» (《关于脱离农奴依附关系的农民的法令》). В соответствии с манифестом крестьяне получили личную свободу и общегражданские права (мог владеть движимым и недвижимым имуществом, заключать сделки, выступать как юридическое лицо, вступать в брак без ведома помещика, поступать на службу и в учебные заведения, менять место жительства, переходить в сословия мещан и купцов), но они были ограничены по сравнению с другими классами и сословиями русского общества. По «Положению» сохранялось крупное помещичье землевладение, крестьяне получали земельный надел, за который они должны были заплатить выкуп. До тех пор, пока они не расплатились за землю, крестьяне считались временно обязанными и должны были выполнять прежние повинности в пользу помещика. Крестьянство — единственное сословие, которое платило подушную подать, несло рекрутскую повинность и могло быть подвергнуто телесному наказанию.

В «Положении» раскрывалась суть реформы. Россия была условно разделена на три полосы: черноземную, нечерноземную и степную. Для каждой из них устанавливался высший и низший размеры крестьянского полевого надела. В этих пределах заключалась добровольная сделка крестьянской общины с помещиком.

Реформу 1861 г. нельзя оценивать однозначно. С одной стороны, отмена крепостного права имела огромное значение для дальнейшего развития в России капитализма. Долгожданная свобода вела к созданию рынка свободной

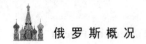

рабочей силы, что давало возможность для расширения промышленного производства. Но с другой, сохранение помещичьей собственности на землю тормозило развитие капитализма в сельском хозяйстве — основе экономики России.

Падение крепостничества способствовало развитию в России буржуазных отношений и вызвало необходимость преобразований в различных сферах жизни государства. Поэтому вслед за реформой 1861 г. в течение 60 — 70-х гг. осуществляется ряд реформ, которые по содержанию делят на несколько групп: земская и городская, судебная, военные и реформы просвещения.

Новые слова

1. назреть 成熟	6. манифест 诏书
2. кризис назрел 危机不可避免	7. мещанин 小市民
3. пережиток 残余	8. землевладение 土地所有制
4. тормозить 阻碍	9. выкуп 赎金
5. предотвратить 预先防止	10. повинность 义务

◇ Задания по тексту

Задание 1 Прочитайте текст и ответьте на вопрос.

Расскажите о реформе в 1861 г.

Задание 2 Сравните реформу в 1861 г. и реформу при Петре I.

Урок 18 Общественно-политические течения второй половины XIX в.:народничество и марксизм

Основные положения народничества (民粹派的主要主张): Община есть изначальная основа народной жизни. Большая часть населения страны живёт общинным строем. Меньшая часть населения страны, не живущая общинным строем, управляет страной вопреки естественным нормам. Самодержавие, которое олицетворяет 2-ую группу, не имеет сколь-нибудь глубокой социальной опоры, отсюда отрицание народниками политической деятельности.

Идеология народничества:

Лавров (拉甫罗夫) — пропагандистское течение (宣传鼓动派). Считал, что народу нужно объяснить их цели, это сделать должна интеллигенция, но не вся, а лишь критически мыслящие личности. Объединенные такие личности в революционную организацию должны готовить народ.

Бакунин (巴枯宁) — бунтарское течение (暴动派). Считал замену государства — ассоциацией свободных самоуправляемых общин. С помощью бунта хотел создать это. Поэтому задача интеллигенции-бросить кличь и разжечь всероссийский бунт.

Ткачев (特卡乔夫) считал, что хорошо организованная, жестко централизованная, тщательно законспирированная организация профессиональных революционеров-террористов, проведя серию скоординированных террористических актов может полностью дезорганизовать государственный аппарат и он сам собой развалится.

Наиболее распространенными были пропагандистское и заговорщическое течении.

Марксизм — это течение политической и научной мысли, основой которого были заложены Марксом (马克思) и Энгельсом (恩格斯). Основной тезис марксизма — естественность смены типов общественного строя в результате изменения способа производства. По мнению Маркса и Энгельса, капиталистический способ производства изжил себя уже во второй половине XIX в., а потому сформировались социально-экономические предпосылки для установления нового справедливого общественного устройства-коммунизма, в котором будет преодолено отчуждения человека от результатов его труда.

В 1895 г. в Петербурге разрозненные марксистские кружки объединились в организацию «Союз борьбы за освобождение рабочего класса» (工人阶级解放斗争协会). Такие же организации были созданы в разных городах. Они попытались встать во главе стачечного движения, издавали листовки и направляли пропагандистов в рабочие кружки для распространения марксизма среди

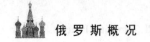

пролетариата. Под влияние этого в Петербурге начались стачки. Рабочие требовали сокращение рабочего дня до 10,5 часов, повысить расценки, своевременно выплачивать заработную плату. Упорная борьба в 1896 — 1897 гг. заставило правительство пойти на уступки: издан закон, по которому рабочий день сокращался до 11,5 часов.

Новые слова

1. община　公社
2. идеология　思想体系
3. дезорганизовать　破坏
4. заговорщический　阴谋的
5. изжить себя　过时
6. разрозненный　分散的

7. стачка　罢工
8. стачечный　罢工的
9. листовка　传单
10. расценка　工资额
11. упорный　顽强的

◇Задания по тексту

Задание 1　Прочитайте текст и ответьте на вопрос.

1.Какие идеологические течения имеет народничество?

2.Что такое марксизм? В чём его главная идеология.

Задание 2　Прочитайте текст и перескажите его содержание.

Урок 19　Специфика экономических, политических и социальных процессов в России на пороге XX века

К концу XIX в. мировое сообщество вступило в империалистическую стадию своего развития (帝国主义发展阶段): высокая концентрация производства и капиталов, сращивание промышленных и банковских капиталов, т.е. образование мощной финансовой олигархии, возникновение международных монополистических союзов и в связи с этим обострение борьбы за рынки сбыта. На капиталистический путь развития Россия вступила значительно позже ведущих западных держав, однако реформы 60-х гг. способствовали резкому ускорению темпов экономического роста. Начавшийся в 1893 г. подъем производства во многом определялся интенсивным железнодорожным строительством, создавшим устойчивый спрос на металл, уголь, лес и другие материалы. Определяющей чертой российской крупной промышленности явилась высокая концентрация производства.

Высокими темпами шло акционирование предприятий, создавались всевозможные объединения и предпринимательские союзы, которые в начале 20 в. переросли в мощные монополии. Параллельно шла концентрация банковского капитала. Пять крупнейших банков страны контролировали практически все финансовые средства. Банки охотно вкладывали деньги в развитие промышленности, и в результате происходило сращивание финансового и промышленного капиталов, возникала финансовая олигархия.

Невзирая на высокие темпы экономического развития, Россия в начале 20 в. оставалась среднеразвитой аграрно-индустриальной страной с отчетливо выраженной многоукладностью экономики. С высшими формами капиталистической индустрии соседствовали раннекапиталистические и полуфеодальные способы хозяйствования — мануфактурный, мелкотоварный, а в деревне, ставшей средоточием пережитков крепостнической эпохи, и патриархальный. Отражением данного конфликта «нового» со «старым» являлась и социально-классовая структура российского общества. Сохранялось сословная градация общества и привилегированное положение отдельных социальных групп.

С одной стороны, шло интенсивное формирование буржуазии, крупной и мелкой, а также пролетариата. С другой — продолжало существовать сословное деление, характерное для феодальной эпохи, -дворянство, купечество, крестьянство, мещанство. Царизм, естественно, опирался на дворян — они оставались главенствующим классом-сословием, все еще сохранившим значительную экономическую и политическую мощь. Быстрое развитие промышленности ускорило образование классов капиталистического общества буржуазии и пролетариата. Формирующийся слой предпринимателей был тесно связан с самодержавием, поскольку получал значительные льготы и пользовался протекционистскими мерами правительства. Вместе с тем всевластие дворянства сочеталось с глубоким кризисом помещичьего землевладения, которое в основной массе так и не смогло приспособится к новым условиям хозяйствования, установившимся после реформы 1861 г. Кризис помещичьего землевладения, который был несколько смягчен, но не ликвидирован, подрывал экономические основы положения дворянства.

На рубеже XIX — XX в. основная масса дворянства была уже безземельной и жила уже исключительно за счет службы.

Если на западе уже с 16 в. начинает действовать парламент, то в России — неограниченная монархия. В ходе первой русской революции (第一次俄国革命, 1905 — 1907) царь был вынужден разрешить Думу. Главная ее задача — писать законы. Всего их до 1917 было четыре. Царь их бесконечно распускал, как только они проявляли самостоятельность. Это была более игра, чем парламент.

Новые слова

1. империя   帝国
2. стадия   阶段
3. концентрация   集中
4. олигархия   寡头；军阀
5. монополия   垄断组织
6. монополистический   垄断的
7. перерости в что   发展成
8. акционирование   实行股份制
9. невзирая на   尽管
10. оставаться   仍旧是
11. многоукладность   多结构性
12. соседствовать   并存
13. мануфактурный   工场手工业的
14. средоточие   聚集地
15. пережиток   残余
16. градация   等级
17. подрывать   破坏
18. парламент   议会
19. распускать   解散

◇ Задания по тексту

Какую экономическую, политическую и социальную специфики имеет Россия на пороге XX века?

Урок 20 Столыпинские реформы: провал просвещенного консерватизма в России

В 1861 году в России отменено крепостное право. Крестьяне получили личную свободу, но не получили в бесплатное пользование землю. Они должны были рассчитываться за нее в течение 49 лет. Естественно денег у них не было и потому долг возвращали в виде барщины и оброка. Естественно это сдерживало развитие капитализма в деревне. Все крестьяне жили в сельской общине, то есть они не имели права на прямую иметь дела с государством. Община поддерживала слабых и не давала богатеть отдельным крестьянам.

После отступления первой российской революции начался непродолжительный период реформирования страны, связанный с именем председателя Совета министров Петра Аркадьевича Столыпина (彼得·阿尔卡季耶维奇·斯托雷平). В основе реформ лежали изменения в отношениях собственности в деревне. Основная идея Столыпина заключалась в создании и всемерном укреплении частной крестьянской собственности на землю на основе разрушения общины. Преобразования были призваны, в конечном итоге, изменить соотношения классовых сил в стране в пользу буржуазных элементов, прежде всего в крестьянской среде. Крестьянин становился мелким земельным собственником и одновременно опорой самодержавной власти.

9 ноября 1906 г. правительство издало указ, направленный на разрушение общины и насаждение слоя мелких земельных собственников посредством образования хуторов и отрубов взамен чересполосицы. Проблему малоземелья предполагалось решать за счет переселения крестьян из европейской России на неосвоенные земли Сибири и Средней Азии, а также за счет насаждения в центральной части страны так называемых кустарных сел и всемерного развития ремесла и кустарничества в деревне. Столыпинская аграрная реформа в целом носила прогрессивный характер. Она заменила отжившие феодальные отношения отношениями, основанными на буржуазных частнособственнических началах, а также дала толчок развитию производительных сил деревни. Противоречивость политики Столыпина заключалось в том, что она несла в себе прогрессивные черты, содействовала

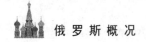

развитию капитализма, но с другой стороны, Столыпин был сторонником сохранения монархии. Этой политикой правительство пыталось удовлетворить интересы буржуазии, не ущемляя привилегии дворянства. Столыпин пытался решить аграрный вопрос, не затрагивая помещичьи землевладения.

Помимо аграрной реформы Столыпин задумал целый комплекс реформ в экономике, управлении и общественной жизни, призванный превратить Россию в процветающее правовое государство буржуазного типа. Он предполагал разработать и принять закон о гражданском равноправии и неприкосновенности личности, о свободе вероисповедания, о развитие местного самоуправления, о преобразовании судебной и полицейской систем, о подоходном налоге. Почти все законопроекты, предложенные Столыпиным, были провалены в Государственном совете. Столыпин не нашел поддержки у царя и его окружения, видевшего в нем разрушителя устоев. Не поддержали Столыпина и демократические силы, считавшие его оплотом реакции. Столыпину не удалось направить Россию по пути просвещенного консерватизма, не удалось деревню направить на путь капитализма, а печальным итогом этого явился октябрь 1917 г.

Реформирование страны «сверху» снова потерпело неудачу, что в конечном итоге предопределило потрясения 1917 г.

Новые слова

1. аграрный 农业
2. хутор 庄园；田庄
3. отруб（1906 — 1916 年俄国的）单独地块, 独户田
4. взамен 代替
5. чересполосица 分散性
6. кустарничество 手工业
7. частнособственнический 私有制的
8. ущемлять 侵害
9. подоходный 按所得计征的
10. законопроект 法律草案
11. оплот 支柱
12. реакция 反动

◇ Задания по тексту

Расскажите о Столыпинских реформах: содержание и значение.

Урок 21 Российская империя и первая мировая война. Февральская революция 1917 г.

19 июля (1 августа) 1914 г. Германия (德国) объявила России войну, объясняя свой шаг начавшейся в России мобилизацией. В июле-августе в войну вступили Франция и Англия. Таким образом, война приобрела характер мировой. В военные действия постепенно вступили 38 государств с населением около 1 млрд человек. Россия оказалась вынужденной вступить в войну, не завершив перевооружения армии и флота. Несмотря на это, на начальном этапе войны она добилась успеха на фронте, чему в значительной степени способствовал мощный патриотический подъем, охвативший армию и страну в целом. Первая мировая война явилась гигантским ускорителем революционного движения. К моменту революционного взрыва в феврале 1917 г. война длилась уже два с половиной года, что потребовало предельного напряжения народных сил.

В начале 1917 г. уровень стачечного движения чрезвычайно возрос. Подавляющее большинство стачек носило политический характер. Рабочее движение было поддержано крестьянством и армией. 14 февраля состоялось открытие сессии Думы. Рабочая группа Центрального военно-промышленного комитета организовала демонстрацию у Таврического дворца с целью потребовать от депутатов создания «правительства народного спасения». В столице бастовало около 90 тыс. человек. Спустя два дня правительство приняло решение о введении карточек на хлеб, что вызвало панику в Петрограде и образование огромных хлебных очередей. 17 февраля забастовал Путиловский завод. Но даже в этой обстановке никто из политических лидеров не предполагал, что революция — дело ближайших дней. 22 февраля царь уехал в Ставку (Могилев), а 23 февраля грянула революция.

Революционный взрыв имел своей причиной глубокие феодальные пережитки, сковывающие развитие страны, важнейшими из которых было самодержавие и помещичье землевладение. Насущной задачей революции было создание демократической республики. К 25 февраля в забастовках приняло участие до 300 тыс. человек. На следующий день правительственные войска открыли огонь по рабочим. Исход противостояния зависел от того, перейдет ли петроградский гарнизон на сторону восставшего народа. 27 февраля отказался повиноваться властям Волынский полк. К нему присоединились Литовский и Преображенский полки. Солдаты взяли арсенал и тюрьму «Кресты», где содержались политзаключенные. В тот же день на сторону восставших перешло большинство частей гарнизона столицы. В руках восставших оказались все важнейшие пункты города.

Царский поезд с императором двинулся из Ставки к Царскому Селу, где находилась семья Николая II. От станции Бологое поезд был вынужден повернуть на Псков. Телеграммы сообщали, что все новые войска переходят на сторону революции. С фронтов приходили известия о неповиновении войск своим командирам. В этой ситуации Николай II был вынужден отречься от престола.

В ходе уличных боев в столице 25 — 26 февраля 1917 г. по инициативе рабочих был создан Петроградский Совет рабочих депутатов (彼得格勒工人代表苏维埃). 28 февраля сформировался Исполнительный комитет Совета. 1 марта возник Совет солдатских депутатов (士兵代表苏维埃). Оба совета слились в единый орган власти восставшего народа. Совет вел переговоры с временным комитетом Государственной думы о создании Временного правительства. Лидеры Думы сознавали невозможность каких-либо действий без участия Совета, т.к. именно в его руках находилась реальная сила. Большевики стремились отстранить буржуазию от власти и создать Временное революционное правительство. Оно должно было управлять страной до созыва Учредительного собрания.

3 марта была обнародована декларация о программе временного правительства и его составе. Подавляющее большинство министерских портфелей в новом правительстве получило кадеты и октябристы. Правительство обещало провести амнистию политзаключенных, обеспечить осуществление гражданских свобод, подготовить созыв Учредительного собрания, снять все национальные ограничения. Вместе с тем демократическая республика не была провозглашена, вопросы прекращения войны, конфискации помещичьей земли, введение восьмичасового рабочего дня были обойдены молчанием. Это вызвало резкое недовольство городских низов.

В итоге февральской революции в стране сложилось двоевластие. Оно представляло собою своеобразное состояние государственно-политической системы, характеризующееся параллельным существованием и взаимодействием двух властей, опирающиеся на разные общественные классы. Реальная сила находилась в руках Петроградского Совета рабочих и солдатских депутатов, поддерживаемого армией и вооруженными рабочими. Фактически у власти стояло буржуазное, кадетско-октябристское Временное правительство.

Новые слова

1. демонстрация 游行示威
2. сковывать 束缚；制约
3. насущный 迫切的
4. арсенал 军火库
5. гарнизон 警备队
6. неповиновение 不服从

7. отречься/отрекаться от ＜旧＞ 帝王退位
8. декларация 宣言
9. кадет 立宪民主党人
10. октябрист 十二月党人

◇Задания по тексту

Расскажите о Февральской революции 1917 г.: причины и следствие.

Урок 22   Октябрьская революция.
Причины прихода к власти большевиков

В России к осени 1917 г. сложилось положение, когда встала главная задача — вопрос о власти: либо власть переходила в руки рабочих и крестьян и создавалось новое правительство, либо в России происходила реставрация монархии. Оказавшееся неспособным распутать узел социально-экономических проблем, Временное правительство лишилось общественной поддержки. Страна стояла на пороге хаоса.

Причины прихода к власти большевиков:

— влияние первой мировой войны на революционное настроение в стране: экономическая разруха, озлобление масс, обесценивание человеческой жизни. В эти годы проявилась чудовищная логика большевиков: «превратим войну империалистическую в воину гражданскую».

— слабость царизма, обреченность на гибель неограниченной монархии, как института власти. При царском дворе первым лицом становится Распутин.

— нерешительность и беспомощность Временного правительства, неспособность решать коренные вопросы.

— разъединенность политических партий, их неспособность преградить путь большевикам, дать точную программу действий. Всего было 70 партий. Самые влиятельные: эсеры (社会民主党人) (крестьянская партия) — за отмену феодальных пережитков, наделение крестьян землей, но против частной собственности. Кадеты (立宪民主党人) (партия либеральной буржуазии) — за путь реформ, особое внимание свободам.

— революционизирующие влияние интеллигенции на российское общество. Интеллигенция всегда выступала за отмену самодержавия, крепостного права.

— царистская ориентация русского народа на сильную руку, которую они увидели в большевиках.

— партия большевиков — это партия нового типа, т.е партия революции. Её цель — это не реформы, а насильственный переворот. Этой цели подчинена вся структура партии, принципы организации: железная дисциплина, вертикальное подчинение с обязательным вождем на верху.

— гибкая тактика большевиков. Умение овладеть ситуацией, решительность, бескомпромиссность, целеустремленность, ставка на жестокость и насилие.

— умение большевиков манипулировать лозунгами, использование демагогии, как эффективного средства влияния на политически неразвитые народные массы.

В это время в Смольном (斯莫尔尼宫) начал свою работу — II Всероссийский съезд Советов. Большинство делегатов были большевики и левые эсеры. Ночью, после получения известия о взятии Зимнего дворца, съезд провозгласил Россию Республикой Советов. На следующий день, на втором заседании съезда были приняты Декреты: (1) Вся власть Советам (所有政权归苏维埃): якобы отныне вся власть принадлежит народу. Действительно в начале власть у Советов, но большевики сразу же начали наполнять их своими людьми и к лету 1918 Советы превратились в органы власти большевиков; (2) Земля народу: Действительно всех крестьян наделили землей. Этим заручились поддержкой народа, а уже летом 1917 ввели продразверстку — стали насильственно отнимать весь хлеб. А в 1927 — 1929 провели коллективизацию, т.е. ввели новое крепостное право в деревне; (3) Мир народам: Действительно большевики вывели Россию из войны весной 1918, но ценой страшных уступок: громадные территории отошли к Германии, огромная контрибуция.

Принятые Декреты сначала отвечали надеждам народных масс и это способствовало победе советской власти на местах (苏维埃地方政权).

Новые слова

1. реставрация 复辟
2. хаос 混乱
3. разруха 崩溃
4. озлобление 愤怒
5. обесценивание 贬值
6. эсер 社会革命党人
7. манипулировать 操纵

8. демагогия 蛊惑宣传;煽动
9. декрет 命令;法令
10. коллективизация 集体化
11. продразверстка (1919 — 1921 年军事共产主义时期施行的) 余粮征集制

◈Задания по тексту

Расскажите о причинах прихода к власти большивиков.

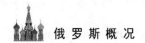

Урок 23 Гражданская война 1917 — 1920 гг. Причины, расстановка сил, итоги и последствия гражданской войны в России

Одной из причин начала гражданской войны (国内战争) и иностранной интервенции была политика советского правительства: отказ от создания коалиционного правительства (联合政府), было разогнано Учредительное собрание, избранное народом, начиналась национализация земли, предприятий, банков и т.д. Власть сталкивала различные социальные группы.

В марте 1918 г. без объявления войны началась интервенция с высадки в Мурманске (摩尔曼斯克) английских, французских и американских войск. В апреле на Дальнем Востоке высадились японские войска, позднее во Владивостоке высаживаются английские и американские интервенты. На юге страны турками были оккупированы Армения и часть Азербайджана; англичанами — часть Туркмении и Баку; немцы захватили Ростовна Дону, Таганрог и вступили в Крым и Грузию. Таким образом, интервентами была захвачена власть в Поволжье, на севере, Урале, Дальнем Востоке, в Сибири. В тяжелых условиях большевики начали формирование регулярной Красной Армии (红军常备军). Несмотря на кризисную ситуацию, к осени 1918 г. больше-викам удалось захватить крупные города — Самару, Симбирск, Казань и т.д. Защитники Царицына в тяжелых боях отстояли город.

Ноябрь 1918 г. ознаменовал революцию в Германии, в результате которой Германия признала поражение в первой мировой войне. Советское правительство аннулировало Брестский мирный договор, и немецкие войска были выведены с территории Украины, Белоруссии и Прибалтики. Но окончание мировой войны позволило странам Антанты усилить свои действия в России. Советское правительство объявляет Восточный фронт главным фронтом гражданской войны.

В апреле 1919 г. Красная Армия под командованием Фрунзе (伏龙芝) перешла в наступление и практически разбила армию Колчака (高尔察克). Летом армия Деникина (邓尼金) захватила большую территорию юга страны и подошла к Туле. В марте 1920 г. войска Деникина были окончательно разгромлены под Новороссийском. На протяжении всего периода войска Ю•Денича (尤•杰尼齐) вели войну на севере страны и трижды пытались захватить Петроград, но каждый раз неудачно. Армия Юденича была разбита Красной Армией.

В апреле 1920 г. против России начала военные действия Польша и в марте 1921 г. с Польшей был подписан мирный договор, по которому Польше отошла часть Украины и Белоруссии.

Гражданская война и интервенция принесли много горя народам России, разорена была страна, погибло около 12 млн человек.

Новые слова

1. коалиционный   联合的,同盟的
2. национализация   国有化
3. знаменовать   < 未 > 标志着⋯⋯, 是⋯⋯标志; < 完 >ознаменовать

◇ Задания по тексту

Расскажите причины расстановка сил, итоги и последствия гражданской войны в России.

Урок 24   Сущность политики «военного коммунизма» и его кризис

Военный коммунизм (战时共产主义) — название внутренней политики Советского государства, проводившейся в 1918 — 1921 годах во время Гражданской войны. Основной целью было обеспечение городов и Красной Армии оружием, продовольствием и другими необходимыми ресурсами в условиях, когда все нормальные экономические механизмы и отношения были разрушены войной. Решение о прекращении военного коммунизма было принято 21 марта 1921 года на X съезде РКП(б) и введен НЭП.

Характерными чертами этой политики были крайняя централизация управления экономикой (главкизм), национализация крупной, средней, частично мелкой промышленности, государственная монополия на хлеб и многие другие продукты сельского хозяйства, продразверстка, запрещение частной торговли, свертывание товарно-денежных отношений, введение распределения материальных благ на основе уравнительности милитаризации труда. Эти особенности экономической политики соответствовали принципам, на основе которых, по мнению марксистов, должно было возникнуть коммунистическое общество. Все эти «коммунистические» начала в годы гражданской войны насаждались советской властью административно приказными методами. Отсюда и появившееся уже после окончания гражданской войны название этого периода — «военный коммунизм».

Политика «военного коммунизма» (особенно продразвёрстки) вызывала недовольство широких слоёв населения, в особенности крестьянства. К концу периода «военного коммунизма» советская Россия оказалась в тяжелейшем экономическом, социальном и политическом кризисе. Экономика была в катастрофическом состоянии: промышленное производство в 1920 сократилось по сравнению с 1913 в 7 раз, угля было добыто всего 30 %, объем железнодорожных перевозок упал до уровня 1890-х, производительные силы страны были подорваны. «Военный коммунизм» лишил власти и экономической роли буржуазно-помещичьи классы, но и рабочий класс был обескровлен и деклассирован. Значительная его часть, бросив остановившиеся предприятия, ушла в деревни, спасаясь от голода. Недовольство «военным коммунизмом» охватило рабочий класс и крестьянство, которые чувствовали себя обманутыми советской властью. Получив после Октябрьской революции дополнительные наделы земли, крестьяне в годы «военного коммунизма» по продразверстке вынуждены были отдавать государству выращенный ими хлеб почти без вознаграждения. Возмущение крестьян вылилось в массовые восстания в конце 1920 — начале 1921; все требовали отмены «военного коммунизма». Поиски выхода из тупика, в котором оказалась страна, привели ее к новой экономической политике — НЭПу.

1. продразвёрзтка （苏联军事共产
   主义时期实行的）余粮征集制

2. уравнительность　平均主义

◇ Задания по тексту

Объясните политику «военного коммунизма».

Урок 25   НЭП: причины введения, сущность, закономерность гибели

В. И. Ленин разрабатывал новую экономическую политику (新经济政策, НЭП), политику полной экономической и политической реорганизации развития общества, то есть Ленин и его соратники разрабатывали план создания основной социалистической экономики в условиях многоукладной экономической жизни, то есть в стране существовали зачатки социалистического общества. Переход от административной системы к хозрасчету — это главное, считал Ленин.

Он писал, что мы вводим НЭП всерьез и надолго. В то же время Ленин, Троцкий, Каменев и Зиновьев, Сталин и Бухарин видели в НЭПе опасность термидора, то есть мелкобуржуазного контрреволюционного переворота, реставрации капитализма. Угроза контрреволюционного переворота постоянно присутствовала в сознании коммуниста. Первой и главной мерой НЭПа стала замена продразверстки продналогом, составившим сначала 20 % от чистого продукта крестьянского труда (он был в два раза меньше, чем во время Военного коммунизма), затем он был понижен до 10 % и принял денежную форму. Остальной продукт крестьянин мог продать, обменять и т.д.

В промышленности были ликвидированы Главки (总局), вместо них были созданы Тресты, объединявшие однородные или взаимосвязанные между собой предприятия, получившие полную хозяйственную и финансовую независимость.

В 1922-м году была проведена денежная реформа. Начали выпускать новые денежные единицы — червонцы. Червонцы имели золотое содержание и курс в золоте. Один новый червонец равнялся 10 золотым дореволюционным рублям. В течение 1922 — 1925-х годов были созданы специальные банки, пайщиками которых были Госбанк, синдикаты, кооперативы и частные лица, а в 1922 — 1924-х годах даже иностранцы. Эти банки финансировали народное хозяйство.

Самым важным итогом НЭПа стало то, что бурно росла именно социальная экономика. В промышленности ключевые позиции государственные тресты, кредитование, государственные и кооперативные банки. В сельском хозяйстве — мелкие крестьянские хозяйства, охваченные простыми видами кооперации, связанные между собой рынком и регулируемые государством, эти ячейки экономики России обнаружили высокие способности к согласному взаимодействию и сбалансированному стабильному развитию. Была доказана возможность успешного экономического прогресса общества, построенного на коллективных началах и успешного государственного механизма рыночной настройки.

НЭП принес ощутимые результаты-восстановление разрушенного хозяйства, налаживание производства и торговли. Но противоречия, непоследовательность в проведении новой политики привели к ее преждевременному свертыванию.

Новые слова

1. реорганизация   改组；改造
2. хозрасчет   经济核算（制）
3. всерьез   严肃地；认真地
4. мелкобуржуазный   小资产阶级
5. продналог   (1921 — 1923 年新经济政策时期实施的）粮食税；公粮
6. трест   托拉斯
7. налаживание   调整；建立
8. кооператив   合作社，合作组织；合作商店
9. ячейка   眼、孔；筛孔、网眼；基层组织；支部；＜军＞散兵坑／掩体
10. кредитование   贷款；借贷，记入贷方
11. свертывание   卷起；收拢；凝聚；凝结

Задание 1   Прочитайте текст и ответьте на вопросы.

1. Какие результаты принес НЭП?

2. Почему НЭП был отменен?

Задание 2   Прочитайте текст и перескажите его содержание.

Урок 26   Индустриализация и коллективизация в СССР

На XIV съезде, в декабре 1925 года был взят курс на «социалистическую индустриализацию» (社会主义工业化方针), на усиление планово-директивного начала в строительстве социализма. Политика «социалистической индустриализации» была направлена на: всемирное развитие государственного сектора как основы социалистической экономики, внесение в управление народным хозяйством планового начала, установление новых взаимоотношений между городом и деревней с учётом расширения крестьянского спроса не только на продукты потребления, но и на средства производства,

Сокращение непроизводительного потребления, с тем чтобы сэкономленные средства направить на строительство заводов и фабрик. При этом утверждалось, что «социалистическая индустриализация» может быть осуществлена только за счёт внутренних источников накопления, так как СССР не мог рассчитывать на иностранные кредиты. Планы были гигантские, но они не выполнялись. Но был создан огромный массив новых промышленных предприятий. Средний ежегодный рост промышленных предприятий — 600 шт. Ускорение в 2 раза темпов роста тяжёлого машиностроения. Снижение безработицы. Однако мало внимания уделялось лёгкой промышленности. Индустриализация носила политический характер, решала социально-политические задачи, собственно промышленные проблемы уходили на второй план.

К середине 20 гг. положение крестьянства ухудшилось, это было вызвано противоречиями НЭПа и начавшейся индустриализации, для проведения которой из деревни в промышленность перекачивались средства путем занижения цен на сельхоз продукцию. XV съезд ВКП дал толчок дальнейшему кооперированию деревни, постановив, что коллективизация должна стать основной задачей партии в деревне. Правительством был взят курс на производственное кооперирование сельского хозяйства и наступление на кулачество.

Таким образом, кризис хлебозаготовок ускорил и обострил социальные и политические процессы в стране и послужил поводом для смены политического курса. В 1929 г. в статье «Год великого перелома» Сталин заявил о необходимости ускорить темпы коллективизации. В этом же году впервые прозвучали слова «сплошная коллективизация» (全面集体化). Партийным руководителям на местах необходимо было увеличить темпы по созданию колхозов, в деревни посылались отряды рабочих.

Коллективизация проводилась жесткими методами (принудительность, обобществление крестьянской собственности, партийный и административный произвол, аресты, ссылки и т.д.). Все это вызвало недовольство крестьян. Коллективизация подошла к опасной черте, ее темпы значительно снизились. Крестьяне начали выходить из колхозов и пытались ввести хозрасчет, что было воспринято Сталиным как проявление классовой борьбы. Опять началось наступление на колхозы. Из колхозов забирался весь урожай. Результатом такой политики стал страшный голод. В июне 1934 правительство заявило о начале последнего этапа коллективизации. К 1937 93 % крестьянских хозяйств были вовлечены в колхозы. Репрессиям подверглось 10 млн. человек, сократилось поголовье скота, упал сбор зерна, уменьшилось потребление мяса и молока.

Новые слова

1. сектор 部门
2. наступление 进攻
3. кулачество 富农
4. сплошной 普遍的
5. принудительность 强迫; 强制
6. обобществление 使公有化
7. произвол 专横
8. поголовье 总头

Прочитайте текст и коротко передайте содержание каждой части текста.

Урок 27   Великая Отечественная война (ВОВ)

22 июня 1941 года в 4 утра объявления войны фашистские войска (法西斯军队) вторглись на территорию Советского Союза. Через 6 часов после начала военных действий посол Германии в СССР вручил Молотову ноту немецкого правительства. В причинах быстрого отступления советских войск и просчёт военного руководства СССР, и немобилизованность армии. В начале войны Красная Армия, потерпев поражение, вынуждена была отступать в глубь страны, неся тяжелые потери. Сталин объяснял это фактором внезапности нападения Германии.

Осенью 1942 года произошел перелом в методах стратегического руководства. Сталин (斯大林) назначил своим заместителем Жукова (朱可夫). Немецкое командование разработало наступление на Москву. 30 сентября началась битва под Москвой (莫斯科保卫战). 20 октября в Москве было введено осадное положение, многие правительственные учреждения эвакуировались. К концу ноября положение стало критическим и Жуков решает начать контрнаступление. В начале декабря немцы были отброшены на 100 — 250 км. от Москвы. Непосредственная угроза столице была ликвидирована.

19 ноября 1942 года советские войска превосходящими силами перешли в контрнаступление севернее и южнее Сталинграда, прорвали линию фронта на участке румынских войск, за пять дней окружили 6-ю армию. В конце января 1943 года 6-я армия была вынуждена капитулировать. Сталинградская битва (斯大林格勒战役) явилась началом коренного перелома в ходе ВОВ. 5 июля началась Курская битва (库尔斯克战役). В ходе тяжелых боев немецкая ударная сила была остановлена и советские войска перешли в наступление. 5 августа были освобождены Орел и Белгород, позже — Харьков. В январе 1945 г. советские войска начинают последнее наступление, в результате которого была освобождена Польша, и выходят на подступы к Берлину. Берлинская

операция (柏林战役) проходила с 16.04 до 2.05 1945 г. В ходе тяжелых боев были заняты Зееловские высоты, и начались бои на окраинах Берлина. 25 апреля произошла встреча союзников на Эльбе. 30 апреля над рейхстагом развевалось Красное знамя Победы. 8 мая в Берлине был подписан акт о безоговорочной капитуляции Германии.

Цена Победы выражает сложный комплекс материальных, экономических, интеллектуальных, духовных и других усилий государства и народа, понесенного ими урона, ущерба, потерь и издержек. Это также и соответствующие последствия не только в социальном и демографическом плане, но и во внешнеполитических и экономических сферах международных отношений, растянувшихся на долгие годы. ВОВ поглотила огромные материальные ресурсы, разорила среду обитания людей, нанесла ущерб природе, оставила на многие столетия недобрую о себе память. Эта кровавая схватка унесла миллионы человеческих жизней. Она закалила многих, но вместе с тем искалечила судьбы людей, круто изменила их жизнь, принеся им муки страданий, лишения, горечь и печаль. Говоря другими словами, война и Победа в ней потребовали от страны и ее народа небывалых затрат и жертв различного характера.

Новые слова

1. вторгнуться 侵犯
2. нота 照会
3. просчёт 错算
4. немобилизованность 未充分动员
5. осадный 包围的
6. рейхстаг 国会大厦
7. поглотить 消耗
8. разорить 毁坏
9. схватка 战斗
10. ВОВ (Великая Отечественная война) 伟大的卫国战争

◇ Задания по тексту

Задание 1 Прочитайте текст и ответьте на вопросы.

1. Когда началась и кончилась Великая Отечественная война?

2. Какие следствия она принесла?

Задание 2 Прочитайте текст и перескажите его содержание.

Урок 28   XX съезд КПСС: начало десталинизации страны

С приходом к власти Н. С. Хрущева (赫鲁晓夫) начались заметные изменения в общественно-политической жизни страны. Прекратились массовые репрессии (大清洗). На XX съезде КПСС в феврале 1956 г. Хрущев выступил с докладом, разоблачающим «культ личности Сталина» (斯大林个人崇拜). 30 июня 1956 г. по этому поводу было принято постановление ЦК. Оно способствовало проведению ряда мероприятий по укреплению законности в стране.

Началась реабилитация невинно пострадавших людей. Придя к власти, Хрущев постарался внести существенные коррективы и в сферу международных отношений. Новые отношения внешней политики были сформулированы им в докладе на XX съезде партии в 1956 г. Главными принципами здесь были следующие: признание разнообразия путей построения социализма, возможность мирного сосуществования государств с различным общественным строем. С одной стороны, проявления «оттепели» (解冻) — большей свободы, исчезновение страха перед диктатором давали толчок для развития творческой мысли. С другой — по-прежнему сильным оставался надзор административных и партийных органов.

Середина 1950-х характеризуется, прежде всего, расширением внешних связей советской науки и художественной культуры. Многие советские театры, оркестры, другие творческие коллективы побывали на гастролях за рубежом. В период «оттепели» возникли новые литературно-художественные журналы («Юность», «Молодая гвардия» и др.), новые театры.

В литературу, изобразительное искусство, кино пришли молодые силы, не боявшиеся говорить правду о жизни. В хрущевское десятилетие в СССР успешно развивалась и наука. Позиции страны в области фундаментальных исследований, в физике, математике и особенно в освоении космоса были признаны всем миром. Определенные успехи имели место и в гуманитарных науках. На страницах специальных, общественно-политических журналов печатались статьи по острым проблемам истории, философии, велись научные дискуссии. Все это способствовало развитию общественной мысли, а также поднимало престиж российской науки за рубежом.

Но уже в начале 1960-х «оттепель» заметно пошла на убыль. Некомпетентность и непоследовательность главы государства в вопросах идеологии и культуры умело использовали консерваторы в партийном и государственном аппарате.

Значение оттепели в жизни советского общества трудно переоценить. Этот период времени воспитал целое поколение, впоследствии, в 1980-е гг., активно участвовавшее в серьезных реформаторских процессах, названных «перестроечными».

Новые слова

1. десталинизация　非斯大林化
2. развенчание　使……失掉声望
3. культ　祭祀;<转>崇拜
4. оттепель　<转>解冻,缓和（指残酷的政治制度得到缓和,出现一些政治上的自由）
5. разоблачать　揭露
6. реабилитация　平反
7. диктатор　独裁者
8. убыль　减少
9. некомпетентность　无能力
10. непоследовательность　不一贯

◇ Задания по тексту

Что такое Хрущевская культурная «оттепель»?

Урок 29　СССР в «Годы застоя» (1964 — 1985)

После отстранения Хрущева от власти генеральным секретарем ЦК стал

Л. И. Брежнев (勃列日涅夫). Это был опытный аппаратчик, а в первые годы своего руководства страной и достаточно энергичный политик. Уже в 1965 г. председателем Совета Министров Косыгиным была разработана система экономических преобразований, смысл которых сводился к существенной корректировке системы планирования, а так же к новым принципам экономического стимулирования. Особое внимание уделялось интенсификации производства, а так же введению элементов хозрасчета на предприятиях. Все это должно было дать толчок для дальнейшего развития производства.

Восьмая пятилетка (1966 — 1970) оказалась одной из самых успешных за послевоенное время. Но в дальнейшем темпы роста промышленного производства резко снизились. Основу промышленности составляли военно-промышленный и топливно-энергетический комплексы. СССР активно продавал сырье. Однако, разразившийся в 70-е г. энергетический кризис заставил западные державы создавать энергосберегающие технологии. Падение спроса на природное топливо привело к падению цен на нефть и газ, что ударило по советской экономике.

В начале 1980-х промышленность страны находилась в критическом состоянии. Аналогическая ситуация сложилась и в сельском хозяйстве. Обладая достаточным запасом плодородных земель, СССР постоянно покупал зерно за рубежом. Потери сельскохозяйственной продукции, вследствие низкого качества техники, неэффективной мелиорации и химизации почв, достигали 35 % — 40 %. По остаточному принципу финансировались социальные программы, что не могло не сказаться на уровне благосостояния людей. Снизились темпы роста строительства жилья, сравнительно мало средств тратилось на здравоохранение.

В этот же период окончательно складывается административно-командная система управления страной. Главным действующим лицом в ней стал чиновник. Быстрыми темпами шло разрастание бюрократического аппарата. Несмотря на то, что в 1977 была принята новая Конституция страны, декларировавшая многие права и свободы человека, провозгласившая построение «развитого социализма» в СССР, гонения на диссидентов (инакомыслящих) возрастали. Часть этих людей была вынуждена эмигрировать

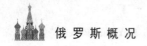

из страны, другие подверглись аресту.

После смерти Брежнева 1982 г. руководителем партии стал Андропов (安德罗波夫), прежде долгое время возглавлявший КГБ(комитет государственной безопосности). Он взял жесткий курс на наведение «порядка» в стране, укрепление «социалистической законности». Ряд партийных чиновников высокого ранга были смещены с должности и попали под следствие. Однако весомых результатов эти акции не принесли. Коррупция в аппарате достигла слишком серьезных масштабов. Сменивший Андропова в 1984 г. Черненко (契尔年科) попытался вернуть страну к брежневскому времени. Он занимался преимущественно пропагандой идей «развитого социализма». Правление Черненко, как и его предшественника, было не продолжительным. Он скончался в марте 1985 г.

Новые слова

1. консерватизм 保守主义
2. застой 停滞
3. номенклатура 上级任命的干部
4. диссидентство 持不同政见
5. корректировка 调整
6. интенсификация 集约化
7. аналогический 类似的
8. мелиорация 土壤改良
9. благосостояние 富足
10. коррупция 腐败

◇Задания по тексту

Какая политическая и экономическая ситуация в СССР в годы застоя?

Урок 30   СССР в эпоху перестройки (1985 — 1991)

После смерти Черненко генеральным секретарем ЦК был избран Горбачев (戈尔巴乔夫). Апрельский пленум ЦК провозгласил курс на ускорение социально-экономического развития страны. Указывалось на необходимость технологического перевооружения тяжелой промышленности, а также активизации «человеческого фактора». В известной мере расширялись права предприятий, вводились элементы хозрасчета — с целью повысить заинтересованность коллективов в результатах своего труда. Для повышения качества продукции была введена госприемка. Кроме того, декларировался курс на приоритетное развитие социальной сферы — жилищного строительства, здравоохранения, культуры и др. Была так же разрешена индивидуальная и кооперативная деятельность. Однако весомых результатов эти нововведения не принесли.

С целью затормозить процессы общественного распада, руководство КПСС начало осуществлять некоторые либеральные преобразования в идеологической сфере. Так, объявленная политика гласности предполагала смягчение цензуры над средствами массовой информации, публикацию запрещенной ранее литературы, архивных документов, ликвидацию спецхранов в библиотеках. Наряду с экономической в реформировании нуждалась и политическая система, которую многие рассматривали как главный тормоз на пути выхода из кризиса. Руководство страны считало, что настало время оживить Советы, привнести в советскую систему элементы парламентаризма и вместе с тем укрепить руководящую роль КПСС в обществе. На XIX Всесоюзной партийной конференции был учрежден новый высший законодательный орган — Съезд народных депутатов СССР. Выборы в депутаты проводились на альтернативной основе и были свободными. Недовольство политикой Центра выражали лидеры союзных республик. Они требовали все большей самостоятельности.

С приходом перестройки в советской внешней политике произошли серьезные изменения. Горбачев признает приоритет общечеловеческих ценностей над классовыми. Была заявлена концепция «нового политического мышления», сводившаяся к отказу от основополагающего постулата советской идеологии о расколе современного мира на две противоборствующие общественно-политические системы (социалистическую и капиталистическую) и признанию мира единым и неделимым. В период перестройки произошла фактическая интеграция СССР в мировое сообщество.

К августу 1991 удалось подготовить проект договора об образовании Содружества Суверенных Государств (ССГ, 主权国家联盟). Фактически ССГ представлял собой конференцию с единой президентской властью, весьма ограниченной. За Центром оставались только координирующие функции. Это была последняя попытка предотвратить бесконтрольный распад державы.

19 августа 1991 группа высших должностных лиц учредили Государственный комитет по чрезвычайному положению и ввели в Москву войска. Проект предстоящего союзного договора, означавший утрату контроля над республиками, этих руководителей не устраивал. В столице и ряде других крупных городов был организован отпор так называемым «путчистам». Процесс распада Союза заметно ускорился. Уже в августе из его состава вышли три прибалтийские республики, и Горбачев был вынужден подписать указ о признании этого факта. Подготовка нового Союзного договора зашла в тупик, в тоже время распад государства продолжается, и в этих условиях три республики заявили о создании СНГ. Позднее к России, Украине и Белоруссии присоединились другие бывшие союзные республики, за исключением прибалтийских и Грузии.

25 декабря 1991 г. президент Горбачев сложил с себя властные полномочия. СССР перестал существовать.

Новые слова

1. пленум   全体会议
2. затормозить   抑制
3. либеральный   自由主义的
4. ликвидация   消除
5. спецхран   特别档案
6. парламентаризм   议会制
7. постулат   公理

Задания по тексту

Что привело СССР к распаду?

Раздел III

Русская литература

Урок 1   Древнерусская литература

Русскую литературу с 11 века до 18 века в истории литературы принято называть древней русской литературой, она охватывает целые семь веков. Древнерусскую литературу обычно делят на три периода, что связано с делением на периоды истории русского государства.

1) Литература Киевской Руси (11 — 12 в. в.).

2) Литература периода феодальной раздробленности (13 — 14 в. в.).

3) Литература периода образования и укрепления русского централизованного государства (15 — 17 в. в.).

1.1   Литература Киевской Руси (11 — 12 в. в.)

Начало древнерусской литературы относится к периоду Киевской Руси 11 в. Культурного расцвета Киевская Русь достигла после принятия христианства в конце 10 века. Принятие христианства способствовало укреплению и развитию феодального строя на Киевской Руси. Сравнительно с западноевропейскими странами Русь приняла христианство поздно, лишь в десятом столетии. Первоначальное развитие русской литературы происходило под влиянием Византии — т.е. Восточной Римской империи со столицей в Константинополе. Древнейшие литературные памятники восходят к 11 в. и написаны на старом церковнославянском языке. Наиболее ранние из сохранившихся рукописей

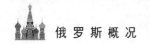

были созданы в Киеве, находившемся тогда на перекрестке важнейших международных торговых путей и представлявшем собой один из самых процветающих и культурных городов средневековой Европы.

До нас дошли летописи, жития святых и монахов, проповеди и несколько светских повестей, написанные в Киевский период (1030 — 1240). Самым знаменитым из летописных сочинений является «Повесть временных лет» (《往年故事》/《俄罗斯编年序史》), где речь идет о предыстории восточных славян и описываются как исторические, так и полулегендарные события периода 860 — 1240.

Высшим литературным достижением Киевского периода явилось «слово о полку Игореве» (《伊戈尔远征记》), сочинение неизвестного автора 12 в. В этой прозаической поэме повествуется о неудачном походе (1185) князя Игоря (伊戈尔) против воинственных кочевников половцев (波洛维茨人, 波洛夫人) — народа, обитавшего в степях южной Руси. Богатство образов, возвышенный лирический строй, и совершенство слога делают ее непревзойденным творением литературы древней Руси. Идея единства русской земли находит самое отражение в этом крупнейшем произведении древней русской литературе.

1.2 Литература периода феодальной раздробленности (13 — 14 в. в.)

С культурным главенством Киева покончило монголо-татарское нашествие 1238 — 1240. Киев, наряду с другими городами, был разграблен, и татары, как называли завоевателей, сделали русские княжества своими данниками более чем на двести лет. Тягостное положение усугублялось нападениями поляков, литовцев и шведов, а также распрями между русскими князьями. Лишь в Куликовской битве (库利克沃平原大战, 1380) русские под водительством великого князя московского Дмитрия Донского впервые одержали решительную победу над татарами. Это событие вдохновило на прозаическую поэму «Задонщина» (《顿河彼岸之战》), творение высокого художественного достоинства.

1.3 Литература периода образования и укрепления русского централизованного государства (15 — 17 в. в.)

Историки завершают средневековый период развития русской литературы

17 веком, когда новые иностранные влияния в полной мере сказались на содержании и форме произведений. Знаменательное свидетельство перемен — жизнеописание главы раскольников-староверов. Его автобиография «Житие протопопа Аввакума» (《阿瓦库姆行传》, 1672 — 1675), им самим написанное изобилует реалистическими описаниями современной действительности.

Литература этого периода все больше освобождается от церковного влияния. Язык произведений приближается к живому разговорному языку. Свидетельством демократизации русской литературы 17 века является широкое распространение сатирических бытовых повестей. Из них наибольшую известность приобрела «Повесть о Шемякином суде» (《关于谢米亚卡法庭的故事》).

Из бытовых повестей выделяется «Повесть о российском дворянине Фроле Скобееве» (《费罗尔·斯科别耶夫的故事》), написанном в самом конце 17 века. Эта повесть—первый опыт в русской литературе реалистического социально-бытового романа.

◇**Задания по тексту**

Задание 1   Ответьте на следующие вопросы.

1. На какие периоды обычно делят древнерусскую литературу?

2. Что вы знаете о произведении «Слово о полку Игореве»?

3. Чем отличается литература периода феодальной раздробленности?

4. Какие новые особенности приобрела литература периода образования и укрепления русского централизованного государства?

Задание 2   Расскажите о древнерусской литературе.

Урок 2   Русская литература 18 века

В соответствии с главными этапами развития русской истории, русская литература 18 века делится на три периода:

1) Литература первой трети 18 века (1701 — 1730 г. г.).

2) Литература второй трети 18 века (1731 — 1760 г. г.).

3) Литература последней трети 18 века (1761 — 1800 г. г.).

2.1 Литература первой трети 18 века (1701 — 1730 г. г.)

Литература первой трети была еще связана с древнерусской литературой. Но в старых формах литературы эпохи Петра уже наблюдались новые черты. Ярким отражением петровских реформ явились повести, в которых героем выступает ловкий и смелый человек. Такими повестями являются «Повесть о русском матросе Василии Кориотском и о прекрасной королевне Ираклии Флоренской Земли» (《俄罗斯水手瓦西里·卡里奥茨基与美丽的佛罗伦萨公主伊拉克利娅的故事》), «История о храбром российском кавалере Александре и о любительницах его Тире и Елеоноре» (《勇敢的俄罗斯骠骑兵亚历山大与他的追求者提拉和叶列奥诺拉的故事》) и др. Это полностью светские повести. Новым в этих произведениях стало развитие любовной сюжетной линии, повести несли просветительские идеи.

2.2 Литература второй трети 18 века (1731 — 1760 г. г.)

Вторая треть 18 века — важный период в развитии русской художественной литературы. Появляются выдающиеся деятели литературы; зарождается и оформляется целое литературное направление — классицизм (古典主义). Сущность теории искусства классицизма заключается в строгом делении литературных жанров на «высокие» (героическая поэма, трагедия, 高级体 — 英雄史诗、悲剧、颂诗) и «низкие» (комедия, сатира, басня, 低级体 — 喜剧、讽刺文、寓言). Особенно строгим считалось соблюдение в драматических произведениях так называемых трех единств (三一律): единства действия, единства времени и единства места.

Русский классицизм возник в 30-е годы 18 века, в сатирах князя **Кантемира Антиоха Дмитриевича** (康捷米尔·安季奥赫·德米特里耶维奇, 1708 — 1744). Лучшей из 10 сатир является его сатира «К уму своему. На хулящих учение» (《告理智或致诽谤学术者》, 1729). Белинский и Добролюбов считали Кантемира основоположником сатирического направления в русской литературе.

Кроме Кантемира, в русской литературе того времени выделились такие крупные деятели, как Тредиаковский, Сумароков, Ломоносов. Все они были представители

А. Д. Кантемир

классицизма.

Василий Кириллович Тредиаковский (瓦西里 • 基 里尔洛维奇 • 特列佳科夫斯基, 1703 — 1768) вошел в историю русской литературы как преобразователь стихосложения. Он первый поставил вопрос о реформе русского стихосложения.

Александр Петрович Сумароков (亚历山大 • 彼得 洛维奇 • 苏马罗科夫, 1717 — 1777), «отец русской драмы», главный представитель русского классицизма в области драматургии, был одним из основателей и руководителей первого постоянного театра, учрежденного в Санкт-Петербурге в 1756. С этого года начинается непрерывная театральная история России. Он создал 9 трагедий и 12 комедий. Например, «Димитрий Самозванец»(《自僭王德米 特里》, 1771), «Рогоносец по воображению»(《假想的戴绿帽 子者》, 1772).

В. К. Тредиаковский

А. П. Сумароков

Михаил Васильевич Ломоносов (米哈伊尔 • 瓦西 里耶维奇 • 罗蒙诺索夫, 1711 — 1765), русский просветитель, ученый-энциклопедист, поэт, переводчик, самая крупная фигура в русской культурной жизни середины 18 века. Он и был крупный представитель русского классицизма. Литературная деятельность Ломоносова разнообразна. Но основной вид поэзии Ломоносова — оды. Он написал около 20 хвалебных од. Лучшей из них считается «Ода на день восшествия на Всероссийский престол её Величества

М. В. Ломоносов

государыни императрицы Елисаветы Петровные 1747 года»(《1747 年伊丽莎白 • 彼得罗夫娜女皇登基日颂》). В ней Ломоносов впервые использовал стихотворный размер — ямб(抑扬格).

2.3   Литература последней трети 18 века (1761 — 1800 г. г.)

Последняя треть 18 века в России характерна укреплением абсолютистско-деспотического государства и обострением классовой борьбы между крестьянами и помещиками. На развитие русской общественной мысли оказала влияние и передовая общественная мысль западноевропейских стран — идеи просвещения (启蒙思想). Идеи просвещения нашил яркое отражение в сатирических журналах последней трети 18 века. Наиболее передовые из сатирических журналов того времени издавал русский просветитель **Николай Иванович Новиков** (尼古拉·伊万诺维奇·诺维科夫, 1764 — 1816). Происходит распад классицизма, усиливается критический элемент в литературе. Во второй половине 70-х годов 18 века возникает в русской литературе новое направление - сентиментализм (感伤主义). Представителем классицизма в этот период является **Гаврила Романович Державин** (加夫里尔·罗曼诺维奇·杰尔查文, 1743 — 1816), крупнейший поэт-лирик конца 18 века. Он писал больше всего оды. Самой лучшей и вместе типичной для его творчества является ода «Фелица» (《费丽察颂》, 1782). Среди лучших писателей последней трети 18 века выделяется и представитель сентиментализма — **Николай Михайлович Карамзин** (尼古拉·米哈伊洛维奇·卡拉姆津, 1766 — 1826).

Н. И. Новиков

Г. Р. Державин

Н. М. Карамзин

Наиболее популярной из повестей Карамзина являлась повесть «Бедная Лиза»(《苦命的丽莎》, 1792). Сюжет повести — история любви городского дворянина Эраста (埃拉斯特)и крестьянки Лизы.

Из выдающихся писателей 18 века только Фонвизин и Радищев непосредственно подготовили развитие русского критического реализма в 19 веке. **Денис Иванович Фонвизин** (丹尼斯·伊万诺维奇·冯维新, 1744 — 1792) — крупный сатирик, драматург и публицист последней трети 18 века, автор самой лучшей комедии того времени «Недоросль»(《纨绔少年》, 1782). В этой комедии Фонвизин

Д. И. Фонвизин А. Н. Радищев

создает ряд таких ярких образов, как Простакова (普罗斯塔科娃), Скотинин (斯科
季宁), Митрофан (米特罗方). И она считается родоначальницей обличительноре-
алистической линии русской драмы. **Александр Николаевич Радищев** (亚历
山大 • 尼古拉维奇 • 拉季舍夫, 1749 — 1802), выдающий мыслитель, первый русский
писатель-революционер, автор замечательной книги большой исторической
значимости «Путешествие из Петербурга в Москву»(《从彼得堡到莫斯科行记》,
1790). Основная идея этой книги —— разоблачение крепостного права и самодержавия и призыв к борьбе против них.

◇**Задания по тексту**

Задание 1 Ответьте на следующие вопросы.

1. Какие новые черты появились в литературе первой трети 18 века?

2. Что такое классицизм?

3. Что вы знаете о повести «Бедная Лиза»?

Задание 2 Расскажите о литературе 18 века.

Урок 3 А. С. Пушкин

Александр Сергеевич Пушкин (亚历山大 • 谢尔盖耶维奇 • 普希金, 1799 —
1837), великий русский национальный поэт и писатель, родоначальник новой,
реалистической русской литературы, «солнце русской поэзии». Белинский

сравнивал Пушкина с «морем», вобравшим в себя «все реки и ручейки» предшествующего литературного развития, и Горький считал его «началом всех начал» новой русской литературы. С Пушкина начинается «золотой век» русской литературы. Не менее велико значение Пушкина и в развитии русского литературного языка. Он завершил процесс формирования современного русского литературного языка.

А. С. Пушкин

Периодизация жизни и творчества Пушкина включает несколько периодов: Детство (1799 — 1811), Лицей (1811 — 1817), Петербург (1817 — 1820), Южная ссылка (1820 — 1824), Михайловская ссылка (1824 — 1826), После ссылки, или Середина жизни (1826 — 1830), 1830-е годы. Творческие годы Пушкина группируются в два крупных этапа. Один этап (Лицей, Петербург, Южная ссылка) отражает романтические устремления, другой этап (Михайловская ссылка, После ссылки, или Середина жизни, и 1830 годы) — реалистические.

Лирика (抒情诗) Пушкина. За свою недолгую жизнь Пушкин написал свыше 800 стихотворений. Лирика Пушкина необычайно богата по содержанию и разнообразна, высокохудожественна по форме. В лицейский период он уже написал более 200 стихотворений. Самым значительным из них была его ода «Воспоминания в Царском Селе» (《皇村回忆》, 1815), посвященная Отечественной войне 1812 года.

(1) Политическая лирика: «Вольность» (《自由颂》, 1817), «К Чаадаеву» (《致恰达耶夫》, 1818), «Деревня» (《乡村》, 1819), «Кинжал» (《短剑》, 1821), «Узник» (《囚徒》, 1821), «К морю» (《致大海》, 1824), «В Сибирь» (《致西伯利亚的囚徒》, 1827), «Арион»(《阿里昂》, 1827) и др.;

(2) Тема об искусстве: «Пророк»(《先知》, 1826), «Памятник» (《纪念碑》, 1836) и др.;

(3) Лирика природы: «Зимний вечер» (《冬天的黄昏》, 1825), «Зимнее утро» (《冬天的早晨》, 1829), «Осень» (《秋天》, 1833), «Кавказ» (《高加索》, 1829), и др.;

(4) Тема дружбы: «19 октября 1825 года»(《1825年10月19日》), «Цветок»(《一朵小花》, 1823) и др.;

(5) Любовная лирика: «К А. П. Керн» (《致凯恩》, 1825), «Я вас любил» (《我曾经爱过您》, 1829) и др.;

(6) Философская тема: «Если жизнь тебя обманет...» (《假如生活欺骗了你》, 1825), «Вновь я посетил тот уголок земли...» (《我又重新造访》, 1835) и др.

Поэмы(叙事长诗)Пушкина. Пушкин написал 12 поэм. А главные их них— первая поэма-сказка Руслан и Людмила (《鲁斯兰和柳德米拉》, 1820), «Кавказский пленник» (《高加索的俘虏》, 1821), «Бахчичарайский фонтан» (《巴赫切萨拉伊的泪泉》, 1823), «Цыганы» (《茨冈》, 1824), «Граф Нулин» (《努林伯爵》, 1825), «Полтава» (《波尔塔瓦》, 1828), «Медный всадник» (《青铜骑士》, 1833), «Сказка о рыбаке и рыбке» (《渔夫和金鱼的故事》, 1833).

Драматургия Пушкина. Трагедия в стихах «Борис Годунов» (《鲍里斯·戈都诺夫》, 1825) — первая в русской литературе реалистическая трагедия, четыре маленькие трагедии «Скупой рыцарь» (《吝啬骑士》), «Моцарт и Сальери» (《莫扎特和沙莱里》), «Каменный гость» (《石客》), «Пир во время чумы» (《瘟疫时期的飨宴》, 1830).

Проза Пушкина. Повести «Повести Белкина» (《别尔金小说集》, 1830): «Выстрел» (《射击》), «Гробовщик» (《棺材匠》), «Метель» (《暴风雪》), «Станционный смотритель» (《驿站长》), «Барышня-крестьянка» (《村姑小姐》), «Пиковая дама» (《黑桃皇后》).

Из «Повестей Белкина» особую ценность имеет повесть «Станционный смотритель», в которой показана трагичная судьба маленького чиновника Вырина(维林).

Романы «Дубровский» (《杜布罗夫斯基》, 1833), «Камитанская дочка» (《上尉的女儿》, 1836). В основу романа «Капитанская дочка» положено крупное событие из истории классовой борьбы в России второй половины 18 века, а именно Пугачевское восстание 1773 — 1775 г. А стержнем романа послужила любовная история Маши Мироновой (玛莎·米朗诺娃) и Петра Гринева(彼得·格里涅夫).

Роман в стихах. Роман в стихах Евгений Онегин(《叶甫盖尼·奥涅金》, 1831) является самым значительным произведением Пушкина, это первый в русской литературе реалистический роман. В романе дана широкая картина русской жизни конца 10-х начала 20-х годов 19 века. На этом социальном фоне Пушкин раскрывает конфликт лучшей части дворянской интеллигенции со своей средой, показывает трагичную их судьбу. Белинский назвал роман «энциклопедией русской жизни». Основную сюжетную линию романа составляют отношения Евгения Онегина с Татьяной Лариной (塔季扬娜•拉林娜). Образ Онегина глубоко типичен для своего времени. Люди, подобные Онегину, получили в истории русской литературы название «лишних людей». Образ «лишнего человека» ("多余人"形象) был типичным образом не только в русской литературе 20-х годов 19 века, но и для всей первой половины столетия. С образом «лишнего человека» мы встретимся в творчестве Лермонтова, Герцена и др.

◇ **Задания по тексту**

Задание 1 Ответьте на следующие вопросы.

1. Какие периоды включает периодизация жизни и творчества Пушкина?

2. На какие темы пишет стихи Пушкин?

3. Какие драмы и прозы написал Пушкин?

4. Как вы понимаете образ «лишнего человека»?

Задание 2 Расскажите о романе в стихах «Евгений Онегин».

Урок 4   М. Ю. Лермонтов

Михаил Юрьевич Лермонтов (米哈伊尔•尤里耶维 奇•莱蒙托夫, 1814 — 1841), великий русский поэт, прозаик, драматург, автор первого русского психологического романа «Герой нашего времени». Он принадлежал к лучшей части молодого поколения 1830-х годов, достойный наследник пушкинской традиции в русской поэзии.

М. Ю. Лермонтов

Лирика Лермонтова. За 12 лет своей литературной деятельности Лермонтов написал больше 400 стихотворений.

(1) Ненависть к высшему свету: «Смерть поэта» (《诗人之死》, 1837), «Как часто, пестрою толпою окружен» (《常常，我被包围在红红绿绿的人群中》, 1840);

(2) Любовь к Родине: «Бородино» (《波罗金诺》, 1837), «Родина»(《祖国》, 1837), «Прощай, немытая Россия»(《别了，满目疮痍的俄罗斯》, 1841);

(3) Стремление к свободе: «Жалоба турка»(《一个土耳其人的哀怨》, 1829), «Предсказание»(《预言》, 1830), «Узник»(《囚徒》, 1837);

(4) Тема поэта: «Дума»(《咏怀》, 1838), «Пророк»(《预言者》, 1841), «Поэт» (《诗人》, 1841);

(5) Образ природы: «Парус»(《帆》, 1832), «Утес»(《悬崖》, 1841), «Дубовый листок»(《一片橡树叶子》, 1841), «Тучи»(《云》, 1840);

(6) Настроение передовых людей: «И скучно и грустно»(《又苦闷又烦忧》, 1840), «Выхожу я один на дорогу»(《我独自一个人走到大路上》, 1841).

Поэмы Лермонтова. Лермонтову принадлежит несколько поэм. Среди них особенно выделяются его романтические поэмы «Демон» (《恶魔》, 1839), «Мцыри» (《童僧》, 1840), и историческая поэма в народном стиле «Песня про купца Калашникова» (《商人卡拉希尼科夫之歌》, 1837), «Хаджи Абрек» (《哈吉·阿勃列克》, 1833), «Боярин Орша» (《大贵族奥尔沙》, 1835 — 1836), «Сашка» (《萨申卡》, 1835 — 1836?).

Драмы Лермонтова. «Испанец» (《西班牙人》, в стихах, 1830), «Странный человек» (《怪人》, 1831), «Маскарад» (《假面舞会》, 1835)и др.

Прозы Лермонтова. «Вадим» (《瓦吉姆》, 1832 — 1834?, незаконч.), «Княгиня Лиговская» (《利托夫斯卡娅公爵夫人》, 1836, незаконч.), «Герой нашего времени» (《当代英雄》, 1838 — 1840).

Роман «Герой нашего времени» — самый выдающийся из прозаических произведений Лермонтова, первый в русской литературе социально-психологический роман в прозе. Центральная фигура этого роман Печорин представляет собой дальнейшее развитие типа «лишнего человека» в1830-х годах. Роман состоит из пяти самостоятельных повестей: «Бэла» (《贝拉》), «Максим Максимыч» (《马克西姆·马克西梅奇》), «Тамань»(《塔曼》), «Княжна Мери» (《梅丽公爵小姐》)и «Фаталист»(《宿命论者》). Если иметь в виду хронологию событий в романе, то расположение частей таково: «Тамань», «Княжна Мери»，«Фаталист»，«Бэла»)，«Максим Максимыч».

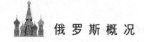

俄罗斯概况

◇ **Задания по тексту**

Задание 1   Ответьте на следующие вопросы.

1. Какие стихи Лермонтов написал?

2. Какие поэмы Лермонтов написал?

3. Что вы знаете о романе «Герой нашего времени»?

Задание 2   Расскажите о главном герое романа «Герой нашего времени» Печорине.

Урок 5   Н. В. Гоголь

Николай Васильевич Гоголь (尼古拉·瓦西里耶维奇·果戈理,1809 — 1852), русский писатель, прозаик, драматург, публицист и критик. Он — основатель «натуральной школы» в русской литературе 19 века. Гоголь продолжает литературные традиции Пушкина, развивает и углубляет критическое отношение к русской действительности, представляет собой одного из выдающихся писателей русского реализма 19 века.

Н. В. Гоголь

Повести и рассказы Гоголя. Сборник романтических повестей «Вечер на хуторе близ Диканьки» (《狄康卡近乡夜话》,1831 — 1832) состоит из 8 повестей: первая часть — «Сорочинская ярмарка» (《索罗庆市集》), «Вечер накануне Ивана Купала» (《圣约翰节前夜》), «Майская ночь или утопленница» (《五月的夜》), «Пропавшая грамота» (《失落的国书》); вторая часть — «Ночь перед рождеством» (《圣诞节前夜》), «Страшная месть» (《可怕的复仇》), «Иван Федорович Шпонька и его тетушка» (《伊万·费多罗维奇·施邦卡和他的姨妈》), «Заколдованное место»(《魔地》).

Сборник и романтических и реалистических повестей «Миргород» (《密尔格拉得》,1835) состоит из 4 повестей: романтические — «Тарас Бульба» (《塔拉斯·布尔巴》) и «Вий» (《维》), реалистические — «Старосветские помещики» (《旧式地主》) и «Повесть о том, как поссорился Иван Иванович с Иваном Никифоров-

106

ичем»(《伊万•伊万诺维奇和伊万•尼基福罗维奇吵架的故事》).

Третий том повестей «Петербургские повести, 1835 — 1842» включает в себя такие произведения: «Невский проспект» (《涅瓦大街》), «Записки сумасшедшего» (《狂人日记》), «Портрет» (《肖像》), «Шинель» (《外套》), «Нос» (《鼻子》), «Коляска» (《马车》), «Рим» (《罗马》). Особое место в цикле «Петербургских повестей» занимает «Шинель» — повесть о жизни и трагедии типичного петербургского мелкого чиновника Акакия Акакиевича Башмачкина (亚卡基•亚卡基耶维奇•巴施马奇金). Эта повесть является программной не только для цикла петербургских повестей Гоголя, но и для всей русской реалистической литературы. Гоголь развивает здесь с новой глубиной и силой тему «маленького человека» (小人物), начатую Пушкиным в «Станционном смотрителе».

Драматургия Гоголя. Гоголя написал такие пьесы: «Утро делового человека» (《官吏的早晨》), «Тяжба» (《打官司》), «Лакейская» (《仆人室》), «Отрывок» (《断片》), «Женитьба» (《婚事》), «Игроки» (《赌徒》)и «Ревизор» (《钦差大臣》, 1835). А «Ревизор» — самая лучшая его пьеса. Это реалистическая комедия в пяти действиях. Хлестаков (赫列斯塔科夫) главный героя комедии, является типичным представителем столичного чиновничества. Образ Хлестакова становится литературным типом в русской литературе 19 века.

Поэма «Мертвые души» (《死魂灵》, 1835 — 1842). «Мертвые души» —— это вершина творчества Гоголя. Сюжет таков: подлец приобретатель Павел Иванович Чичиков (乞乞科夫) совершает поездки в усадьбы помещиков с целью купить у них «мертвые души». В поэме Гоголь уделяет большое место описанию поместного дворянства–помещиков, это Манилов (马尼洛夫), Коробочка (科罗博奇卡), Ноздрев (诺兹德廖夫), Собакевич (索巴凯维奇) и Плюшкин (泼留希金).

◇ **Задания по тексту**

Задание 1 Ответьте на следующие вопросы.

1. Какие повести и рассказы Гоголь написал?

2. Какие драмы Гоголь написал?

3. Что вы знаете о комедии «Ревизор»?

Задание 2 Расскажите о поэме «Мертвые души» Гоголя.

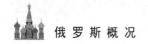

Урок 6　А. И. Герцен

Александр Иванович Герцен (亚历山大·伊万诺维奇·赫尔岑, 1812 — 1870) был не только мыслителем и революционером, но и замечательным писателем.

А. И.Герцен

Герцен написал роман «Кто виноват?» (《谁之罪?》, 1841 — 1846), в котором он показывает, как коверкает жизнь людей крепостное право. Сюжетную линию романа составляет история трагической судьбы Любоньки (柳波尼加) — талантливой женщины с незаурядной душевной силой. Она вышла замуж за Круциферского (克鲁奇菲尔斯基). Душевная потребность Любоньки дремала до тех пор, пока она не познакомилась с Бельтовым (别里托夫) — «лишний человек» 1840-х годов, вариант Онегина и Печорина.

Повесть Герцена «Сорока-воровка» (《偷东西的喜鹊》, 1848) рассказывает о горькой судьбе крепостной актрисы Анеты (安涅塔). Герцена написали еще такие повести как «Записки одного молодого человека» (《一个青年人的札记》, 1840 — 1841) и «Доктор Крупов» (《克鲁波夫医生》, 1847).

Лучший из его рассказов «Доктор, умирающий и мертвые» (《医生、垂死的人和死人》, 1869)основан на противопоставлении героических революционеров 1789 г. либералам 1848 г., предавшим дело революции.

В своих замечательных мемуарах «Былое и думы» (《往事与随想》, 1852 — 1868). Герцен не только рассказывает свою жизнь, не только рисует широкую картину общественной борьбы в России и на Западе, но выражает также свои наиболее общие и глубокие идеи.

◇ **Задания по тексту**

Задание 1　Ответьте на следующие вопросы.

1. Какие повести Герцен написал?

2. Что вы знаете о романе «Кто виноват?»

Задание 2　Расскажите о значении названия романе «Кто виноват».

Урок 7   И. С. Тургенев

Иван Сергеевич Тургенев (伊万・谢尔盖耶维奇・屠格涅夫, 1818 — 1883) выдающий мастер художественной прозы, автор шести замечательных романов, многочисленных повестей и нескольких пьес и стихотворений.

Сборник «Записки охотника» (《猎人笔记》, 1847 — 1852) состоит из 25 очерков и рассказов, в том числе «Хорь и Калиныч» (《霍尔和卡利内奇》), «Бурмистр» (《总管》), «Певицы» (《歌手》), «Бежин луг» (《白净草原》) и др.

И. С. Тургенев

Романы Тургенева. «Рудин» (《罗亭》, 1856) и «Дворянское гнездо»(《贵族之家》, 1859). В романе «Рудин» главный герой Дмитрий Рудин — одна из разновидностей «лишних людей», продолжение онегинско-печоринского типа. он является большим энтузиастом-романтиком, мечтающий о благе человечества, о полезной плодотворной деятельности. Но он неудачник в жизни и в любви. Когда перед ним встает необходимость решить судьбу Натальи Ласунская (娜塔丽娅・拉松斯卡娅), увлеченной восторженной его речью и влюбившейся в него, он пугается, отступает. В романе «Дворянское гнездо» герой романа Лаврецкий (拉夫列茨基) был человек ясного и трезвого ума, способный бороться за свои убеждения. После крушения личного счастья с любимой девушкой Лизой Калитиной (丽莎・卡利京娜) «он сделался действительно хорошим хозяином».

«Накануне» (《前夜》, 1860) и «Отцы и дети» (《父与子》, 1862). Тургенев не ограничился изображением «лишних людей». На смену дворянским «лишним людям» идут новые люди-разночинцы. В романе «Накануне» он показал болгарского революционера, борца за свободу своей родины Инсарова (英沙罗夫), за которым самозабвенно пошла русская девушка Елена Стахова (叶连娜・斯塔霍娃). Такой образ он нашел в лице разночинца Базарова (巴扎洛夫), изображенного им в романе «Отцы и дети». В романе Тургенев ставит на барьер два поколения — людей 1840-х годов, дворянских либералов, защищающих старое в жизни, и «шестидесятников», разночинцев демократов, сторонников новых идей.

Как постепеновец Тургенев видит спасение России в постепенных улучшениях

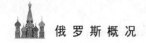

жизни путем насаждения в ней культуры. Такая программа Тургенева, нашедшая отражение в поздних романах — «Дым» (《烟》, 1867) и «Новь» (《处女地》, 1877).

Повести Тургенева. Тургенев написал такие замечательные повести, как «Муму» (《木木》, 1854), «Постоялый двор» (《客店》, 1852), — народная тема; «Степной король Лир» (《草原上的李尔王》, 1870), «Вешние воды» (《春潮》, 1872), «Пунин и Бабурин» (《普宁与巴布宁》, 1874), «Часы» (《钟表》, 1875) — романическая тенденция к изображению бытовой жизни; «Песнь торжествующей любви» (《辉煌爱情之歌》, 1881), «Клара Милич» (《克拉拉•米里奇》, 1883) — о человеческой психологии; «Дневник лишнего человека» (《多余人日记》, 1850), «Затишье» (《僻静的角落》, 1854), «Яков Паськов» (《雅科夫•帕辛科夫》, 1856), «Ася» (《阿霞》, 1858), «Первая любовь»(《初恋》), «Поездка в Полесье» (1853 — 1857) — тема «дворянских гнезд».

«Стихотворения в прозе» (《散文诗》) Тургенева В конце 1870-х годов Тургенев стал разрабатывать новую жанровую форму — стихотворения в прозе, которые и завершают его творческий путь. Большинство стихотворений в прозе написано на социально-политические или философские темы: «Порог»(《门槛》) — образ русской революционерки, «Русский язык»(《俄罗斯语言》) — о красоте и богатстве русского языка и др.

◇ **Задания по тексту**

Задание 1 Ответьте на следующие вопросы.

1. Какова основная тема в сборнике «Записки охотника»?

2. Какие романы Тургенев написал?

3. На какие темы написал повести Тургенев?

Задание 2 Расскажите о романах «Рудин», «Дворянское гнездо», «Накануне» и «Отцы и дети».

Урок 8　А. А. Фет и Ф. И. Тютчев

В конце 1850-х и начале 1860-х годов сложилась школа поэтов «чистого искусства», которая резко противопоставила себя писателям-демократам, идейным ученикам Чернышевского и Добролюова. Наиболее ярким и последовательным сторонником теории «чистого искусства» был **Афанасий Афанасьевич Фет (Шеншин)** (阿法纳西·阿法纳西耶维奇·费特, 1820 — 1892). Его поэзия проникнута лирическим настроением восторга, связанного с переживаниями природы, чувств счастливой любви, воспоминаний и грез «Я пришел с приветом» (《我前来问候》, 1843), «Шепот, робкое дыхание» (《轻轻的耳语, 羞涩的呼吸》, 1850), «Еще майская ночь» (《又是五月之夜》, 1857), «Вакханка» (《酒神节的女子》, 1843), «Диана» (《狄安娜》, 1847).

А. А. Фет

Видное и своеобразное место в русской поэзии второй половины 19 века занимает Тютчев, в отличие от Фета, Тютчев не принадлежит к кругу поэтов «чистого искусства». **Фёдор Иванович Тютчев** (费多尔·伊万诺维奇·丘特切夫, 1803 — 1873), русский поэт гениального дарования и человек необыкновенной судьбы. Лирика — главная примета поэзии Тютчева. Темы его лирик разнообразны: свобода и счастье, взаимоотношения человека и

Ф. И. Тютчев

природы, любовь и её трагизм, мысль о единстве вселенной. Он написал такие стихотворения, как. «Есть в осени первоначальной...» (《初秋的日子》, 1830), «Осенний вечер» (《秋天的黄昏》, 1830), «Весенние воды» (《春水》, 1830) и др. Тютчева принято называть «певцом природы». Рядом с темой природы столь же значительна в зрелой лирике Тютчева тема любви, например, «Последняя любовь» (《最后的爱情》, 1853) и др.

◇ **Задания по тексту**

Задание 1   Ответьте на следующие вопросы.

1. Что такое «чистое искусство»?

2. Чем отличаются стихи Фета?

3. Чем отличаются стихи Тютчева?

Задание 2   Расскажите о Фете и Тютчеве и их стихах.

Урок 9   Белинский, Чернышевский, Добролюбов и Писарев

Виссарион Григорьевич Белинский (维萨里昂・格
里戈里耶维奇・别林斯基, 1811 — 1848), выдающийся русский
литературный критик, публицист. В Белинском замечате-
льно сочетался теоретик литературы, историк ее и критик.
В статьях «Разделение поэзии на роды и виды» (《诗歌的分
类和分科》), «Идея искусства» (《艺术的概念》, 1841), «Общее
значение слова литература» (《文学一词的基本含义》) и других
он развивал важнейшие положения научной эстетики —

В. Г. Белинский

принцип содержательности формы, теорию жанров как специфических форм
отражения жизни и т. д.

В одиннадцати статьях о Пушкине и многочисленных обзорах русской
литературы Белинский дал стройную историю русской литературы начиная
с XVIII в. В Гоголе он видел основоположника нового этапа в развитии русской
литературы — «натуральной школы» (自然派). Под этим названием обычно имеют в виду писателей, следовавших за Гоголем в критическом изображении
крепостного права и сочувственно относившихся к угнетенному большинству
народа. Среди них выделялись И. С. Тургенев, Д. В. Григорович, А. И. Герцен и
др. В том же направлении развивалось творчество молодого Ф. М. Достоевского.
В более широком смысле в «натуральную школу» входили все представители
реализма, получившего развитие в 1850-е годы.

Николай Гаврилович Чернышевский (尼古拉・加
夫里洛维奇・车尔尼雪夫斯基, 1828 — 1889) — величайший представитель революционно-демократического направления
в развитии эстетической мысли и литературы. В 1855
году на страницах «Современник» печаталась известная
магистерская диссертация Чернышевского «Эстетические
отношения искусства к действительности» (《艺术对现实的
审美关系》).

Н. Г. Чернышевский

Большое значение имел роман Чернышевского «Что делать?» (《怎么办？》, 1863). Сюжет романа основан на истории личной жизни героини Веры Павловны (薇拉·帕夫洛夫娜), ее любви и замужества. Используя такой сюжет, Чернышевский смог поставить в романе целый ряд злободневных вопросов общественно-политического характера. Тип нового человека 60-х годов исчерпающе полно представлен в образах Лопухова (洛普霍夫) и Кирсанова (基尔萨诺夫). К лагерю новых людей относится и Вера Павловна. В ее образе воплощены черты новой женщины 60-х годов, в связи с образом Веры Чернышевский разрешает в роман «женский вопрос». Показав высокий моральный облик новых людей, Чернышевский называл их «обыкновенными людьми». Рядом с «обыкновенными людьми», рядовыми революционерами, Чернышевский создал героический образ «особенного человека», вождя революционного движения Рахметова (拉赫梅托夫). Созданием такого образ автор отвечает на вопрос «Что делать?» посл※ленный им в заглавии романа: жить так, как Рахметов, делать то, что делает Рахметов, служить революции, подготавливать революцию, — вот что надо делать людям, преданным делу освобождения народа. Характерная черта творчества Чернышевского —— желание связать стремления людей к разумному общественному устройству с их реальными интересами и потребностями. Это находит выражение в так называемом «разумном эгоизме» (合理利己主义), который исповедуют герои романа.

Среди других литературных произведений Чернышевского выделяется «Пролог» (《序幕》, 1867 — 1870), в котором писатель дает замечательную по глубине и проницательности критику крестьянской реформы и трусливой политики либералов.

Николай Александрович Добролюбов (尼古拉·亚历山大洛维奇·杜勃罗留波夫, 1836 — 1861) — ученик и соратник Чернышевского, знаменитый русский критик, писатель. В своих выдающихся статьях «Что такое обломовщина?» (《什么是奥勃洛摩夫性格？》, 1859), «Темное царство» (《黑暗的王国》, 1859), «Луч света в темном царстве» (《黑暗王国的一线光明》, 1860), «Когда же придет настоящий день?» (《真正的白天何时到来？》, 1860) и др. Добролюбов выступа-

Н. А. Добролюбов

ет, по его собственному выражению, как представитель «реальной критики». Рассматривая литературное произведение с точки зрения отражения в нем социальных противоречий, он разбирал общественные вопросы, поднятые писателями, говорил не только о литературе, но и о жизни, расширял картину, нарисованную художником, и этим помогал читателю уяснить ее общественное значение. Такие корифеи русской литературы, как Гончаров и Островский, высоко ставили истолкование их творчества, данное Добролюбовым.

Дмитрий Иванович Писарев (德米特里·伊万诺维奇·皮萨列夫, 1840 — 1868) — выдающийся литературный критик. Его критические статьи появились в основном после 1863 г., когда общественный подъем конца 1850 — начала 1860-х годов был уже позади. Последователь вульгарно-материалистической философии, Писарев все надежды возлагал на развитие научных знаний, которые должны были, по его мнению, способствовать общественному прогрессу. Писарев считал, что худо-жественная литера-

Д. И. Писарев

тура является праздной безделкой, отвлекающей людей от основной задачи-пропаганды научных взглядов. Он отрицал, например, высокую оценку, данную Белинским поэзии Пушкина. Одна из статей Писарева полемически озаглавлена «Разрушение эстетики» (《美学的毁灭》, 1865). Но Писарев был решительным врагом феодально-крепостнического режима и прекраснодушного либерализма. Мастер боевой публицистики, он пробуждал критическую мысль, вызывал ненависть к крепостническому строю(«Базаров» (《巴扎罗夫》, 1862), «Реалисты» (《现实主义者》, 1864), «Мыслящий пролетариат» (《有思想的无产阶级》, 1865), «Сердитое бессилие» (《恼人的虚弱》, 1865). Ленин особо отметил высказывание Писарева о мечте, которая обгоняет жизнь и освещает обществу путь вперед.

◇ **Задания по тексту**

Задание 1 Ответьте на следующие вопросы.

1. Что вы знаете о Белинском?

2. Какое значение имеет роман «Что делать?»?

3. Что вы знаете о Добролюбове?

Урок 10   Н. А. Некрасов

Николай Алексеевич Некрасов (尼古拉•阿列克谢耶
维奇•涅克拉索夫, 1821 — 1878) ведущий поэт русской револ-
юционной демократии, ближайший соратник Белинского,
Чернышевского и Добролюбова. В поэзии Некрасова
органически сочетаются три основных мотива: (1) сочувс-
твие изображение трудового народа; (2) гневное обличение
угнетателе народа; (3) прославление защитников народа,
борцов за народное счастье, призыв к революционному
подвигу. Эти мотивы проходят через все творчество
Некрасова.

Н. А. Некрасов

В раннем творчестве Некрасов «Современная ода» (《当代颂歌》), «Родина»
(《故园》, 1846), «Колыбельная песня» (《摇篮歌》, 1845) и др. В стихотворениях Некрасова 40-5-х годов большое место занимает уже изображение горькой
судьбы и переживаний крепостных крестьян, например, «В дороге» (《在旅途中》,
1845) и «Забытая деревня» (《被遗忘的乡村》, 1855). В то же время он создал ряд
стихотворений, излагающих свои взгляды на задачи поэзии. Наиболее
значительным является «Поэт и гражданин» (《诗人与公民》, 1856) и др. В период
общественного подъема 1850 — 1870-х г. г. и крестьянской реформы Некрасов
создал все свои наиболее крупные и значительные произведения: «Размы-
шления у парадного подъезда» (《大门前的沉思》, 1858), «Железная дорога» (《铁
路》, 1864), поэмы: «Коробейники» (《货郎》, 1861), «Крестьянские дети» (《农民的
孩子》, 1861), «Мороз, красный нос» (《严寒, 通红的鼻子》, 1863), «Дедушка» (《祖
父》, 1870), «Русские женщины» (《俄罗斯妇女》, 1872 — 1873), «Современники» (《同
时代的人们》, 1875), «Кому на Руси жить хорошо»(《谁在俄罗斯能过好日子》, 1866 —
1876).

◈ **Задания по тексту**

Задание 1 ⟍ Ответьте на следующие вопросы.

1. Чем отличаются стихи Некрасова?

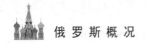

2. Какое место занимает стихотворение «Мороз, красный нос» в русской поэзии?

Задание 2 Расскажите о поэме «Кому на Руси жить хорошо».

Урок 11 И. А Гончаров

Иван Александрович Гончаров (伊万·亚历山大洛维奇·冈察洛夫, 1812 — 1891) — выдающийся русский романист, знаменитый писатель. Как и Тургенев, Гончаров испытал на себе влияние Белинского. В «Обыкновенной истории» (《平凡的故事》, 1847) он осмеял дворянский романтизм, праздность и беспочвенность дворянских мечтателей. Лучшим созданием Гончарова является роман «Обломов» (《奥勃洛莫夫》, 1859). В образах Ильи Ильича Обломова и его слуги Захара (扎哈尔) он воплотил

И. А. Гончаров

типы патриархального барина и слуги крепостной эпохи. Ленин высоко ценил то разоблачение патриархальщины, неподвижности, барской лени, которое дал Гончаров в понятии «обломовщина» (奥勃洛莫夫性格). Последний роман Гончарова «Обрыв» (《悬崖》) появился в 1869 г.

◇**Задания по тексту**

Задание 1 Ответьте на следующие вопросы.

1. Какие романы написал Гончаров?

2. Что вы знаете о романе «Обломов»?

Задание 2 Расскажите о понятии «обломовщина».

Урок 12 А. Н. Островский

Александр Николаевич Островский (亚历山大·尼古拉耶维奇·奥斯特洛夫斯基, 1823 — 1886) — знаменитый драматический писатель, исключительная фигура на фоне литературы 19 века. Он является основателем русского национального театра. Его по праву называли «отцом русской драматургии». Уже в драме «Гроза» (《大雷雨》, 1859) он вывел женский характер, полный нравственной силы и честности, неспособный к примирению с рабством, протестующий против него. В пьесах «Свои люди сочтемся» (《自家人好算账》, 1849), «Бедная невеста» (《穷新娘》, 1852), «Доходное место» (《肥缺》, 1856), «На всякого мудреца довольно простоты» (《智者千虑必有一失》, 1868), «Бешеные деньги» (《来得容易去得快》, 1869), «Правда-хорошо, а счастье — лучше» (《真理固好，幸福更佳》, 1876), «Лес» (《森林》, 1871), «Волки и овцы» (《狼与羊》, 1875), «Не было ни гроша, да вдруг алтын» (《穷人暴富》, 1872), «Бесприданница» (《没有陪嫁的姑娘》, 1878), «Поздняя любовь» (《迟到的爱情》, 1879), «Таланты и поклонники» (《名伶与捧角》, 1882), «Без вины виноватый» (《无辜的罪人》, 1883) островский показал трагиче-скую судьбу женщины в мире богатых и бедных, господ и рабов.

А. Н. Островский

«Гроза» — это вершина творчества Островского. Действие происходит на Волге, в глухом городке Калинов (卡利诺夫). Семья Кабановых является одной из богатейших купеческих семей городка. Властная старух, купчиха-вдова Кабанова (卡巴诺娃) живет традициями старины, держит женатого сына Тихона (季洪) и дочь Варвару (瓦尔瓦拉) в страхе. Тихон — слабый и безвольный человек. Его жена — молодая, красивая женщина Катерина (卡捷琳娜) нежна, женственна и поэтична, она любит все прекрасное. А муж не может ее защитить и она переносит свои чувства на Бориса (鲍里斯), доброго и образованного, но бедного молодого человека. В ее душе идет борьба долга и чувства. Во время грозы, когда тучи закрывают все небо и гремит гром, ей кажется, что это бог гневается на нее. Она при всем народе начинает каяться в своем грехе. После этого над ней смеются, ее ругают. По приказу дяди Дикоя (季科伊)Борис уезжает в Сибирь. Потеряв любимого человека, Катерина теряет и веру в жизнь, она предпочитает смерть и бросается в Волгу. Идей смысл «Грозы» полностью был вскрыт в статье Добролюбова «Луч света в темном царстве» (《黑暗王国的一线光明》).

◇ **Задания по тексту**

Задание 1 Ответьте на следующие вопросы.

1. Какие пьесы Островский написал?

2. Почему Катерину названа «лучом света в темном царстве»?

Задание 2 Расскажите о значении «Грозы».

Урок 13　Ф. М. Достоевский

Федор Михайлович Достоевский (费奥多尔 • 米哈 伊洛维奇 • 陀思妥耶夫斯基, 1821 — 1881) — великий русский писатель. Достоевский был сложным и противоречивым писателем. Достоевский вступил в литературу как представитель «натуральной школы», продолжая традиции Пушкина и Гоголя. В своей первой повести «Бедные люди» (《穷人》, 1846). Достоевский с глубоким сочувствием изображает страдания «бедных людей», в этой повести он

Ф. М. Достоевский

развивал традиции Пушкина («Станционный смотритель») и Гоголя («Шинель»). Сам он сказал: «Все мы вышли из «Шинели» Гоголя». Вскоре после «Бедных людей» Достоевский написал повесть «Двойник» (《同貌人》/《双 重人格》, 1846), в центре которой чиновник Голядкин (高略德金), одержимый желанием подняться по чиновничьей лестнице, разбогатеть.

Кроме того в 1840-е годы Достоевский написал еще такие повести и рассказы: «Хозяйка» (《女房东》, 1847) «Белые ночи» (《白夜》, 1848), «Неточка Незванова» (《涅朵琦卡 • 涅茨瓦诺娃》, 1849) и др.

В конце 1850-х годов и начале 1860-х годов Достоевский написал такие произведения: «Дядюшкин сон» (《舅舅的梦》, 1859), «Село Степанчиково и его обитатели» (《斯捷潘切契科沃村及其村民》, 1859), «Униженные и оскорбленные» (《被欺凌的与被侮辱的》, 1861), «Записки из мертвого дома» (《死屋手记》, 1861 — 1862).

В 1863 — 1880 годах один за другим появляются такие произведения: «Зимние заметки о летних впечатлениях» (《冬天记的夏天印象》, 1863), повесть «Записки из подполья» (《地下室手记》, 1864), «Преступление и наказание» (《罪与罚》, 1866), «Игрок» (《赌徒》, 1866), «Идиот» (《白痴》, 1868), «Бесы» (《群魔》, 1872), «Подросток» (《少年》, 1875), «Братья Карамазовы» (《卡拉马佐夫兄弟》, 1880).

«Преступление и наказание» — крупнейшее произведение Достоевского. Развитие основной сюжетной линии делится на три этапа: подготовка Раскольникова к преступлению, убийство и события после убийства. Раскольников (拉斯柯尔尼科夫) занимает центральное место в системе персонажей романа, а среди всех остальных действующих лиц Соня (索尼娅) занимает особое место в этой системе, Раскольников и Соня — антиподы друг друга, но оба они —— преступники. Раскольников и Свидригайлов (斯维利加洛夫) — духовные «двойники»: Раскольников и Лужин (卢仁) — тоже духовные «двойники»; Раскольников и Дуня (杜尼娅) — брат и сестра, которые готовы помочь друг другу, но одни не может выручить другого; Раскольников и Мармеладов (马梅拉多夫) — люди, судьбы которых сопоставимы друг с другом. Раскольников и Порфирий Петрович (波尔费利•彼得罗维奇) — люди, постоянно находящиеся в отношениях противоречия и борьбы.

«Братья Карамазовы» — последнее грандиозное произведение Достоевского, в котором русская история показана в форме хроники жизни дворянской семьи Карамазовых. Глава семьи Карамазовых Федор Павлович Карамазов (费多尔•巴甫洛维奇•卡拉马佐夫) — развращенная, искаженная душа, трусливая, болезненно злая, прочная. Дмитрий Карамазов (德米特里•卡拉马佐夫) — человек великодушный, но лишенный благородств. Иван Карамазов (伊万•卡拉马佐夫) — мыслитель, атеист. Смедряков (斯麦尔加科夫) — побочный сын, двойник Ивана Карамазова, в этом образе обрисованы отвратительные черты полнейшего морального и физического вырождения в капиталистическом мире. Алеша Карамазов (阿辽沙•卡拉马佐夫) — младший сын, носитель моральных идеалов самого автора.

◆ **Задания по тексту**

Задание 1 Ответьте на следующие вопросы.

1. Как вы понимаете слова Достоевского «Все мы вышли из «Шинели» Гоголя»?

2. Какие повести и рассказы Достоевский написал?

3. Что вы знаете о романе «Преступление и наказание»?

Задание 2 Расскажите о значении романа «Преступление и наказание».

Урок 14　М. Е. Салтыков-Щедрин

Михаил Евграфович Салтыков-Щедрин (米 哈
伊尔 • 叶夫格拉福维奇 • 萨尔蒂科夫–谢德林, 1826 — 1889) —
сатирик мирового значения. Начал свою литературную
деятельность как сподвижник «натуральной школы».
Первые повести «Противоречия» (《矛盾》, 1847) и «Запу-
танное дело» (《一件错综复杂的事》, 1848) уже обнаружили
свойственные ему сатирические тенденции. Первая

М. Е. Салтыков-Щедрин

крупная публикация писателя — «Губернские очерки»
(《外省散记》, 1856 — 1857), изданные от имени «надворного советника Н. Ще-
рина». «Невинные рассказы» (《纯洁的故事》, 1857 — 1863), «Сатиры в прозе»
(《讽刺散文》, 1859 — 1862), «Помпадуры и помпадурши» (《庞巴杜尔先生和庞巴杜
尔太太》, 1863 — 1874) дают картину общественной жизни России, острие сатиры
направлено против провинциального чиновничества.

Творчество сатирика 1870-х годов достигло расцвета. К этому времени
относятся циклы сатирических рассказов и очерков «Господа Ташкенцы» (《塔
什干的老爷们》, 1869 — 1872), «Дневник провинциала в Петербурге» (《外省人旅居
彼得堡日记》, 1872 — 1873), «Благонамеренные речи» (《金玉良言》, 1872 — 1876).
Вершиной сатирического искусства этого периода являются романы «История
одного города» (《一个城市的历史》, 1869 — 1870), «Господа Головлевы» (《戈洛夫

廖夫老爷们》, 1875 — 1880).

В 80-х годах создаются лучшие произведения писателя «Письма к тетеньке» (《致婶母信》, 1881 — 1882), «Современная идиллия»(《现代牧歌》, 1877 — 1883), «Мелочи жизни» (《生活琐事》, 1886 — 1887), «Пошехонская старина»(《波谢洪尼遗风》, 1887 — 1889). В эту пор писатель завершает сказочный цикл «Сказки» (《童话集》, 1882 — 1886), в него вошли такие замечательные сказки, как «Повесть о том, как один мужик двух генералов прокормил» (《一个庄稼汉怎样养活两位将军》), «Премудрый пескарь» (《聪明绝顶的狗鱼》), «Самоотверженный заяц» (《忘我的兔子》), «Карась-идеалист» (《信奉理想主义的鲫鱼》), «Дикий помещик» (《野地主》) и др.

◇ **Задания по тексту**

Задание 1   Ответьте на следующие вопросы.

1. Чем отличаются произведения Салтыкова-Щедрина?
2. Какие произведения Салтыкова-Щедрина вы знаете?

Задание 2   Расскажите о значении Салтыкова-Щедрина как сатирика в русской литературе.

Урок 15   Л. Н. Толстой

Лев Николаевич Толстой (列夫·尼古拉耶维奇·托尔斯泰, 1828 — 1910) занимает выдающееся место в ряду деятелей мировой культуры. В биографической трилогии «Детство», «Отрочество» и «Юность» (《童年》《少年》和《青年》, 1851 — 1856) главный герой Николенька Иртеньев (尼克林卡·伊尔杰尼耶夫) принадлежит к числу тех нравственно чутких людей из господствующего класса, которые остро чувствуют социальную несправедливость и ложь окружающей жизни. Своеобразным продолжением автобиографической трилогии является небольшой отрывок из незаконченного

Л. Н. Толстой

романа «Русский помещик» — повесть «Утро помещика» (《一个地主的早晨》, 1856). Главный герой романа — молодой помещик князь Дмитрий Нехлюдов (德米特里•聂赫留朵夫).

В своих замечательных «Севастопольских рассказах» (《塞瓦斯托波尔故事》, 1855 — 1856) Толстой нарисовал картины воины, свободные от фальшивой батальной героики, и изобразил величие русского солдата, выполняющего свой долг просто и спокойно, без позы и громких фраз.

В период «гласности» Александра II Толстой написал такие литературные шедевры: «Альберт» (《阿尔贝特》, 1858), «Люцерн» (《琉森》, 1857), «Три смерти» (《三死者》, 1859), повести «Два гусара»(《两个骠骑兵》, 1856), «Семейное счастье» (《家庭幸福》, 1859), «Казаки» (《哥萨克》, 1863), «Поликушка» (《波里库什卡》, 1863).

Первый роман Толстого «Война и мир» (《战争与和平》) завершен после шестилетнего труда (1863 — 1869). Это грандиозная эпопея народной войны против Наполеона (Отечественная война 1812), величайшее произведение не только русской, но и мировой литературы. Сюжетную линию романа составляет история четырех дворянских семей, здесь даны и представители высшей придворной знати (Курагины 库拉金), и поместное дворянство-московское разоряющееся барство (Ростовы 罗斯托夫) и независимая, оппозиционно-настроенная аристократия (Болконские 鲍尔康斯基 ; Безухов 别祖霍夫). С особой любовью Толстой рисует представителей передовой части дворянства начала XIX века — князя Андрея Болконского (安德烈•鲍尔康斯基) и Пьера Безухова (皮埃尔•别祖霍夫). Образ Наташи Ростовой (娜塔莎•罗斯托娃) — это один из прекрасных образов женщин в русской классике.

После отмены крепостного права в 1861 году Россия стала на путь быстрого развития капитализма. Жизнь русского общества того времени Толстой воспроизвел в своем втором романе «Анна Каренина» (《安娜•卡列尼娜》, 1873 — 1877). В нем легко различаются две основные сюжетные линии. Одна передает историю главной героини Анны. Другая линия раскрывает жизнь и духовные искания Левина (列文). Судьба Анны глубоко трагична. Ее выдали замуж за Каренина — бездушного честолюбца и мелкого эгоиста. Единственное ее утешение — её сынок Сережа (谢廖沙). Встреча с Вронским (渥伦斯基)

пробудила в Анне любовь. В истории Левина Толстой раскрывает состояние пореформенной русской деревни. После женитьбы он счастливо живет с женой Кити(吉蒂). Он находит счастье в семье, труде и общении с людьми, особенно с крестьянами.

На фоне освободительного движения 1870 — 1880-х годов Толстой впал в духовный кризис. У него произошел «идейный переворот», о котором писатель откровенно рассказывает в своих публицистических произведениях «Исповедь»(《忏悔录》, 1880) и «В чем моя вера?»(《我的信仰是什么?》, 1884). «Так что же нам делать?»(《那么我们该怎么办？》, 1886), «О голоде»(《论饥荒》, 1891), «Современное рабство»(《当代的奴隶制》, 1899) и др. В 1880 — 1890-е годы он написал «народные рассказы»(1881 — 1886), драмы «Власть тьмы»(《黑暗的势力》, 1886) и «Плоды просвещения»(《教育的果实》, 1891), повести «Смерть Ивана Ильча»(《伊万•伊里奇之死》, 1886) и «Крейцеровая соната»(《克莱采奏鸣曲》, 1891) и др. А самыми крупными произведениями позднего Толстого являются его третий роман «Воскресение»(《复活》, 1899) и литературоведческий трактат «Что такое искусство?»(《什么是艺术？》). Роман «Воскресение» — последняя вершина творчества Толстого. Сюжет романа таков: главный герой, богатый помещик Нехлюдов(涅赫留朵夫) в качестве присяжного участвует в судебном деле Екатерины Масловой (叶卡捷琳娜•马斯洛娃), которую он когдато соблазнил и бросил. Осознав свою вину перед Катюшей, Нехлюдов начинает переоценивать всю свою жизнь и жизнь своего класса.

В первые годы XX века Толстой написал «Хаджи-Мурат» (《哈吉•穆拉特》, 1904) и «После бала» (《舞会之后》), в которых он уделяет большое внимание социальному развитию России.

◇ **Задания по тексту**

Задание 1　Ответьте на следующие вопросы.

1. Какие романы Толстой написал?

2. Что вы знаете о романе «Анна Каренина»?

3. Как вы оцениваете поступок героя романа «Воскресение»?

Задание 2　Расскажите о главном содержании романа «Война и мир».

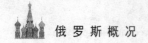

Урок 16   А. П. Чехов

А. П. Чехов

Антон Павлович Чехов(安东·巴甫洛维奇·契诃夫, 1860 — 1904) — великий русский писатель, прозаик, драматург. Его называли «Левитаном в литературе».

Важнейший жанр прозы Чехова — рассказ. Чехов написал целую серию рассказов на тему маленького человека: «Смерть чиновника» (《小公务员之死》, 1883),«На гвозде»(《在钉子上》, 1883), «Толстый и тонкий»(《胖子和瘦子》, 1883) и т. д. «Хамелеон» (《变色龙》, 1844) — это другой рассказ о чинопочитании, только чинопочитание и раболепство полицейского надзирателя Очумелова выражены по своему. Очумелов (奥楚梅洛夫) — герой рассказа, полицейский, который постоянно и моментально, в зависимости от обстоятельств, меняет свои взгляды на прямо противоположные. Первое крупное произведение Чехова — это повесть «Степь» (《草原》, 1888). Повесть «Дуэль» (《决斗》, 1891) — это произведение, в котором раскрывается важная концепция автора: никто не знает настоящей правды.

В рассказе «Палата №6» (《第六病室》, 1892) дан образ-символ самодержавной России. «Дом с мезонином» (《带阁楼的房子》, 1896) рассказывает об одной любовной истории, через которую раскрывается вся пагубность «теории малых дел» (小事论). Повесть «Скучная история» (《没意思的故事》, 1889) — это история о знаменитом медике, профессоре Николае Степановиче (尼古拉·斯捷潘诺维奇) и его духовном банкротстве. «Мужики» (《农民》, 1897) и «В овраге» (《在峡谷里》, 1900) — это две повести на крестьянскую тему.

Вершиной чеховской прозы является его маленькая трилогия — «Человек в футляре» (《套中人》), «Крыжовник» (《醋栗》), «О любви» (《关于爱情》), которые появляются в одном году — 1898.

Значительным и наиболее оригинальным драматургом 19 в. был Чехов. Как «Иванов» (《伊万诺夫》, 1887), «Леший» (《左撇子》, 1889) и «Чайку» (《海鸥》, 1896). После этого он написал «Дядя Ваня» (《万尼亚舅舅》, 1900), «Три сестры» (《三姐妹》, 1901) и «Вишневый сад» (《樱桃园》, 1904).

◇**Задания по тексту**

Задание 1 Ответьте на следующие вопросы.

1. Какие значение имеет творчества Чехова?

2. Какие рассказы написал Чехов?

3. Какие пьесы написал Чехов?

Задание 2 Расскажите о кратком содержании рассказа «Хамелеон».

Урок 17 Литература на рубеже XIX и XX веков

17.1 Символизм и А. А. Блок

Символизм (象征主义) — первое и самое значительное из модернистских течений в России., как явление в литературе и искусстве впервые появился во Франции в последней четверти XIX века, и получил распространение во многих странах Западной Европы.

Началом русского символизма считается момент, когда Мережковский (梅列日科夫斯基, 1866—1941) опубликовал свою статью «О причинах упадка и о новых течениях в современной русской литературе» (《论现代俄国文学衰落的原因和新流派》, 1893).

Развитие символистической поэзии можно разделить на два этапа: этап «старших» символистов, к которым относятся Д. С. Мережковский, З. Н. Гиппиус (吉皮乌斯), Ф. К. Сологуб (索洛古勃), В. Я. Брюсов (勃留索夫), К. Д. Бальмонт (巴尔蒙特), и этап «младых» символистов, молодые поэты, такие, как А. А. Блок (勃洛克), А. Белый (别雷), Вяч. И. Иванов (维亚切斯拉夫·伊万诺夫) и др. выступали с философским божественным пониманием мира в духе В. С. Соловьева (索洛维约夫).

Александр Александрович Блок (亚历山大·亚历山大洛维奇·勃洛克, 1880 — 1921), русский поэт. Первую поэтическую славу Блоку принесла его первая книга стихов «Стихи о Прекрасной Даме» (《美妇人》, 1904), в которойцентральной героиней является его будущая жена Л. Д. Менделеева (门捷列娃, 1881 — 1939), дочь химика Д. И. Менделеева, в своей любимой девушке

Блок видел воплощение соловьевской идеи о «Вечной Женственности» (永恒的女性气质). Второй этап творчества Блок охватывает вторую половину первого десятилетия XX века. Программными произведениями Блока этого периода являются циклы «Снежная маска» (《雪面具》, 1907), «Фаина» (《法伊娜》, 1906 — 1908), «Город» (《城市》), стихот-ворение «Незнакомка» (《 陌 生 女 郎 》, 1906) и др. Третьим этапом творчества Блока считают последние десять с лишним лет жизни поэта, когда он писал поэму «Возмездие» (《报复》,

А. А. Блок

не завершена) и циклы стихов «Возмездие» «Страшный мир» (《恐怖世界》, 1911), «Кармен» (《卡门》, 1914), «На поле Кул-иковом» (《在库利科沃田野上》, 1909) и др. В 1918 г. Блок написал свои последние поэмы «Двенадцать» (《 十 二 个 》) и «Скифы» (《西徐亚人》).

17.2 Акмеизм и А. А. Ахматова

Акмеизм (阿克梅主义) (от греч. Akme — высшая степень чего-либо, расцв-ет, зрелость, вершина, остриё), течение в русской поэзии 1910-х гг., формировавшееся как реакция на крайности символизма, провозгласил освобождение поэзии от символистских порывов к «идеальному», от многозначности и текучести образов, усложненной метафоричности, возврат к материальному миру, предмету (или стихии «естества»), точному значению слова. Основные принципы акмеизма: освобождение поэзии от символистских призывов к идеальному, возвращение ей ясности; отказ от мистической туманности, принятие земного мира в его многообразии, зримой конкретности, звучности, красочности; стремление придать слову определенное, точное значение; предметность и четкость образов, отточенность деталей; обращение к человеку, к «подлинности» его чувств; поэтизация мира первозданных эмоций, первобытно-биологического природного начала; перекличка с минувшими литературными эпохами, широчайшие эстетические ассоциации, «тоска по мировой культуре».

Главными представителями акмеизма были С. М. Городецкий (戈罗杰茨基), М. А. Кузмин (库兹明), Н. С. Гумилев (古米廖夫), А. А. Ахматова (阿赫玛托娃),

О. Э. Мандельштам (曼德尔施塔姆) и др. А среди них дольше всех жила, творила А. А. Ахматова, завоевавшая всемирную славу.

Анна Андреевна Ахматова(настоящая фамилия Горенко) (安娜·安德烈耶夫娜·阿赫玛托娃, 本姓戈连科, 1889 — 1966) — русский поэт. Первый сборник Ахматовой «Вечер» (《黄昏》) появился в 1912 г., а потом, в 1914 г. — второй — «Четки» (《念珠》), в сентябре 1917 г. — третий — «Белая стая» (《白色的群鸟》).

А. А. Ахматова

«Подорожник» (《 车 前 草 》, 1921) и «ANNO DOMINI» (《 耶 稣 纪 元 》, 1922), написанные после Октябрьской революции — это стихи, которые свежестью слова и простотой выражения передают чувство высокой моральной ответственности поэта перед своей эпохой. С середины 1920-х годов у Ахматовой началось многолетнее молчание. Знаменитая поэма «Реквием» (《安魂曲》), которая была написана в середине 1930-х годов, занимает важное место в творчестве Ахматовой.

Важнейшим рубежом на творческом пути Ахматовой стала Великая Отечественная война. Патриотическая лирика занимает видное место в ее творчестве. Она написала стихотворения «Клятва» (《誓词》, 1941), «Мужество» (《勇敢》, 1942), «Победа» (《胜利》, 1942 — 1945), «Победителям» (《致胜利者》), «Я не была здесь лет семьсот...» (《我不曾到这里约有七百年》, 1942 — 1944).

После войны, в мирные 50-ые годы, Ахматова продолжала патриотическую лирику военных лет, написала много стихов, посвященных этой теме: «Шиповник цветет» (《野蔷薇开花了》, 1961), «Родная земля» (《故土》, 1961), «Северные элегии» (《北方哀诗》, 1945 — 1964), «Поэма без героя» (《没有主人公的叙事诗》, 1940 — 1962) являются значительными произведениями поздней лирики Ахматовой.

17.3 Футуризм и В. В. Хлебников

Футуризм (未来主义) (от лат. Futurum — будущее) — это литературное течение начала XX века, распространенное в Италии и России. Футуристы пропагандировали идею открытого произведения искусства, которое бы охватывало зрителя со всех сторон. Основные признаки футуризма заключаются в следующем: бунтарство, анархичность мировоззрения, выражение массовых настроений толпы; отрицание культурных традиций, попытка создать искусство, устремленное в будущее; бунт против привычных норм стихотворной речи, экспериментаторство в области ритмики, рифмы, ориентация на произносимый стих, лозунг, плакат; поиски раскрепощенного «самовитого» слова, эксперименты по созданию «заумного» языка; культ техники, индустриальных городов; пафос эпатажа. Главные поэты-футуристы: И. Северянин (谢维里亚宁), С. Бобров (鲍勃洛夫), В. Хлебников (赫列勃尼科夫), В. Каменский (卡缅斯基), Елена Гуро, В. Маяковский (马雅可夫斯基), А. Кру-ченых (克鲁乔内赫), братья Бурлюки (布尔柳克兄弟).

Велимир Владимирович Хлебников(настоящее имя Виктор) (韦利米尔 • 弗拉基米洛维奇 • 赫列勃尼科夫, 本名维克多 , 1885 — 1922), русский поэт и прозаик. Велимир Хлебников — первый поэт кубофутуризма (立体未来主义).

В. В. Хлебников

Творчество Хлебникова можно делить на две части: понятные для простых читателей стихи и непонятные для простых читателей, заумные стихи. В первой части своего творчества Хлебников стремится к природе, идеализирует языческую Русь и древних славян. Что касается непонятных для простых читателей стихов, то в них много заумей, от чего стихи эти называются и заумными. В этих стихах много слов, придуманных для данного случая, много нарушений нормативной грамматики. Хлебников сделал много экспериментов по поэтическому языку. Поэт поставил число превыше всего. По его мнению, миром правит число, число бога. Во время Первой мировой войны и в послеоктябрьские годы Хлебников с одной стороны обращал все большее внимание на реальную жизнь, а с другой стороны окрылялся революцией по его футуристическому пониманию. В ее поэзии все более напряженно и настоятельно звучали ноты философских раздумий о судьбе человечества, утопических мечтаний о будущем, тревоги за беззаконные и хаос. После Октябрьской революции Хлебников писал поэтические декларации, стихотворения, поэмы, в них выражено и торжество «простого народа», поверившего в освобождение от «барской неволи», и осуждение слепого и бессмысленного насилия.

◇ **Задания по тексту**

Задание 1 Ответьте на следующие вопросы.

1. Что вы знаете о символизме?

2. Что такое акмеизм?

3. Что такое футуризм?

Задание 2 Расскажите о стихах Ахматовой.

Урок 18 М. Горький

Максим Горький(наст. имя — Алексей Максим-ович Пешков) (马克西姆·高尔基 , 原名阿列克谢·马克西姆维奇·彼什科夫 , 1868 — 1936), русский писатель.

М. Горький

Пять с лишним лет Горький пешком странствовал по России, накапливая впечатления, позднее питавшие его творчество. В этот первый период, с 1892 по 1902, начи-нается его литературная деятельность с его первого романтического рассказа «Макар Чудра» (《马卡尔·楚德拉》, 1892), в нем и других рассказах «Старуха Изергиль» (《伊则吉尔老婆子》, 1895), «Песня о соколе» (《鹰之歌》, 1899) и «Песня о Буревестнике» (《海燕之歌》, 1901) передаются романтическое мироощущение, чувства, представления, надежды людей, показывается новый героизм в народном характере. В рассказах 90-х годов главенствуют реалистические принципы творчества, он описывал общественные неурядицы, создавая образы протестующих героев, не находящих себе места в жизни. Его персонажами были по большей части бродяги, проститутки, воры. Такие рассказы, как «Челкаш»(《切尔卡什》, 1894), «Однажды осенью» (《有一次在秋天》), «На плотах» (《在筏上》), «Супруги Орловы» (《奥尔洛夫夫妇》) и «Двадцать шесть и одна» (《二十六个和一个》, 1899), романы «Фома

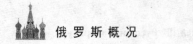

Гордеев» (《福马·高尔杰耶夫》, 1899) и «Трое» (《三人》, 1900), пьесы «Мещане» (《小市民》, 1902) и «На дне» (《底层》, 1906) представляют характерные образцы горьковского творчества этого времени.

Второй период (1902 — 1913), отмеченный тесным сотрудничеством с революционными организациями, отчетливее всего отразился в пьесах «Дачники» (《避暑客》, 1905), «Враги» (《敌人》, 1906) и романе «Мать» (《母亲》, 1907). В 1905 Горький предпринял путешествие в США, в основном же проживал на острове Капри.

В третий период творчества, с 1913 до смерти, Горький опубликовал ряд превосходных автобиографических произведений, наиболее значительные из них — «Детство» (《童年》, 1913 — 1914), «В людях» (《在人间》, 1916), «Мои университеты» (《我的大学》, 1922 — 1923) и «Заметки из дневника. Воспоминания» (1924). Не менее интересны в это время рассказы Горького «Отшельник» (《隐士》, 1923), «Рассказ о безответной любви» (《单恋》, 1923), «Глубокая жизнь» (《蔚蓝色的生活》, 1925) и др. К этому времени он заканчивает роман «Дело Артамоновых» (《阿尔塔莫诺夫家的事业》, 1924 — 1925). Тридцатые годы являются периодом новой творческой активности Горького. Входят в свет его пьесы «Егор Булычов и другие» (《耶戈尔·布雷乔夫等人》, 1932), «Достигаев и другие» (《托斯契加耶夫等人》, 1933), «Васса Железнова» (《瓦萨·日烈兹诺娃》, 1935). Грандиозный (незаконченный) роман-эпопея «Жизнь Клима Самгина» (《克里姆·沙姆金的一生》) и многочисленные литературно-критические статьи написаны в последние годы его жизни.

◇ **Задания по тексту**

Задание 1 Ответьте на следующие вопросы.

1. Какие рассказы Горький написал в первый период своего творчества?

2. Какие автобиографические произведения Горький написал?

3. Что вы знаете о романе «Жизнь Клима Самгина»?

Задание 2 Расскажите о творчестве Горького.

Урок 19   В. В. Маяковский и С. А. Есенин

Владимир Владимирович Маяковский (弗拉季米尔·弗拉基米洛维奇·马雅可夫斯基, 1893 — 1930) — выдающийся советский поэт. Творческий путь Маяковского можно выделить три этапа: 1912 — 1917, 1917 — 1923, 1924 — 1930.

В. В. Маяковский

Первый этап(1912 — 1917). Жанры дореволюционного периода творчества Маяковского были разными: трагедия, поэма, любовная лирика, сатирические стихи и т. д. Главные произведения из них: «Ночь» (《夜》, 1912), «Владимир Маяковский» (《弗拉基米尔·马雅可夫斯基》, 1913), «Адище города» (《城市大地狱》, 1913), «Облако в штанах» (《穿裤子的云》, 1914 — 1915), поэма «Война и мир» (《战争与世界》, 1916). и др. Программным произведением в дооктябрьском творчестве Маяковского стала поэма «Облако в штанах»(1914 — 1915), идейный смысл которой сам поэт определил как лозунговое «Долой вашу любовь! Долой ваш строй! Долой ваше искусство! Долой вашу религию!». Сатира занимает важное место в стихотворчестве Маяковского:«Гимн судье» (《法官颂》, 1915), «Гимн ученому» (《学者颂》, 1915), «Гимн взятке» (《贪污颂》, 1916) и др.

Второй этап(1917 — 1923). Маяковский считал Октябрьскую революцию «Великим явлением жизни». Он с новой силой и энергией бросился в стихотворчество. «Левый марш» (《向左进行曲》, 1918), «Приказ по армии искусства»(《给艺术大军的命令》, 1918), «Ода революции» (《革命颂》, 1918), «150000000» (《一亿五千万》, 1920) — плоды его жанрового эксперимента.Темы сатирических стихотворений охватывают разные пороки советского общества: «Прозаседавшиеся» (《开会迷》, 1922), «О дряни» (《败类》, 1920 — 1921).

Третий этап(1924 — 1930). Одной из важнейших тем его творчества после революции стала ленинская тема. Этой теме были посвящены стихотворения «Владимир Ленин» (《弗拉基米尔·列宁》), «Комсомольская» (《共青团之歌》, 1924) и поэма «Владимир Ильич Ленин» (《弗拉基米尔·伊里奇·列宁》, 1924). В 1925 — 1926 годах Маяковский создал ряд стихотворений: «Товарищу Нетте — пароходу и человеку» (《致奈特同志 —— 船和人》), «Стихи о советском паспорте» (《苏联护

照》), «Рассказ Хренова с Кузнецкстрое и о людях Кузнецка» (《赫列诺夫讲库兹涅茨克的建设和库兹涅茨克人的故事》) и др. В 1927 году к десятой годовщине Октябрьской революции Маяковский создал поэму «Хорошо!» (《好！》), это лироэпическое произведение, в котором выражена глубокая вера поэта в победу идей Октября, в победу мировой революции. Он создал комедии сатирического характера: «Клоп» (《臭虫》, 1928) и «Баня» (《澡堂》, 1929) и др.

Любовь — это вечная тема поэзии. Любовная лирика Маяковского особенно выделяется среди его стихотворений. Он посвящает целый ряд стихов теме любви, среди них поэма «Про это» (《关于这个》, 1923) представляет одно из самых значительных послереволюционных произведений Маяковского.

«Во весь голос» (《放开喉咙歌唱》, 1929 — 1930) — это неоконченная поэма считается итогом творческого пути Маяковского.

Сергей Александрович Есенин (谢尔盖·亚历山大洛维奇·叶赛宁, 1895 — 1925) — русский поэт. В школе с 9 лет Есенин начал писать стихи. В 1914 году в журнале «Мирок» (《小天地》) появилось его первое опубликованное стихотворение «Береза»(《白桦》). В 1916 году вышел первый сборник его стихов — «Радуница»(《亡灵节》). Вышли одна за другой его книги стихов: «Голубень»(《天蓝色》, 1918), «Преображение» (《变容节》, 1918) и др.

С. А. Есенин

В 1919 — 1925 гг. он создал поэмы «Пугачев» (《普加乔夫》, 1920 — 1921), «Анна Снегина» (《安娜·斯涅金娜》, 1925), «Черный человек» (《黑影人》, 1925), «Поэму о двадцати шести» (《二十六人之歌》, 1924) и др. Во всей полноте проявился талант Есенина как искреннего лирика в цикле «Персидские мотивы» (《波斯抒情》, 1924 — 1925). Писал Есенин «маленькие поэмы»: «Возвращение на родину» (《回乡行》, 1924), «Русь Советская» (《苏维埃俄罗斯》), «Русь бесприютная» (《孤独的罗斯》), «Русь уходящая» (《正在离去的罗斯》, 1924), «Письмо к женщине» (《给一个女人的信》, 1924).

Главная тема творчества Есенина — это Родина, Россия. Например: «Русь» (《罗斯》, 1914), «Гой ты, Русь моя родная» (《啊！你，我亲爱的俄罗斯》), «Русь Советская» и др. Есенин противоречиво относится к социальным переменам. С одной стороны, он искренне стремился понять и воспеть вздыбленную революцией Русь («Иорданская голубица» (《约旦河的鸽子》, 1917)). С другой стороны, разрушение вековых устоев деревенской жизни вызывала у него печаль («Я последний поэт деревни» (《我是乡村最后一个诗人》, 1920), «Не жалею, не зову, не плачу» (《我不叹惋, 呼唤和哭泣》, 1921), «Русь Советская», «Письмо к матери» (《给母亲的信》, 1924).

Любовь — это одна из основных тем творчества Есенина. В своей лирике он создает прекрасные образы женщин, выражает свою симпатию и любовь к женщине. Например, «Заметался пожар голубой...» (《蓝色的火焰升腾了》, 1923), «Ты такая ж простая, как все...» (《你和大家一样单纯》, 1923), «Пускай ты выпита другим...» (《纵使你已被别人喝干》, 1923), «Мне грустно на тебя смотреть...» (《我满怀忧伤, 将你凝望》, 1923), цикл «Персидские мотивы» (《波斯曲》, 1923), «Улеглась моя былая рана» (《我那旧日的伤痛平复了》, 1924), «Шаганэ ты моя, Шаганэ!...» (《莎甘奈呀, 我的莎甘奈》, 1924 — 1925), «Воздух прозрачный и синий...» (《蓝色透明的空气》, 1925).

В своем творчестве Есенин постоянно проявляет свою философичность, в его поэзии содержится много идей. Одна из них — необходимость мирного сосуществования человечества с природой, эта идея воплощена в стихотворениях «Корова» (《母牛》, 1915), «Песнь о собаке» (《狗之歌》, 1915) и др.

◇ **Задания по тексту**

Задание 1 Ответьте на следующие вопросы.

1. Каковы особенности раннего футуристического стихотворения Маяковского?

2. В чем политическое значение стихотворения «Прозаседавшиеся»?

3. Как Есенин в своих стихотворениях воспевает Родину?

4. В чем проявляются трагические настроение Есенина, переживающего революционные перемены в деревне?

Задание 2 Расскажите о характерных чертах творчества Есенина.

Урок 20　М. А. Шолохов и А. А. Фадеев

Михаил Александрович Шолохов (米哈伊尔·亚历山大洛维奇·肖洛霍夫,1905 — 1984) — советский писатель, лауреат Нобелевской премии(1965). Шолохов начал свой творческий путь рано. Его первый рассказ был опубликован в 1924 году, потом его рассказы начали появляться в газете «Юношеская правда» (《少年真理报》) и других изданиях. В 1926 году вышли два сборника рассказов Шолохова — «Донские рассказы» (《顿河故事》) и

М. А. Шолохов

«Лазоревая степь» (《浅蓝的草原》). Особенно чудесные были рассказы «Родинка» (《胎记》), «Чужая кровь» (《人家的骨肉》), «Червоточина» (《蛀孔》) и др. С 1926 года по 1940 год Шолохов работает над романом-эпопеей «Тихий Дон» (《静静的顿河》), принесшим ему мировую известность.

В 30-е годы Шолохов пишет роман «Поднятая целина» (《被开垦的处女地》), которая рассказывает о судьбах народа и трагедии донских казаков в годы коллективизации. Давыдов (达维多夫), Нагульнов (纳古尔诺夫) и Разметнов (拉兹梅特诺夫) — главные герои романа, ключевые фигуры эпохи коллектив-изации.

С первых дней Великой Отечественной войны Шолохов стал военным корреспондентом. Впечатления военных лет, его герои войны нашил свое отражение в очерках «На Дону» (《在顿河》), «На юге» (《在南方》), в рассказах «Наука ненависти» (《学会仇恨》), «Судьба человека» (《一个人的遭遇》), в романе «Они сражались за родину» (《他们为祖国而战》) и в других произведениях.

Роман-эпопея «Тихий Дон» посвящается первой мировой войне и гражданской войне в России. Он охватывает период в десять лет — с 1912 года по 1922 год. Григория Мелехов (格利高里 • 麦列霍夫) — центральный герой романа, один из типичных представителей донского казачества начала XX века, которое испытывало на себе почти все основные исторические события, захватившие Россию в начале века. Аксинья (阿克西妮娅) — одна из центральных героинь романа. Ее образ проходит через весь роман. Она отличается яркой красотой, женской привлекательностью, способностью на большую любовь. Наталья(娜塔莉娅) жена Григория, женщина безропотная и молчаливая. Характерными чертами ее натуры являются долготерпение, прощение и смирение.

Александр Александрович Фадеев (亚历山大·亚历山大洛维奇·法捷耶夫, 1901 — 1956) — прозаик, критик, теоретик литературоведения, общественный деятель. Первыми произведениями являются повести «Разлив» (《泛滥》, 1924) и «Против течения»(《逆流》, 1924). Одним из замечательных произведений о гражданской войне является роман «Разгром» (《毁灭》, 1927). В нем Фадеев на основе жизненного опыта и личных впечатлений рассказывает о борьбе и судьбе небольшого партизанского отряда, возглавляемого

А. А. Фадеев

Левинсоном (莱奋生). Теме гражданской войны посвящен также неоконченный роман Фадеева «Последний из удэге» (《最后一个乌兑格人》, 1929 — 1940), в котором на фоне событий гражданской войны изображен представители различных сословий общества и описаны и исторические судьбы. В 1944 году он напечатал книгу «Ленинград в дни блокады», через год — роман «Молодая гвардия» (《青年近卫军》), настоящую эпопею о героических подвигах подпольной организации города Краснодона в период немецкой оккупации. Особенно глубоко открывается внутренний мир главных героев (Олег 奥列格 , Сережа 谢廖沙 , Ваня 万尼亚 , Уля 乌丽娅 , Люба 柳芭). Последний роман Фадеева «Черная металлургия» (《黑色冶金》), посвященный теме современности, остался незаконченным.

◇**Задания по тексту**

Задание 1 ▸ Ответьте на следующие вопросы.

1. Какие черты характера воплощены в образе Андрея Соколова?

2. В чем вы видите гуманизм и оптимизм рассказа «Судьба человека»?

3. В чем художественные особенности романа «Молодая гвардия»?

Задание 2 ▸ Расскажите о художественных особенности романа «Тихий Дон».

Урок 21　А. Н. Толстой

Алексей Николаевич Толстой (阿列克谢·尼古拉耶维奇·托尔斯泰, 1882 — 1945), русский прозаик и драматург. Его писательская карьера началась в 1907 публикацией первый сборника стихов «Лирика» (《抒情集》). В 1908 году Толстой напечатал свой второй сборники «За синими реками» (《蓝色河流后面》). Затем вышло другой сборник «Сорочьи сказки» (《喜鹊的故事》, 1910). Литературную славу писателю принесли его романы «Чудаки» (《怪人》, 1911) и «Хромой барин» (《跛老爷》, 1912). В 1918 году писатель уехал

А. Н. Толстой

за границу, за годы эмиграции Толстой написал несколько интересных произведений — «Детство Никиты» (《尼基塔的童年》), «Приключения Никиты Рощина» (《尼基塔·罗欣的奇遇》, оба 1922) и др. В них выражается глубокая вера писателя в любовь, доброту и справедливость. В эмиграции Толстой напечатал первую книгу трилогии «Хождение по мукам» (《苦难的历程》) — «Сестры» (《两姊妹》, 1919 — 1922). После эмиграции он написал следующие произведения: В 1920-х годах Толстой опубликовал ряд фантастических произведений: повесть «Аэлита» (《埃莉塔》, 1922 — 1923), пьесу «Бунт машин» (《机器暴动》, 1925) и роман «Гиперболоид инженера Гарина» (《加林工程师的双曲线》, 1925 — 1927). В рассказе «Голубые города» (《蔚蓝的城》, 1925) описывается противоборство современной науки и патриархальной российской деревни. Последние двадцатые и последующие годы Толстой посвятил работе надо второй и третьей книгами «Хождение по мукам» — «Восемнадцатый год» (《一九一八年》, 1929) и «Хмурое утро» (《阴暗的早晨》, 1941), это его важнейшее произведение, реалистическая картина жизни российского общества, в особенности интеллигенции, во время войны и революции. В то время он написал повесть «Хлеб» (《粮食》, 1935 — 1937). Его «Петр I» (《彼得大帝》) считается лучшим исто-рическим романом советского периода в истории русской литературы. Его «Рассказы Ивана Сударева» (《伊凡·苏达廖夫的故事》, 1942 — 1944), и особенно один из них «Русский характер» (《俄罗斯性格》) пользовались большой популярностью.

◆**Задания по тексту**

Задание **1** Ответьте на следующие вопросы.

1. Какие романы включает трилогия «Хождение по мукам»?

2. Как Алексей Толстой описывает начало революции от февраля до октября 1917 года?

Задание **2** Прочитайте «Хождение по мукам» и проанализируйте образы сестер Кати и Даши, укажите сходство и различие их характеров.

Урок 22   М. А. Булгаков

Михаил Афанасьевич Булгаков (米哈伊尔·阿法纳西耶维奇·布尔加科夫, 1891 — 1940) — русский писатель, романист, драматург. Автор четырёх романов, нескольких повестей и сборников рассказов и фельетонов, около двух десятков пьес. Свою литературную деятельность Булгаков начал с рассказов, фельетонов. 1920-е годы были самыми плодотворными годами в творчестве Булгакова. При создании раннего цикла рассказов «Записки юного врача» (《青年医生札记》, 1925 — 1926) писатель использовал факты из своей врачебной практики. Рассказ «Полотенце

М. А. Булгаков

с петухом» (《一条绣着公鸡的毛巾》) относится к этому циклу. Биографическая повесть «Записки на манжетах» (《袖口上的笔记》, 1923) глубоко лирична, она в юмористической форме выражает чувства и настроения писателя, живущего в Советской России. Гротесково-фантастические повести «Дьяволиада» (《魔障》, 1924) «Роковые яйца» (《不祥之蛋》, 1925) и «Собачье сердце» (《狗心》, 1925) обнаруживают характерную для Булгакова черту — мистицизм и едкий сарказм. В 1925 году Булгаков закончил роман «Белая гвардия» (《白卫军》). На его основе писатель создал на следующий год пьесу «Дни Турбиных» (《图尔宾一家的日子》). Он написал также пьесы «Зойкина квартира» (《卓伊卡的住宅》, 1926), «Бег» (《逃亡》, 1927), «Багровый остров» (《火红的岛》, 1928). В тридцатые годы одна за другой появляются новые пьесы «Адам и Ева» (《亚当与夏娃》, 1931), «Блаженство» (《无上幸福》, 1934), «Иван Васильевич» (《伊万·瓦西里耶维奇》, 1934 — 1936), «Александр Пушкин» (《亚历山大·普希金》, 1936), «Батум» (《巴土姆》, 1939). В 1936 — 1937 гг. писатель работает над незавершенным «Театральным романом» (《戏剧小说》). Вершинным творением писателя является его большой нравственно-сатирический и философский роман «Мастер и Маргарита» (《大师与玛格丽特》, 1929 — 1940). В этом романе сплавлены в нерасторжимое единство реальность и фантастика. В романе описывается история из библии: предательство Иуды (犹太), расправа Понтия Пилата (本丢·彼拉多) с евангельским Иешуа (耶稣). В содержание романа также входит несчастная судьба одаренного мастера и неизменная к нему любовь Маргариты (玛格丽特).

◇ **Задания по тексту**

Задание 1 Ответьте на следующие вопросы.

1. Какие произведения Булгакова вы знаете?

2. Что вы знаете о романе «Мастер и Маргарита»?

Задание 2 Прочитайте «Полотенце с петухом» и расскажите, какие должностные качества проявляетюный врач во время спасения раненой девушки.

Урок 23 А. Т. Твардовский

Александр Трифонович Твардовский (亚历山大·特里丰诺维奇·特瓦尔多夫斯基, 1910 — 1971), русский поэт. В 1924 году в газете напечатано его первое стихотворение «Новая изба» (《新农舍》). Первые поэмы «Путь к социализму» (《社会主义大道》, 1931), «Вступление» (《入社》, 1932 — 1933) и первое прозаическое произведение «Дневник председателя» (《农庄主席的日记》, 1932)посвящены теме коллективизации.

Серьезным этапом в поэтическом творчестве Тва-

А. Т. Твардовский

рдовского стала поэма «Страна Муравия» (《春草国》, 1934 — 1936). В лирике 30-х (сборники «Сельская хроника» (《农村纪事》, 1939) «Загорье» (《札戈里耶》, 1941), и др.) Твардовский стремился уловить изменения в характе-рах людей русской деревни, выразить владевшие ими чувства.

Во время Великой Отечественной войны 1941 — 1945 Твардовский работал во фронтовых газетах, публикуя в них стихи («Фронтовая хроника»《前线纪事》) и очерки. Ярчайшим выражением русского национального характера стала поэма «Василий Теркин) » (《瓦西里•焦尔金》, 1941 — 1945). .

Вершиной послевоенного творчества Твардовского стала поэма «Дом у дороги» (《路旁人家》, 1942 — 1946), отразившую «оборотную» сторону войны. Ос-ознанию всей меры жертв и подвигов народа посвящены и многие из после-военных стихотворений Твардовского: «Я убит подо Ржевом» (《我在尔热夫城郊牺牲》, 1946), «В тот день, когда окончилась война» (《在战争结束的那一天》) и др.

В послевоенные годы Твардовский все глубже и разностороннее осмысл-ивает исторические судьбы народа, «мир большой и трудный». Широким по охвату лирико-публицистическим произведением явилась поэма Твардовского «За далью-даль» (《山外青山天外天》, 1950 — 1960). Твардовский написал ряд расс-казов о судьбах отдельных людей: «На Ангаре» (《安卡拉河上》), «Так это было» (《有过这样的事》), стоят главы «Друг детства» (《童年的朋友》) и «Москва в пути» (《莫斯科在途中》). В сатирической поэме «Теркин на том свете» (《焦尔金游地府》, 1954 — 1963) представлены косность, бюрократизм, формализм. Напряженные раздумья о жизни, времени, людях характерны и для прозы Твардовского [книга «Родина и чужбина» (《祖国与异邦》, 1947); рассказ «Печники» (《砌炉师傅们》, 1958) и др.]. В последние годы творчества писатель еще написал такие произве-дения: «По праву памяти» (《凭借记忆的权利》, 1967 — 1969), сборники «Стихи из записной книжки» (《摘自记事本中的诗》, 1961), «Из лирики этих лет» (《近年抒情诗》, 1959 — 1967) и цикл «Из новых стихотворений» (《新诗选》, 1969).

◇ **Задания по тексту**

Задание 1 *Ответьте на следующие вопросы.*

1. Какой теме посвящена поэма «Страна Муравия»?

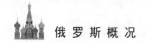

2. Какой образ создает автор в поэме «Василий Теркин»?

Задание 2 Прочитайте произведение Твордовокого и перескажите его
содержание.

Урок 24 Б. Л. Пастернак

Борис Леонидович Пастернак (鲍里斯·列昂尼多维
奇·帕斯捷尔纳克, 1890 — 1960), русский поэт, прозаик, переводчик. Его первые сборники стихов: «Близнец в тучах»(《在
云雾中双子星座》, 1914) «Поверх барьеров» (《在街垒之上》,
1916) отмечены влиянием символизма и футуризма. В 1922
выходит книга стихотворений «Сестра моя — жизнь» (《生活
是我的姐妹》), с этой книги начинается Пастернак как само-
бытное поэтическое явление. Затем вышел сборник «Темы
и вариации» (《主题与变调》, 1923), Пастернак начинает раб-

Б. Л. Пастернак

оту над романом в стихах «Спекторский» (《斯佩克托尔斯基》, 1925), в значительной мере автобиографическим. Первая поэма «Высокая болезнь» (《崇高的疾
病》) написана в 1923 году. Историко-революционные поэмы «Девятьсот пятый
год» (《1905 年》, 1926) и «Лейтенант Шмидт» (《施密特中尉》, 1927) посвящаются
демократической революции 1905 года.

В конце 10-х годов он начал писать роман, который, не будучи завершенн-
ым, стал повестью Детство Люверс (《柳威尔斯的童年》). В 1930 он написал прозаическую книгу «Охранная грамота» (《安全证书》). В 1931 отправляется на Кавказ,
в Грузию; кавказские впечатления нашли отражение в стихах, вошедших в
книгу «Второе рождение» (《第二次诞生》, 1932).

В военные годы, помимо переводов, Пастернак создает цикл стихов «На
ранних поездах» (《在早班车上》, 1943). После войны он опубликовал еще книгу
стихов «Земной простор» (《辽阔的大地》, 1945) и др.

Роман «Доктор Живаго» (《日瓦戈医生》)Пастернак писал долгие годы, завершив его в конце 1950-х. За этот роман, опубликованный в 1958 за границей,
Пастернак был удостоен Нобелевской премии «за выдающиеся заслуги в

современной лирической поэзии и на традиционном поприще великой русской прозы». Это история жизни Юрия Живаго (尤里·日瓦戈), врача и поэта, который становится свидетелем и участником первой мировой войны, революции, гражданской войны, первых лет сталинской эпохи. В то время когда над страной разражается революционная буря, Живаго обретает идиллический покой в трепетной любви к Ларе (拉拉), бывшей возлюбленной продажного дельца и жены революционера-фанатика.

Последняя книга стихотворений Пастернака «Когда разгуляется» (《到天晴时》, 1956 — 1959) — венец творчества Пастернака, его завет.

◇ **Задания по тексту**

Задание 1 *Ответьте на следующие вопросы.*

1. Какие сборник стихов Пастернак написал?

2. Какие поэмы Пастернака вы знаете?

Задание 2 Прочитайте поэму «Доктор Живаго» и расскажите о судьбе доктора Живаго и его мировоззрении в суровых испытаниях революции и войн.

Урок 25 В. М. Шукшин и Е. А. Евтушенко

Василий Макарович Шукшин (瓦西里·马卡罗维奇·舒克申, 1929 — 1974) — писатель, кинорежиссер, актер. Еще в институте он начинает сниматься и печататься, а по окончании одновременно режиссирует, снимается и печатает произведения в ведущих литературных журналах. В 1958 году Шукшин снимается в первой своей главной роли в фильме М. Хуциева «Два Федора» (《两个费多尔》). Затем следуют другие роли в фильмах «Золотой эшелон»

В. М. Шукшин

(《金色列车》, 1959), «Простая история» (《普通的故事》, 1960), «Когда деревья были большими» (《当小树成材的时候》), «Аленка» (《阿廖卡》), «Мишка, Серега и я» («Мишка、Серёжка и я», все — 1962) и др. Шукшин одновременно и писатель, и актер, и режиссер, но он прежде всего является писателем. в 1958 году в журнале «Смена»(《接班人》) напечатан рассказ «Двое на телеге»(《马车上的两个人》) — это первая публикация Шукшина в центральной печати. За шестнадцать лет творческой жизни он написал два исторических романа «Любавины» (《柳芭文一家》, 1963), «Я пришел дать вам волю» (《我来给你们自由》, 1969), пять повестей «Там, вдали»(《那里，在远方》, 1966), «Калина красная»(《红莓》, 1973), «Точка зрения»(《观点》, 1974), «До третьих петухов» (《鸡叫三遍以前》, 1974), «А поутру они проснулись»(《他们在清晨醒来》, 1974), пьесу «Энергичные люди»(《精力充沛的人们》, 1974), сборник публицистических статей «Нравственность есть правда»(《道德就是讲真话》, 1974), свыше ста десяти рассказов.

Евгений Александрович Евтушенко (叶甫盖尼·亚历山大洛维奇·叶夫图申科, 1933 —2017) — русский советский поэт, прозаик, киносценарист, кинорежиссер. Первый сборник стихов «Разведчики грядущего» появился В 1952 году, затем «Третий снег» (《第三次下雪》, 1955), «Шоссе энтузиастов» (《热情之路》, 1956). Не менее известными являются его последующие сборники стихов «Идут белые снеги» (《白雪纷飞》, 1959), «Интимная лирика» (《心理抒情诗》, 1973), «Отцовский слух» (《父亲的听力》, 1975) и др. Евтушенко также является автором поэм «Братская ГЭС» (《布拉茨克水

Е. А. Евтушенко

电站》, 1965), «Казанский университет» (《喀山大学》, 1971), «Под кожей статуи свободы» (《在自由女神的塑象下》, 1972), «Снег в Токио» (《东京的雪》, 1975), «Мама и нейтронная бомба» (《妈妈和中子弹》, 1982), киносценариев «Я — Куба» (《我是古巴》, 1963), «Детский сад»(《幼儿园》, 1982). Романы «Ягодные места» (《浆果处处》, 1981), «Не умирай прежде смерти» (《不要在死期到来前死去》, 1993) являются весьма важным литературным явлением в 1980-е и 1990-е годы. Евтушенко считают общепризнанным лидером и выдающимся представителеем «громкого», «эстрадного» направления (" 响派 " 或 " 大声疾呼派 ") советской поэзии 1960-х — начала 1970-х годов.

◇**Задания по тексту**

Задание 1 Ответьте на следующие вопросы.

1. Какие произведения Шукшин написал?

2. Что такое «громкое» направление советской поэзии 1960-х — начала 1970-х год ов?

Задание 2 Расскажите о художественных достоинствах шукшинских рассказов.

Урок 26   В. Г. Распутин

Валентин Григорьевич Распутин (瓦连京·格里戈里耶维奇·拉斯普京, 1937 — 2015) — писатель, публицист. Первые его произведения — это рассказы «Я забыл спросить у Лешки» (《我忘了问廖什卡》, 1961), «Продается медвежья шкура» (《出售熊皮》, 1966), «Василий и Василиса» (《瓦西里和瓦西里莎》, 1967) и др. в 1966 году вышли в свет две его книги очерков и рассказов «Край возле самого неба» (《天涯海角》) и «Костровые новых городов» (《新城的篝火》). Повесть «Деньги для Марии» (《为玛丽娅借钱》, 1967) считается «качест-

В. Г. Распутин

венным скачком» в творчестве Распутина. «Последний срок» (《最后的期限》, 1970), «Живи и помни» (《活着，就要记住》, 1975), «Прощание с Матерой» (《告别马焦拉》, 1977) — эти три повести относятся к числу лучших произведений «деревенской прозы» 1970-х годов. Повесть «Пожар» (《火灾》, 1985) в творчестве 1980-х годов Распутина занимает особое место. В 1995 году появилось несколько рассказов «Женский разговор» (《女人间的谈话》), «В больнице» (《在医院》), «В ту же землю» (《下葬》), посвященных актуальным темам современной жизни. Отличительной чертой творчества Распутина является слияние конкретно-бытовых и нравственно-философских обобщений.

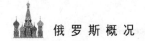
◇ **Задания по тексту**

Задание 1 Ответьте на следующие вопросы.

1. Чем вызвана трагедия Настены?

2. Что надо помнить по прочтению повести «Живи и помни»?

3. Что такое «деревенская проза»?

Задание 2 Расскажите о художественных чертах творчества Распутина.

Урок 27 В. П. Астафьев и Ч. Т. Айтматов

Виктор Петрович Астафьев (维克多·彼得洛维奇·阿斯塔菲耶夫, 1924 — 2001) — прозаик, драматург, журналист. В 1951 году Астафьев написал свой первый рассказ «Гражданский человек» (《公民》). Так начался литературный его путь. Тематика его работ очень обширна. В своих произведениях он рассказывает о Великой Отечественной войне повесть «Пастух и Пастушка» (《牧童与牧女》, 1971), роман «Проклятые и убитые» (《被诅咒的与被杀害的》, 1991 — 1994), «Так хочется жить» (《真想活啊》, 1995), о жизни в деревне «Ода русскому огороду»(《俄罗斯菜园颂》, 1972), по-

В. П. Астафьев

весть «Последний поклон» (《最后的致敬》, 1967 — 1992), об актуальных философских и социально-нравственных вопросах «Царь-рыба» (《 鱼 王 》, 1975), «Печальный детектив» (《悲伤的侦探》, 1986), взрослении человека «Перевал» (《山隘》, 1959), «Звезда» (《流星》, 1960), «Кража» (《盗窃》, 1966), «Зрячий посох» (《识途的拐杖》, 1990), повесть «Веселый солдат» (《快乐的士兵》, 1998).

Чингиз Терекулович Айтматов (钦吉斯·托列库洛维奇·艾托玛托夫, 1928 — 2008) — киргизский прозаик. Айматов начал печататься с 1952 года. В 1958 году была опубликована его повесть «Джамиля» (《查密莉雅》), которая принесла Айтматову широкую популярность. В 1961 году вышли

Ч. Т. Айтматов

в свет повести «Тополек мой в красной косынке» (《我的包着红头巾的小白杨》), «Первый учитель» (《第一位教师》) и «Верблюжий глаз» (《骆驼眼》). Потом эти четыре его ранних повести вошли в книгу «Повести гор и степей» (《群山和草原的故事》). Повесть «Прощай, Гульсары!» (《永别了，古利萨雷》, 1966) означает новый этап в творчестве Айтматова. Важными произведениями Айтматова в 1970-е годы являются «Белый пароход» (《白轮船》, 1970), «Ранние журавли» (《早来的仙鹤》, 1975), «Пегий пес, бегущий краем моря» (《花狗崖》, 1977). В романе «И дольше века длится день» (《一日长于百年》, 1980) автор сопрягает быстротекущий нынешний день с веком, а переломный исход нашего XX века — со временами минувшими и грядущими. «Плаха» (《死刑台》, 1986) — это роман об актуальных проблемах человечества в данный момент истории. В 1990-е годы Айтматов написал романы «Облако над Чингисханом» (《成吉思汗的白云》, 1990), «Тавро Кассандры» (《卡桑德拉印记》, 1994) и др. В 2006 году вышла новая книга «Когда падают горы» (《群峰颠崩之时》).

◇ **Задания по тексту**

Задание 1 Ответьте на следующие вопросы.

1. На какие темы Астафьев пишет?

2. Чем выделяется творчество Астафьева?

3. Чем отличается творчество Айтматова?

Задание 2 Прочитайте повесть «Джамиля» и расскажите, какие черты характера у Джамилии.

Урок 28 И. А. Бунин и М. И. Цветаева

Иван Алексеевич Бунин (伊万·阿列克谢耶维奇·布宁, 1870 — 1953) — прозаик, поэт, переводчик, публицист. В 1887 году Бунин начал печататься в журналах, с этого времени он связал свою жизнь с литературой. В 90-е годы Бунин создал много произведений в традициях реализма: «На краю света» (《天边》, 1897), «Под открытом небом» (《在开阔的天空下》), «Скорпион» (《蝎子》, 1900), «Листопад» (《落叶集》, 1901), «Антоновские яблоки» (《安东诺夫卡的苹果》,

1900). В первые два десятилетия XX века Бунин написал ряд реалистических рассказов и повестей «Деревня» (《乡村》, 1909 — 1910), «Веселый двор» (《欢乐的庭院》, 1911), «Ночной разговор» (《夜话》, 1911), «Суходол» (《苏霍多尔》, 1911), «Братья» (《弟兄们》, 1914), «Господин из Сан-Франциско» (《从旧金山来的先生》, 1915) и др. «Митина любовь» (《米佳的爱情》, 1924), «Солнечный удар»(《中暑》, 1925), «День корнета Елагина» (《叶拉京骑兵少尉案件》, 1925), «Жизнь Арсеньева» (《阿尔谢尼耶夫的一生》, 1927 — 1929 и 1933), «Темные

И. А. Бунин

аллеи» (《幽暗的林间小径》, 1943) — эти произведения, созданные Буниным в эмиграции, знаменовали новые достижения в его творчестве. В 1933 году Бунину присуждена Нобелевская премия «за правдивый артистичный талант, с которым он воссоздал в художественной прозе типичный русский характер».

Марина Ивановна Цветаева (玛丽娜•伊万诺夫那•茨维塔耶娃, 1892 — 1941) — поэт. Первым плодом поэтического труда был сборник стихов «Вечерний альбом» (《黄昏纪念册》, 1910). Второй сборник стихов «Волшебный фонарь» (《魔灯》, 1912) имеет общие темы и одинаковые разделы. А третья книга стихов «Из двух книг» (《选自两本书》, 1913) является объединением первых двух сборников. «Версты Ⅰ», (《里程碑Ⅰ》, 1916) и «Версты Ⅱ» (《里程碑Ⅱ》, 1917 — 1920) являются новой ступенькой в стихотворном творчестве поэтессы. Цветаева является замечательным художником

М. И. Цветаева

женской любви, любви неустроенной и безнадежной. Среди любовных произведений особенно выделяются «Поэма Горы» (《山之歌》) и «Поэма Конца» (《终结之歌》, 1924), это была своеобразная лирико-трагедийная поэтическая дилогия. «Лебединый стан» (《天鹅营》)является едва ли не единственной ее книгой-откликом на революционные события и гражданскую войну.

◇ **Задания по тексту**

Задание ➊ Ответьте на следующие вопросы.

1. На какие темы Бунин любит писать?

2. В чем художественные черты произведений Бунина?

3. Какие художественные черты наблюдаются в творчестве Цветаевой?

Задание 2 Прочитайте «Темные аллеи» и расскажите, в чем нравственно-философское содержание новеллы.

Урок 29 В. В. Набоков и И. А. Бродский

Владимир Владимирович Набоков (弗拉基米尔·弗拉基米洛维奇·纳博科夫, 1899 — 1977) — писатель, публицист, литературовед. Еще в юности он начинает выпускать стихотворения. Он еще написал множество рассказов, пьес, критических статей. Одним из наиболее интересных рассказов является «Лебеда» (《滨藜》, 1926). Славу одаренного молодого писателя русского зарубежья принесли ему русские романы «Машенька» (《玛申卡》, 1926), «Защита Лужина» (《防守》, 1929), «Отчаяние» (《绝望》, 1934), «Приглашение на казнь» (《应邀赴刑场》, 1936) и др. Еще до отъезда

В. В. Набоков

в Америку закончен первый оригинальный англоязычный роман «Истинная жизнь Себастьяна Найта» (《塞巴斯蒂安·奈特的真实生活》). Шумный успех приходит к писателю в конце 50-х годов после публикации во Франции романа «Лолита» (《洛丽塔》, 1955), написанного на английском языке. Последний период творчества писателя отмечен появлением таких англоязычных шедевров, как «Бледный огонь» (《苍白的火》), «Ада, или страсть» (《阿达》, 1969). С середины 60-х годов Набоков возвращается к русском языку, появляется русский авторский перевод «Лолита», а в 1971 году — двуязычный сборник лирических стихотворений «Стихи и задачи» (《诗与棋谱》).

Иосиф Александрович Бродский (约瑟夫·亚历山大洛维奇·布罗茨基, 1940 — 1996) — поэт, прозаик, драматург, переводчик. В 1965 году в Нью-Йорке выходит первая книга Бродского на русском языке «Стихотворения и поэмы» (《韵

И. А. Бродский

文与诗》). В период ссылки им написаны такие известные стихотворения, как «Одной поэтессе» (《致一位女诗人》), «Новые стансы к Августе» (《献给奥古斯都的新章》), «Письмо в бутылке» (《瓶中信》), «Гвоздика» (《石竹》), «Пророчество» (《预言》), «Дни бегут надо мной...» (《日子从我头上滑过》) и другие. В 1970 году выходит его сборник стихотворений и поэм Бродского «Остановка в пустыне» (《荒野中停留》). В 1975 году к 200-летию США написано программное стихотворение «Колыбельная Трескового мыса» (《科德角摇篮曲》). В 1977 году публикуются два важнейших сборника стихотворений Бродского «Конец прекрасной эпохи» (《美好时代的终结》, 1964 — 1971) и «Часть речи» (《言辞的片段》, 1972 — 1976). После путешествия в Бразилию Бродским написано эссе «После путешествия, или Посвящается позвоночнику» (《一次旅行之后》, 1978). В 80-е годы опубликована книга лирики Бродского «Новые стансы к Августе. Стихи к М.Б. 1962 — 1982» и пьеса Бродского «Мрамор» (《大理石》), а его английская книга «Less then one» («Меньше чем единица» 《小于一》) признана лучшей литературно-критической книгой года в Америке. В 1987 году Бродский становится Нобелевским лауреатом по литературе (вслед за Буниным и Пастернаком он становится третьим русским поэтом, получившим Нобелевскую премию): «за всеохватное авторство, исполненное ясности мысли и поэтической глубины». (Бродский — один из самых молодых лауреатов Нобелевской премии за все годы ее присуждения). В 1994 году написано эссе «Дань Марку Аврелию» (《向马可·奥利乌里斯致敬》) и «О скорби и разуме» (《论悲伤与理智》), второе дало заглавие сборнику его английских эссе (1995).

◇ **Задания по тексту**

Задание 1 Ответьте на следующие вопросы.

1. Чем отличается творчество Набокова?
2. В чем философский и нравственный смысл рассказа «Лебеда»?
3. За что Бродскому присуждена Нобелевская премия?

Задание 2 Прочитайте «Темные аллеи» и расскажите, в чем нравственно-философское содержание новеллы.

Урок 30   А. И. Солженицын

Александр Исаевич Солженицын (亚历山大 • 伊萨
耶维奇 • 索尔仁尼琴, 1918 — 2008) — писатель, публицист и
историк. Первая книга Солженицына, публикацию которой
санкционировал лично Хрущев, это повесть «Один день
Ивана Денисовича» (《 伊万 • 杰尼索维奇的一天 》, 1962).
Книга рассказывает об одном лагерном дне заключенного
Ивана Денисовича Шухова (伊万 • 杰尼索维奇 • 舒霍夫).
Писательскую славу закрепляет рассказ «Матренин двор»
(《 玛特廖娜的家 》, 1963). Писатель на фоне погибающего,

А. И. Солженицын

обреченного на вымирание крестьянского двора создает образ народного
праведника, старой крестьянки Матрены (玛特廖娜), раскрывает ценнейшее ку-
льтурное и духовнонравственное начало, кроющееся в русском народе. Рассказ
является одним из тех литературных произведений, которые положили начало
такому исторически значительному явлению русской литературы XX века,
как деревенская проза. В том же году выходят рассказы «Случай на станции
Кочетовка» (《 克列切托夫卡车站事件 》), «Для пользы дела 《为了事业的利益》). В
это время начинается и работа над романами «Архипелаг ГУЛАГ» (《 古拉格群
岛 》, 1968), «Раковый корпус» (《 癌症楼 》, 1966), продолжается начатый в 1950-е
годы роман «В круге первом» (《 第一圈 》), а через год пишется историческая эпопея
«Красное колесо» (《 红轮 》). Итоговой книгой Солженицына большинство крит-
иков считает многотомное «Красное Колесо», которое состоит из четырех узлов:
«Август четырнадцатого» (《 1914 年 8 月 》, 1990), «Октябрь шестнадцатого»(《1916
年 10 月 》, 1990), «Март семнадцатого» (《 1917 年 3 月 》, 1991), «Апрель семнадцатого» (《 1917 年 4 月 》). В 1966 году появляется рассказ «Захар Калита» (《 带围腰的
扎哈尔 》). В 1988 году публикуется в Советской Союзе роман «Архипелаг ГУЛАГ»,
в 1990 году — романы «В круге первом» «Раковый корпус» «Красное Колесо». В
1991 году опубликованы очерки литературной жизни Солженицына «Бодался
теленок с дубом» (《 牛犊顶橡树 》). Перу Солженицына также принадлежат драм-
атургические произведения «Знают истину танки» (《 坦克了解真相 》), «Пир побе-
дителей» (《 胜利者的宴会 》), «Республика труда» (《 劳动的共和国 》).

В 1970 году Солженицыну присуждена Нобелевская премия. В 1974 году он лишен советского гражданства и выслан в Западную Германию. Во время горбачевской перестройки в 1988 году Солженицын восстановлен в правах гражданина СССР. 1990 год считается в России годом Солженицына. В 1994 году он возвращается в Россию насовсем. В известных статьях «Как нам обустроить Россию» (《我们应当如何重建俄罗斯》, 1990) и «Русский вопрос к концу XX века» (《20世纪末的俄罗斯问题》, 1994), опубликованных на родине после возвращения в Россию, автор обращается к российском обществу с предложениями о пути развития и процветания великой Руси. Новая публицистическая книга «Россия в обвале» (《倾塌的俄罗斯》, 1998) посвящается темам о нынешнем состоянии и судьбе русского народа.

◇Задания по тексту

Задание 1 Ответьте на следующие вопросы.

1. Почему Солженицын считают сложным и спорным писателем?

2. Почему писатель считает Матрену «праведником»?

3. Чем отличается творчество Солженицын?

Задание 2 Прочитайте «Матренин двор» и расскажите, в чем философский и нравственный смысл праведничества в понимании писателя?

Русская культура

Урок 1   Русские живописцы

Основополагающее значение для всего русского искусства нового времени имеет эпоха Петра I. Суть петровских преобразований в области культуры — ее «обмирщение» (世俗化). Это значит, что искусство становится светским, оно перестает обслуживать интересы только религиозного культа. Преобразуется самый состав искусства, появляются новые виды художественной деятельности, жанры, наконец, меняется изобразительный язык. Основой живописи становится наблюдение, изучение форм земной природы и человека, а не следование канонизированным образцам, как в средневековье.

Среди жанров живописи начиная с петровского времени и на протяжении всего XVIII в. ведущим становится портрет. Творчество двух русских портретистов — И. Н. Никитина (尼基京) и А. М. Матвеева (马特维耶夫) знаменует рождение собственно психологического портрета. Свидетельством зрелости русского искусства, достигнутой во второй половине XVIII в., является разнообразие творческих индивидуальностей, сказывающееся, например, в различии художественной стилистики двух крупнейших мастеров живописного портрета — Ф. С. Рокотова (罗科托夫) и Д. Г. Левицкого (列维茨基). Живопись Левицкого исполнена блеска, упоения зримой красотой материального мира, увлекает жизненной полно-кровностью, поразительным разнообразием воссоздаваемых человеческих типов, богатством эмоциональных интонаций — торжественности, грации, лукавства, гордости, кокетства и т. д. Рокотов в лучших портретах 1770-х гг. предстает мастером интимной характеристики, проявляющейся в нюансах и оттенках выражения лиц, таинственно мерцающих из сумрака живописных фонов. Творчество В. Л. Боровиковского (波罗维科夫斯基), завершающее блестящий расцвет портретного искусства XVIII в., отмечено воздействием идей и настроений сентиментализма.

С наступлением XIX в. в русском искусстве происходят существенные изменения. Начало века ознаменовано рождением нового художественного течения — романтизма (浪漫主义), первым выразителем которого стал О. А. Кипренский (吉普林斯基). Открытием пленэрного письма в пейзаже русская живопись обязана С. Ф. Щедрину (谢德林). А. Г. Венецианов (维涅茨安诺夫) становится родоначальником русского бытового жанра (风俗画). Впервые обратившись к изображению крестьянской жизни, он показал ее как мир, исполненный гармонии, величия и красоты. Вопреки существовавшему в академической эстетике противопоставлению «натуры простой» и «натуры из-ящной» изящное было открыто в такой сфере деятельности, которая прежде считалась недостойной искусства. В живописи Венецианова впервые зазвучала проникновенная лирика русской сельской природы. Эта линия искусства достигает кульминации в творчестве П. А. Федотова (费多托夫), который вносит в бытовую картину конфликт, развитое драматургическое действие с сатирической социальной подоплекой, заставляя внешнее окружение служить целям социальной, нравственной, а позднее и психологической характеристики героев.

Переосмысление традиционных форм академической школы порождает такие монументальные творения в исторической живописи, как «Последний день Помпеи» (《庞贝的末日》) К. П. Брюллова (布留洛夫), с одной стороны, и «Явление Христа народу» (《基督在人民面前显圣》) А. А. Иванова (伊万诺夫), с другой. Иванов обогатил живопись углубленной психологической разработкой, открытием нового, этюдного метода работы над большим полотном.

С началом 1860-х гг., со времени отмены крепостного права, русское искусство получает острую критическую направленность и тем самым говорит о необходимости коренных общественных преобразований. Искусство заявляло об этом, изображая зло социальной несправедливости, обличая пороки и язвы-общества (большинство произведений В. Г. Перова (佩罗夫) 1860-х гг.). Оно противопоставляло застою современной жизни преобразовательную мощь переломных исторических эпох (картины В. И. Сурикова (苏里科夫) 1880-х гг.).

Соединение правды характеров и обстоятельств с правдивым изображением жизни в тех формах, в каких она воспринимается в обычном, повседневном опыте, составляет особенность критического, или демократического, реализма (现实主义), в русле которого развивается передовое русское искусство с начала 1860-х гг. Питательную среду и основную аудиторию этого нового искусства составляла разночинная интеллигенция. Расцвет демократического реализма второй половины XIX в. связан с деятельностью основанного в 1870 г. Товарищества передвижных художественных выставок (巡回画展协会). Идейным вождем и организатором передвижников был И. Н. Крамской (克拉姆斯柯依), один из самых глубоких художников, талантливый теоретик, критик и педагог. Под его направляющим влиянием ТПХВ способствовало консолидации передовых художественных сил, расширению и демократизации зрительской аудитории благодаря доступности художественного языка, всестороннему охвату явлений народной жизни, умению сделать искусство социально чутким, способным выдвигать темы и вопросы, волнующие общество в данный исторический момент.

В 1860-е гг. доминировала жанровая живопись, в 1870-е — в творчестве передвижников возрастает роль портрета (В. Г. Перов, И. Н. Крамской, Н. А. Ярошенко (亚罗申科) и пейзажа (А. К. Саврасов, И. И. Левитан, И. И. Шишкин, А. И. Куинджи, В. Д. Поленов). Большая роль в пропаганде искусства передвижников принадлежала выдающемуся художественному критику и историку искусства В. В. Стасову (斯塔索夫). В это же время развивается собирательная деятельность П. М. Третьякова (特列季亚科夫). Его галерея (Третьяковская галерея 特列季亚科夫画廊) становится оплотом новой, реалистической школы, профиль его коллекции определяют произведения передвижников.

Следующий период русского искусства — конец XIX — начало XX в. 1880-е годы были переходным десятилетием, когда достигает своих вершин передвижнический реализм в творчестве И. Е. Репина и В. И. Сурикова. В эти годы были созданы такие шедевры русской живописи, как «Утро стрелецкой казни» «Боярыня Морозова» В. И. Сурикова, «Крестный ход в Курской губернии» «Арест пропагандиста» «Не ждали» И. Е. Репина. Рядом с ними уже выступают художники нового поколения с иной творческой программой — В. А. Серов, М. А. Врубель (弗鲁别利), К. А. Коровин (科罗温). Противоречия поздне-буржуазного капиталистического развития оказывают свое воздействие на духовную жизнь общества. В сознании художников действительный мир отмечен клеймом буржуазного корыстолюбия и мелочности интересов. Гармонию и красоту начинают искать за пределами кажущейся прозаической действительности — в области художественной фантазии. На этой основе оживает интерес к сказочным, аллегорическим и мифологическим сюжетам (В. М. Васнецов, М. В. Нестеров, М. А. Врубель), что влечет к поискам такой художественной формы, которая способна переводить воображение зрителя в сферу фольклорных представлений, воспоминаний о прошлом или смутных предчувствий будущего. Преобладание образов и форм, косвенно выражающих содержание современности, над формами ее прямого отображения — одна из отличительных особенностей искусства конца XIX — начала XX в. Усложненностью художественного языка характеризуется творчество представителей «Мира искусства» (《艺术世界》) — художественной группировки, оформившейся на рубеже XIX — XX вв.

Необычайно широк спектр художественных традиций, к которым обращается искусство XX в. Наряду с продолжающим свою жизнь передвижничеством существует вариант импрессионистической живописи (印象派) у мастеров Союза русских художников (俄罗斯画家联盟), символизм (象征派), представленный творчеством В. Э. Борисова-Мусатова (鲍里索夫-穆萨托夫) и художников объединения «Голубая роза» (《蓝玫瑰》). творчестве мастеров этого направления — П. П. Кончаловского (孔恰洛夫斯基), И. И. Машкова (马什科夫), А. В. Лентулова (连图洛夫) — значительно возрастает роль натюрморта (静物写生). Традиции древнерусской живописи получают новое преломление в искусстве К. С. Петрова-Водкина(彼得罗夫-沃德金).

Брюллов Карл Павловича (布留洛夫, 1799 — 1852) русский художник, живописец, монументалист, акварелист, представитель академизма. В 1823 — 1835 и с 1850 гг. жил в Италии. Творчество К. П. Брюллова стало вершиной позднего русского романтизма, когда чувство гармонической цельности и красоты мира сменилось ощущением трагизма и конфликтности жизни, интересом к сильным страстям, необычайным темам и ситуациям. На первый план вновь выдвигается историческая картина, но теперь её главная тема — не борьба героев, как в классицизме, а судьбы огромных человеческих масс. В своем центральном произведении «Последний день Помпеи» Брюллов соединил драматизм действия, романтические эффекты освещения и скульптурную, классически совершенную пластику фигур. Картина принесла художнику огромную известность как в России, так и в Европе. Выдающийся мастер как парадного, так и камерного портрета, Брюллов совершил в своём творчестве показательную для эпохи романтизма эволюцию — от радостного приятия жизни ранних произведений «Всадница» (《女骑士》, 1832) до усложнённого психологизма поздних «Автопортрет» (《自画像》, 1848), предвосхитив достижения мастеров второй половины века, например, таких как И. Е. Репин («Портрет М. П. Мусоргского», 1881). Брюллов оказал огромное влияние на русских художников, среди которых у него было множество последователей и подражателей.

Васнецов Виктор Михайловича (瓦斯涅佐夫, 1848 — 1926) живописец. Передвижник. В творчестве Васнецова ярко представлены разные жанры, ставшие этапами очень интересной эволюции: от бытописательства к сказке, от станковой живописи к монументальной, от приземленности передвижников к прообразу стиля модерн. На раннем этапе в работах Васнецова преобладали бытовые сюжеты. Позже лирические или монументально-эпические полотна на темы русской истории, народных былин и сказок «После побоища Игоря Святославовича с половцами» (《伊戈尔与波罗维茨人之战后》, 1880), «Витязь на распутье» (《叉道口上的勇士》, 1882), «Аленушка» (《阿廖努什卡》, 1881), «Богатыри» (《三勇士》, 1881 — 1898), «Иван-царевич на Сером Волке» (《骑灰狼的伊万王子》, 1889). Выступал как театральный художник («Снегурочка» (《雪姑娘》, А. Н. Островского, 1882 — 1886) и живописец-монументалист (росписи Владимирского собора в Киеве, 1885 — 1896).

Крамской Иван Николаевич (克拉姆斯柯依, 1837 — 1887) живописец. Один из создателей Артели художников и Товарищества передвижников, утверждавший принципы реалистического искусства. Замечательны по точности социальной и психологичности характеристики портреты деятелей русской культуры «Л. Толстой» (《列夫•托尔斯泰像》, 1873), «Некрасов» (《涅克拉索夫像》, 1877) и крест-ьян «Полесовщик» (《护林人》, 1874). «Неизвестная» (《无名女郎》, 1883) считается одним из наиболее значительных и известных произведений Ивана Крамского. Тематические полотна посвящены философско-этическим проблемам «Христос в пустыне» (《荒漠上的基督》, 1872), раскрытию сложных душевных движений «Н-еутешное горе» (《无法慰藉的悲痛》, 1884).

Левитан Иссак Ильич (列维坦, 1860 — 1900) живописец-передвижник. Со-здатель «пейзажа настроения» (情绪风景画), которому присущи богатство поэти-ческих ассоциаций, мажорность «Март» (《三月》, 1895); «Озеро. Русь» (《湖, 罗斯》, 1900) или скорбная одухотворенность образа «Над вечным покоем» (《永恒的寂静》, 1893 — 1894), обретающая в картине «Владимирка» (《弗拉基米尔大道》, 1892) социально-критическую окраску. Раскрытие тончайших состояний природы, пленэрная, тонко нюансированная живопись. Его называют поэтом русской природы (俄罗斯大自然的诗人). Гл. произведения: «У омута» (《深水潭边》), «Золотая осень» (《金色的秋天》), «Весна — большая вода» (《春 —— 春潮》), «Вечерний звон» (《晚钟》), «Лунная ночь, Деревня» (《月夜, 农村》), «Сумерки» (《黄昏》), «Березовая роща» (《白桦林》) и др.

Репин Илья Ефимович (列宾, 1844 — 1930) живописец-передвижник. Об-личая угнетение народа, показывал его могучие силы и духовную красоту («Бурлаки на Волге» (《伏尔加河上的纤夫》, 1870 — 1873), «Крестный ход в Курс-кой губернии» (《库尔斯克省的宗教行列》, 1880 — 1883), рус. рев. движение «Арест пропагандиста» (《宣传者被捕》, 1880 — 1892), «Не ждали» (《不期而归》, 1884 — 1888). В ист. картинах раскрывал трагич. конфликты «Иван Грозный и сын его Иван» (《伊凡雷帝杀子》, 1885), прославлял нар. Вольнолюбие «Запорожцы пишут письмо тур. султану» (《查波罗什人复信土耳其苏丹》, 1878 — 1891). Замечат. по социальной и психол. Характеристике портреты «Протодьякон» (《祭司长》, 1877), «Мусоргский» (《穆索尔斯基像》, 1881), «Стрепетова» (《斯特列别托娃像》, 1882).

Серов Валентин Александрович (谢罗夫, 1865 — 1911) живописец и график. Член Товарищества передвижных художественных выставок, «Мира искусства». Жизненной свежестью, богатством пленэрного колорита отличаются ранние произведения «Девочка с персиками» (《女孩与桃子》, 1887)и «Девушка, освещённая солнцем» (《阳光下的少女》, 1888). Портретам зрелого пе-риода присущи отточенная выразительность и лаконизм, подчёркнутая острота характеристик «М. Н. Ермолова» (《叶尔莫洛娃像》, 1905), «В. О. Гиршман» (《吉勒什曼像》, 1910 — 1911); пейзажи «Октябрь» (《十月》, 1895) передают настроение тихой сосредоточенности, исторические композиции «Пётр I» (《彼得大帝》, 1907) — энергию и созидатель-ный дух персонажей.

Суриков Василий Иванович (苏里科夫, 1848 — 1916) живописец. Перед-вижник. В монументальных полотнах, посвященных переломных моментам, напряженным конфликтам русской истории, главным героем показал народную массу, богатую яркими индивидуальностями, исполненную сильных чувств. Глубокие по пониманию противоречий исторического процесса произведения Сурикова («Утро стрелецкой казни» (《近卫军临刑的早晨》, 1881), «Меншиков в Березове» (《缅希科夫在别廖佐夫镇》, 1883), «Боярыня Морозова»(《女贵族莫洛佐娃》, 1887), «Покорение Сибири Ермаком» (《叶尔马克征服西伯利亚》, 1895) отличаются широтой и полифоничностью композиции, яркостью и насыщенностью колорита.

Шишкин Иван Иванович (希什金, 1832 — 1898) живописец и график. Чл-ен Товарищества передвижных художественных выставок. В эпических образах: «Рожь» (《麦田》, 1878), «Утро в сосновом лесу» (《松林的早晨》, 1889), «Корабельная роща» (《船材林》, 1898), раскрывая красоту, мощь и богатство русской природы (преимущественно лесной), стремился к точной передаче бесконечного разнообразия форм растительного мира. Добиваясь живописно-тонального единства композиции, обращался подчас к мотивам изменчивого состояния природы «Сосны, освещённые солнцем» (《阳光照耀的松林》, 1886). Мастер лито-графии и офорта.

Новые слова

1. канонизированный 被尊为圣者的
2. знаменовать 标志
3. индивидуальность 个性，特性
4. лукавство 耍滑；调皮
5. семнтиментализм 感伤主义
6. пленэрный 外光画的
7. родоначальник 创始人，奠基者
8. полотно 麻布；油画
9. консолидация 统一；结合
10. клеймо 印记，标志
11. буржуазный 资产阶级的
12. корыстолюбие 贪图私利
13. монументалист 雕塑家
14. акварелист 水彩画家
15. академизм 学院派
16. мажорность 明快
17. полифоничность 多样性
18. насыщенность 饱和，丰满
19. колорит 色调，色彩
20. литография 石板印刷术，石印所，石印品
21. офорт 铜版画

Задания по тексту

Задание 1 Ответьте на следующие вопросы.

1. Что такое «Передвижные выставки»?
2. Какие картины написал Репин?

Задание 2 Расскажите об известных живописцах и их картинах.

Урок 2　Русские композиторы

Мелодичное пение птиц, тихий шепот деревьев и рёв горных ручьев сопровождали род человеческий от начала времён. Люди выросли в гармонии природной музыки и со временем начали музицировать, подражая природе. Эстафету создания музыкальных произведений в 18 веке переняли русские композиторы и добились небывалых высот в создании музыкальных шедевров.

Первые композиторы начали появляться с развитием в начале 18 века русской композиторской школы. Описывая этот период, не приходится говорить о собственных композиторских достижениях, поскольку в большинстве своём русские композиторы подражали и копировали достижения западной культуры. Так начался первый этап становления национальной композиторской традиции. Представителем русских композиторов этого периода был Бортнянский (博尔特尼扬斯基, 1751 — 1825), который копировал в своих произведениях творчество Вивальди.

В первой половине 19 века Михаил Иванович Глинка (格林卡, 1804 — 1857) внёс неоценимый вклад в развитие русской композиторской школы, за что, и считается первым великим русским композитором, который сумел внедрить в музыкальные произведения русскую национальную традицию. Русские мелодии и интонации умело сочетаются в его гениальных произведениях с современными композиторскими направлениями Европы того времени. Биография русского композитора Михаила Глинки достойна того, чтобы её увековечили в веках и изучали все поколения русского народа. Глинка-родоначальник русской классической музыки. Автор опер «Жизнь за царя» («为沙皇献身»), «Иван Сусанин» («伊万·苏萨宁», 1836) и «Руслан и Людмила» («鲁斯兰和柳德米拉», 1842), которые положили начало двум направлениям русской оперы — народной музыкальной драме и опере-сказке, опере-былине. Симфонические сочинения: «Камаринская» («卡玛琳斯卡娅», 1848), «Испанские увертюры» («Арагонская хота» («阿拉贡霍塔», 1845) и «Ночь в Мадриде» («马德里之夜», 1851), заложили основы русского симфонизма. «Патриотическая песня» («爱国歌», 1833) Глинки стала музыкальной основой государственного гимна Российской Федерации (1991 — 2000).

Если конец XVIII века был для России временем создания профессиональной композиторской школы, а первая половина XIX столетия, отмеченная гением Глинки, утвердила значение русской классической музыки за пределами России, то теперь русская музыка становится одной из ведущих музыкальных культур, определяющих дальнейшее развитие всего европейского музыкального искусства.

В этот период появляется целая плеяда выдающихся композиторов, многосторонне и глубоко отражающих в своем творчестве жизнь русского общества. К указанному двадцатилетию относится создание таких бессмертных произведений, как оперы «Борис Годунов» и «Хованщина» Мусоргского,

«Князь Игорь» Бородина, «Псковитянка»Римского-Корсакова, «Евгений Онегин» Чайковского, балет Чайковского «Лебединое озеро», Первая и Вторая симфонии Бородина, первые четыре симфонии Чайковского и многое другое.

Могучая кучка. Вторая половина XIX века— время возникновения товарищества, получившее с легкой рукой критика В.В.Стасова, наименование «Могучая кучка». В него входили М. А. Балакирев, Ц. А. Кюи, М. П. Мусоргский, Н. А. Римский-Корсаков, А. П. Бородин.

Могучая кучка — выдающееся явление русского искусства. Она оставила глубокий след во многих сферах культурной жизни России — и не только России. В следующих поколениях музыкантов — вплоть до нашего времени — немало прямых наследников Мусоргского, Бородина,Римского-Корсакова, Балакирева. Объединявшие их идеи, их прогрессивные воззрения явились образцом для передовых деятелей искусства на долгие годы.

Чайковский не входил в могучую кучку, но многое роднило его с куч стами(например, любовное отношение к фольклору, сочинение программных симфонических произведений). Однако в целом композиторы «Могучей кучки» и Чайковский пошли разными путями, хотя оставались равно представителями самых демократических тенденций в русской музыке XIX века. Главными темами в творчестве кучкистов стали жизнь русского народа, история, народные поверья и сказания, а основой их музыкального языка явилась крестьянская песня. Чайковский же наиболее полно проявил себя как лирик, и музыкальный язык его сформировался на основе глубокого претворения городского песенно-романсного стиля.

Главой и руководителем Могучей кучки был Милий Алексеевич Балакирев (巴拉基列夫,1837 — 1910). Он является одним из основателей (1862) и руководи-тель (1868 — 1873 и 1881 — 1908) Бесплатной музыкальной школы. С 1867 года по 1869 год — дирижер Русского музыкального общества, а с 1883 по 1894 управляющий Придворной певческой капеллой. Самые известные его произведения — это «Увертюра на темы трех русских песен» (3 首以俄罗斯旋律写成的序曲,1858), симфонические поэмы «Тамара» (《塔玛拉》,1882), «Русь» (《罗斯》, 1887), «В Чехии» (1905), восточная фантазия для фортепиано «Исламей» (《伊斯拉美》,1869), романсы, обработки русских народных песен и др.

Цезарь Антонович Кюи (居伊 , 1835 — 1918), российский композитор, член «Могучей кучки», музыкальный критик, ученый в области фортификации, инженер-генерал. Пропагандист творчества М. И. Глинки, А.С. Даргомыжского, современных ему русских композиторов. Основные его произведения — это оперы «Сын мандарина» (1859), «Вильям Ратклиф» (《威廉•拉特克利夫》, 1868), а также романсы.

Модест Петрович Мусоргский (穆索尔斯基 , 1839 — 1881), российский композитор, член «Могучей кучки». Создал монументальные народные музыкальные драмы «Борис Годунов» (《鲍里斯•戈都诺夫》, 1869) и «Хованщина» (《霍万兴那》, 1872 — 1880, завершена Н. А. Римским-Корсаковым, 1883). Запечатлел живые человеческие образы также в песнях — драматических сценках, в которых обращался к социально острым темам из народной жизни («Калистрат», «Сиротка» и др.). Среди сочинений: опера «Сорочинская ярмарка» (《索洛钦集市》)(1874 — 1880, окончена Ц. А. Кюи, 1916), фортепианный цикл «Картинки с выставки» (《展览会图画》, 1874), вокальные циклы «Детская» (1872), «Без солнца» (1874), «Песни и пляски смерти» (1877) и др.

Николай Андреевич Римский-Корсаков (里姆斯基 - 科萨科夫 , 1844 — 1908), российский композитор, дирижер, музыкально-общественный деятель. Член «Могучей кучки». Живописно-изобразительный характер музыки, особой чистоты лирика присущи произведениям, связанным с миром сказки, с поэзией русской природы, картинами народного быта; немаловажна роль и образов Востока.Римский-Корсаков — мастер инструментовки, новатор гармонии. 15 опер (эпические,сказочные, историко-бытовые и др.), в том числе «Псковитянка» (《普斯科夫的姑娘》, 1872), «Майская ночь» (《五月之夜》, 1879), «Снегурочка» (《雪姑娘》, 1881), «Садко» (《萨特阔》, 1896), «Царская невеста»(《沙皇的未婚妻》, 1898), «Кащей бессмертный» (《不死的卡谢》, 1902), «Сказание о невидимом граде Китеже...» (《隐城基捷日与费芙罗尼亚姑娘的传奇》, 1904), «Золотой петушок» (《金公鸡》, 1907), «Испанское каприччио» (《西班牙随想曲》, 1887), «Шехеразада» (《舍赫拉查德》, 1888) и другие сочинения для оркестра, романсы, обработки русских народных песен и др. Завершил ряд произведений М. П. Мусоргского, А. П. Бородина, А. С.Даргомыжского. Профессор Петербургской консерватории (с 1871), директор Бесплатной музыкальной школы, руководитель

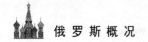

Беляевского кружка. Глава композиторской школы.

Бородин Александр Порфирьевич (博罗金, 1833 — 1887), русский композитор и ученый-химик. Член «Могучей кучки». Его опера«Князь Игорь» (《伊戈尔王》, завершена Н. А. Римским-Корсаковым и А. К. Глазуновым, 1890) — образец национального героического эпоса в музыке. Бородин — один из создателей русской классической симфонии (2-я, «Богатырская», 1876, открывшая героикоэпическое направление в русском симфонизме; симфоническая картина «В Средней Азии» (《在中亚草原》, 1980), русского классического струнного квартета. Мастер вокальной лирики («Для берегов отчизны дальной»); ввел в романс образы богатырского эпоса, воплотил освободительные идеи 60-х гг. 19 в. («Спящая княжна» «Песня темного леса»). Также он является автором многих трудов по органической химии.

Петр Ильич Чайковский (柴可夫斯基, 1840 — 1893) композитор, художникписхолог, крупнейший симфонист, музыкальный драматург. В каталоге сочинений Ч. значатся 76 opus'ов, 10 опер, 3 балета. Тонкий психолог, мастерсимфонист, музыкальный драматург. Чайковский раскрыл в музыке внутренний мир человека (от лирической задушевности до глубочайшей трагедии), создал высочайшие образцы опер, балетов, симфоний, камерных произведений. Ему принадлежат следующие оперы: «Евгений Онегин» (《叶甫盖尼•奥涅金》, 1878, лирические сцены — новый тип оперы), «Мазепа»(1883), «Черевички» (1885), «Чародейка» (1887), «Пиковая дама»(《黑桃皇后》, 1890), «Иоланта» (《约兰塔》, 1891) и др. Новаторство Чайковского в области балета заключалось в том, что он сделал музыку ведущим компонентом балетной драматургии. Самые известные его балеты — это «Лебединое озеро»(《天鹅湖》, 1876), «Спящая красавица»(《睡美人》, 1889), «Щелкунчик» (《胡桃夹子》, 1892). К мировым шедеврам принадлежат 6 симфоний (1866 — 1893),симфония «Манфред» (1885), увертюрафантазия «Ромео и Джульетта» (《罗密欧与朱丽叶》, 1866 — 1893), фантазия «Франческа да Римини» (1876), «Итальянское каприччио» (《意大利随想曲》, 1880), 3 концерта для фортепьяно с оркестром (1875 — 1893); концерт для скрипки с оркестром, «Вариации на тему рококо» для виолончели с оркестром (1876), фортепьянное трио«Памяти великого художника» (1882), романсы.

На стыке 19 и 20 веков традиционную русскую композиторскую школу представляли Рахманинов, Скрябин, Стравинский и многие другие. Они подхватили русскую традицию и, как подобает новому поколению русских композиторов, внесли свои поправки в музыкальное искусство. Теперь уже русские мелодии не выражались так явно в произведениях, но их дух всё равно отчётливо прослеживался в композициях.

Во времена русских композиторов 20 века симфоническая музыка была подвержена влиянию множества объективных факторов. Наблюдалась тенденция к усложнению музыкальных композиций с одновременным поглощением культурных традиций других народностей. Известными представителями этой эпохи являются Щедрин, Денисов и Гаврилин.

Русские композиторы обогатили культурную сокровищницу страны, подарив нам множество гениальных музыкальных произведений. Весь мир заворожено слушает композиции наших соотечественников и по сей день. Этим произведениям и биографиям русских композиторов, написавшим такие шедевры, уготована вечная жизнь в сердцах людей.

Новые слова

1. эстафету　接力棒
2. романс　浪漫歌曲, 抒情诗
3. плеяда　一辈杰出人物
4. вокальный　歌唱的, 声乐的
5. фортепьяно　钢琴
6. виолончель　大提琴
7. трио　三重奏
8. увертюра　序曲, 前奏曲

◇ Задания по тексту

Задание 1　Прочитайте текст и ответьте на вопросы.

1. Что такое «Могучая куча»?
2. Что вы знаете о Чайковском?

Задание 2　Расскжите о ваших любимых русских компазиторах и их работах.

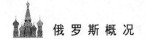

Урок 3   Народные праздники (1)

Умели русские люди работать, умели и отдыхать. Следуя принципу: «Делу – время, потехе – час», крестьяне отдыхали в основном в праздничные дни. Что такое праздник? Русское слово «праздник» происходит от древнеславянского «праздь», означающего «отдых, безделье». Какие же праздники почитали на Руси? Долгое время в деревнях жили тремя календарями. Первый — природный, земледельческий, связанный со сменой времён года. Второй — языческий, дохристианских времён, так же, как земледельческий, соотносился с явлениями природы. Третий, самый поздний календарь — христианский, православный, в котором только великих праздников, не считая Пасхи, — двенадцать.

Новый год. В России, со времени введения христианства, начинали летоисчисление или с марта или со дня святой Пасхи. В 1492 году великий князь Иоанн Ⅲ утвердил постановление Московского собора считать за начало года 1 сентября. Кроме того, важно сказать, что вплоть до 1700 года Россия вела счет годам «от сотворения мира». Но так продолжалось относительно недолго. Россия начинала устанавливать связи с Европой и такая «разница во времени» очень мешала. В 7207 году (от сотворения мира, разумеется) Петр Ⅰ одним махом разрешил все календарные неудобства. Ссылаясь на европейские народы, он издал указ отмечать Новый год со дня Рождества Богочеловека и 1 января вместо 1 сентября. Праздновать Новый год 1 сентября было попросту запрещено.

15 декабря 1699 года под барабанный бой царский дьяк возвестил народу волю царя: о том, что в знак доброго начинания и начала нового столетия после благодарения Богу и молебного пения в церкви велено было «по большим проезжим улицам, и знатным людям перед воротами учинить некоторое украшение от древ и ветвей сосновых, еловых и можжевеловых. А людям скудным (т.е. бедным) хотя по древу или ветви над воротами поставить. И чтоб то поспело к 1-му числу 1700 сего года; а стоять тому украшению инваря (т.е. января) по 7-е число того же года. В 1-й день, в знак веселия, друг друга поздравлять с Новым годом, и учинить сие, когда на Красной площади огненные потехи начнутся, и стрельба будет». В указе рекомендовалось по

возможности всем на своих дворах из небольших пушечек или мелких ружей «учинить трижды стрельбу и выпустить несколько ракет». С 1-го по 7 января «по ночам огни зажигать из дров, или из хвороста, или из соломы». 31 декабря в 12 часов ночи Петр вышел на Красную площадь с факелом в руках и запустил в небо первую ракету.

Надо сказать, что новые новогодние обычаи прижились у славян довольно быстро, потому что раньше в ту пору был другой праздник святки. И многие старые обряды-веселые карнавалы, проделки ряженых, катание на санях, полночные гадания и хороводы вокруг елки-хорошо вписались в ритуал встречи Нового года. Отныне и навсегда этот праздник был закреплен в российском календаре.

Рождество Христово. Празднуется ежегодно 7 января.

Более 2000 лет назад в небольшом городке Вифлееме произошло небывалое событие — родился в мир Богомладенец, Сын Божий. Иисус Христос родился сверхъестественным образом от Девы Марии. Придя на землю, Он не был встречен почетом, знатностью и богатством. У Него даже не было колыбели, как у всех детей, не было и пристанища — Он родился за городом, в пещере, и был положен в ясли, куда кладут корм для животных. Первыми гостями божественного младенца были не цари и вельможи, а простые пастухи, которым Ангел возвестил о Рождестве Христовом. Пастухи первыми поспешили поклониться новорожденному Спасителю. В это время с дарами Царю Мира шли волхвы с востока (волхвы — это древние мудрецы). Они ждали, что вскоре должен на землю прийти великий Царь Мира, а чудесная звезда указала им путь в Иерусалим. Волхвы принесли Младенцу дары: золото, ладан и смирну. Эти дары имели глубокий смысл: золото принесли как Царю в виде дани, ладан как Богу, а смирну как человеку, который должен умереть (смирной в те далекие времена помазывали умерших). Святая церковь поет, что все творение Божие встречало Спасителя: ангелы принесли Ему пение, волхвы — дары, пастыри встретили Младенца, земля приготовила пещеру-вертеп, а Матерью Господа стала Дева Мария.

Рождество Христово завершает сорокадневный Рождественский пост (святая Четыредесятница), накануне праздника соблюдается строгий пост. К великому празднику стремились прийти чистыми душой и телом: шла уборка в домах, топилась баня, все надевали чистую одежду. В Сочельник принято было помогать страждущим и убогим, раздавать милостыню, посылать подарки в старикам, сиротам и заключённым.

Ужину в Рождественский сочельник (6 января), после появления первой звезды, придавалось большое значение. Избу тщательно убирали, у икон зажигали свечи и лампады, стол застилали чистой скатертью. Ели в торжественном и строгом молчании, при этом крестьяне заставляли детей лазить под стол и «цыкать» там цыплёнком, чтобы хорошо водились куры. Первое блюдо, подаваемое к столу, называлось сочивом, коливом или кутьёй (поэтому сочельник называли ещё кутейником).

После Рождества наступают святки — святые дни или 12 дней, в течение которых отмечается праздник. В некоторых районах сохранились обычаи ходить по домам и славить Христа (ходить по домам с молитвой и пением), а также колядовать, встречать ряженых. Кое-где бытуют фрагменты рождественских театрализованных представлений («вертепов»), иногда в виде песен или духовных стихов.

Крещение. 18 января православные отмечают Крещенский Сочельник. Как это часто бывает на Руси, языческие традиции тесно переплелись с православными обрядами. С Крещенским Сочельником связано много народных примет и поверий. В старину, например, на стол ставили чашу с водой, чтобы увидеть Крещение Господне. При этом говорили: «ночью вода сама колыхнется», — это и было знаком. Если в полночь вода в чаше действительно колыхнулась, бежали смотреть «разверстые небеса» — о чем открытому небу помолишься, то сбудется.

В деревнях под Крещение старушки и девушки собирали снег со стогов. Старушки — для того, чтобы отбеливать холстину, считалось, что только этот снег может сделать ее белоснежной. А девушки для того, чтобы отбеливать кожу и становиться красивее. Верили, что, умывшись этим снегом, девушка становится очень привлекательной. Кроме того, крещенский снег по поверью мог даже в засушливых колодцах сохранить воду на весь год. Снег, собранный в крещенский вечер, считали целебным, им лечили различные недуги.

Крещенский сочельник — это строгий пост. В этот день постились и ели сочиво, т.е. постную кашу, овощные блины, медовые оладьи, пекли сочни с ягодами. Из риса, меда и изюма готовилась кутья. А вообще в пищу пригодно все овощное, каши, чай, компот, хлеб. Но все очень скромно.

Крещенский Сочельник — это вечер-приготовление перед большим православным праздником, который называется Богоявление Господне Крещение. Этот праздник православной церкви, принадлежит к числу двунадесятых. В этот день вспоминается крещение Иисуса Христа Иоанном Предтечей (Крестителем) в реке Иордан. Греческое слово, переданное на славянский и затем русский языки словом «крещение», более точно следует переводить словом «погружение». Иоанново Крещение было собственно очистительным омовением. Христианское же крещение понимается как взятие на себя креста. Крещение Иоанна Крестителя имело смысл духовно очищающего действия. Поэтому, когда Иисус Христос пришел креститься, Иоанн стал удерживать Его, говоря: «Мне надобно креститься от Тебя». Праздник Крещения также называется праздником Богоявления, так как в этот день Бог явил Себя явственно миру в трех лицах Своего Божества: Бог Сын-Иисус Христос принимал крещение в Иордане, Дух Святой нисшёл на Него в виде голубя, Бог Отец засвидетельствовал Иисуса Христа гласом с неба. Всенощное бдение праздника Крещения состоит из великого повечерия, литии, утрени и первого часа.

В день праздника (19 января) и в день Крещенского сочельника совершается Великое водоосвящение. Во дворах храмах тянутся длинные очереди за святой водой. Если человек по каким-либо серьезным причинам не может пойти на службу или живет в тысяче километров от ближайшей церкви, он может прибегнуть к целительной силе простой воды, взятой из обычного водоема в крещенскую ночь, хотя собственно святой такую воду считать нельзя.

На праздник Крещения Господня вода в храмах освящается по особому чину — великим Иорданским освящением и называется крещенской. Есть такое греческое слово — «агиасма», переводится оно как святыня. И отношение к ней, к великой святыне, должно быть особое. Вкушается она натощак, по ложечке, по чуть-чуть. Встал человек, перекрестился, испросил благословение у Господа на начавшийся день, умылся, помолился и принял великую агиасму. Если предписан прием лекарства натощак, то сначала принимают святую воду, а за ней и лекарство. А уж потом завтрак и прочие дела. Подвижники христианского благочестия называют освященную воду лучшим лекарством от всех духовных и телесных недугов. Считается, что святая вода не портится. Православные хранят ее в красном углу, рядом с иконами. Кроме того, капля святыни море освящает. Можно взять обыкновенную, неосвященную воду и добавить туда капельку крещенской, она вся и освятится.

Категорически возбраняется, забирая святую воду или принимая ее, ссориться ругаться, допускать неблагочестивые поступки или мысли. От этого святая вода теряет святость, а зачастую попросту разливается.

Новые слова

1. почитать 敬重,敬仰
2. языческий 多神教的
3. христианство 基督教
4. православный 东正教的
5. летоисчисление 纪元
6. дьяк 书记(14 — 17世纪俄罗斯中央集权国家机关的负责官员)
7. молебный 祈求的
8. можжевеловый 桧木的
9. хворост 干树枝
10. солома 麦秸;稻草
11. знатность 显贵
12. пристанище 避难所;港口
13. младенец 婴儿
14. сочельник (圣诞节、洗礼节)前夜
15. кутья 蜜粥(多用大米、蜂蜜、葡萄干做成,葬礼后用来款待客人)
16. святки (东正教的)圣诞节假期
17. колядовать (圣诞节或新年)到各家去唱祝节歌收受款待和赏赐
18. григорианский 格利果利的
19. стог 干草垛
20. отбеливать 漂白,增白
21. холстина (固定尺寸的)一块粗麻布
22. всенощный 通宵的;彻夜的
23. бдение 不眠

◇ Задания по тексту

Прочитайте текст и перескажите его содержание.

Урок 4 Народные праздники (2)

Масленица — праздник, сохранившийся с языческих времен. Отмечается в течение недели перед Великим постом. 23 марта (дата для 2008 года). Обычай праздновать масленицу берет свое начало с древнейших времен — с греческих и римских вакханалий и сатурналий. Славяне-язычники тоже справляли в этот период весенний праздник — встречу весны и проводы зимы. В народе масленица всегда была веселой порой. Считалось, что тот, кто откажется ее праздновать, будет жить «в горькой беде и худо кончит». Отмечать масленицу было принято катанием на санках с ледяных гор, зажиганием костров. Ну и конечно, в Масленицу принято печь блины, ведь блин — символ солнца.

Масленица начинается в понедельник, который называется «встреча». В этот день встречают Масленицу, наряжают куклу-чучело, строят снежные горы. Вторник — «заигрыши». Строят снежные и ледяные крепости, скоморохи поют свои частушки. Среда — «лакомка». В этот день зятья приходят на блины к тещам. Четверг — «разгул» «разгуляй-четверток», самый веселый день. Возят чучело Масленицы на колесе, катаются, песни поют, начинают колядовать. Пятница — «тещины вечерки». Теперь уж зять тещу к себе приглашает, блинами угощает. Суббота — «золовкины посиделки». Невестка дарит золовкам (сестрам мужа) подарки. В этот день сжигают чучело Масленицы и окончательно прощаются с зимой. Пепел развеивают по полю, чтобы был хороший урожай. Последний день Масленицы — «Прощеное воскресенье», 18 февраля (дата для 2007 года), или «проводы». Заканчивается гулянье, на ледяных горках разводят костры, чтобы лед растопить, холод уничтожить. Прощения просят, милосердные дела творят. На следующий день начинается саамы строгий Великий пост, который продлится до Пасхи.

Вербное Воскресенье (Вход Господень в Иерусалим). Торжественный вход Иисуса в Иерусалим был вступлением Его на путь крестных страданий. Об этом событии рассказывают в своих Евангелиях все четыре евангелиста.

У евреев был обычай: цари и победители въезжали Иерусалим на конях или ослах, и народ торжественными криками, с пальмовыми ветвями в руках встречал их. Исполняя пророчества Ветхого Завета, Христос именно таким торжественным образом въезжал в Иерусалим, но не как Царь земной или победитель в войне, а как Царь, Царство Которого не от мира сего, как Победитель греха и смерти. Еврейский народ, находившийся под римским игом, ожидал Мессию как политического освободителя, и всем казалось, что Чудотворец, вчера воскресивший Лазаря и некогда накормивший 5 тысяч народа, вполне может быть именно тем земным вождем, который приведет свой народ к политической независимости и земному царству наслаждения. Из находившихся тогда на улицах Иерусалима только Один Христос знал, что вместо земного царства Он приносит человеку Царство Небесное, вместо избавления от земного рабства Он освобождает человека от рабства гораздо худшего — от рабства греха. Он Один знал, что путь, усеянный ныне пальмовыми ветвями, ведет к Кресту и Голгофе. Это царское прославление Христа перед Его смертью Церковь вспоминает для показания, что страдания Спасителя были вольными.

Этот праздник на Руси давно называется Вербным воскресением. Название это происходит от того, что на этот праздник верующие приходят с ветками, как правило, ивовых растений — вербы, ивы, ветлы или других деревьев, которые первыми распускаются весной, в ознаменование тех ветвей, которые срезали иудеи, встречавшие Иисуса во Иерусалиме. Но подлинное название праздника — Вход Господень в Иерусалим, или Неделя Ваий, Цветоносное воскресение. В этот праздничный день, как и в праздник Благовещения Пресвятой Богородицы, несмотря на продолжающийся Великий пост, разрешается вкушение рыбных блюд.

Пасха. В христианской традиции Пасха занимает особое место «Праздника праздников». В 2008 году его отмечают 27 апреля. Подготовка к нему предполагает последовательное соблюдение ряда религиозных предписаний. Упорядочивая социальную действительность, религиозные обряды регламентируют жизнь верующего человека. Кроме этого, через выполнение определенных ритуалов, человек соотносит себя с той или иной религиозной традицией и тем самым осуществляет процесс идентификации с тем или иным вероисповеданием.

Но существует и иная, «народная», традиция отношения к Пасхе, в рамках которой множество примет, суеверий и обычаев сосуществуют, а порой и переплетаются, с элементами церковной традиции, и вместе с тем создают свою сеть значений.

Прежде всего, следует отметить, что Пасха является для россиян одним из самых важных праздников. По числу отмечающих его этот праздник неизменно занимает третье место-выше только доли отмечающих Новый год и собственный день рождения.

Известно, что признание себя верующим человеком само по себе не свидетельствует о глубине веры, а скорее — о формальной религиозности. В какой степени Пасха является для россиян религиозным праздником, можно судить на основе таких показателей религиозности, как соблюдение Великого поста и посещение пасхальной службы. Можно сказать, что сейчас в России Пасха — это не столько религиозный праздник, сколько традиция, что этот праздник актуализирует не столько конфессиональную, сколько национальную идентичность.

С Пасхой, как и с предшествующим ей Великим четвергом, связывался комплекс очистительных обрядов. Утром было принято умываться водой, в которую были опущены серебряные крестики, — «лицо глаже будет». С Пасхой связывались представления о святости воды в этот день. Одной из особенностей подготовки к Пасхе было украшение божницы и дома на праздник. При этом дом украшали не как обычно, развешивая в простенках полотенца, но и изготавливали специальные атрибуты и украшения. Одним из наиболее распространённых и характерных украшений был фонарь (фонарик, паникадило, соломенник, колокольчик, мизгирь, метляк) — выполненный из соломинок, в особом порядке нанизанных на нитки. В местах их соединения обычно помещали небольшие разноцветные лоскутки ткани. Фонарик подвешивался к потолку в переднем углу перед божницей. В одну из ячеек в некоторых случаях помещали пасхальное яйцо. Другим распространённым украшением были соломенные птички. Украшали божницу и дом веточками пихты, реже плауном.

Важное место в праздновании Пасхи отводилось посещению храма и церковным службам. Наибольшую значимость имел крестный ход вокруг церкви и «встреча Христа», время первого произнесения пасхального приветствия «Христос воскресе!». Пасхальная ночь, единственная в течение года, на которую распространялся запрет спать в эту ночь. Нарушение обычного распорядка времени имело особый символический характер. Пасхальная ночь, пасхальная служба являлись определённой границей в оценке времени до праздника и после. Праздничным обычно считалось всё время Пасхальной недели — от воскресенья до воскресенья. В Пасху запрещалась любая работа.

Пасхальный стол отличался от обычного, главным блюдом на нём были яйца. Пасхальным яйцом принято было разговляться с Великого поста. Яйца старались поставить на стол в одной чашке, кучно, чтобы «все дружно жили». В Прикамье так же, как и в других российских губерниях, был распространён обычай христосоваться, поздравлять друг друга с праздником и обмениваться пасхальными яйцами. Яйца чаще всего красили луковой шелухой в красный цвет, но в некоторых деревнях принято было красить их в разные цвета: коричневый (дубовой корой), зелёный (берёзовым листом), даже сиреневый (чесночной шелухой). Было известно и приготовление пёстрых, «пеганых» яиц. В этом случае, прежде чем красить, на яйцо наносились масляные штрихи, крестики, пятна, писались буквы «ХВ». В некоторых районах к Пасхе готовили особые блюда — творожную пасху и кулич. Часто главной пасхальной стряпнёй были шаньги.

Одним из непременных атрибутов праздничных дней на пасхальной неделе были игры с яйцами. Наиболее распространённым следует считать обычай катать яйца с горы: у кого дальше прокатится, тот и выиграл. В других вариантах яйцом или мячиком старались сбить другие. Что заденешь — то твоё.

Характерным для Пасхи был и ритуальный обход домов на праздник. Пасхальные обходы были известны в разных вариантах. Одним из наиболее распространённых был обход домов детьми, который назывался «яйца собирать», а если дети исполняли пасхальный тропарь, могли быть использованы названия «славить», «Пасху петь». Пасхальные обходы проходили и с участием духовенства.

Качание и игры у качелей были главным элементом молодёжного досуга на Пасхальной неделе. Помимо обычных, во многих районах Прикамья сооружали и «круговую качулю» столб с колесом наверху и привязанными к колесу верёвками.

Радоница. Во вторник второй седмицы по Пасхе (в 2008 году это 6 мая), через день после Фоминой недели (Антипасхи), Православная Церковь установила поминовение усопших, первое после праздника Пасхи. В этот день христиане как бы разделяют пасхальную радость о воскресении Спасителя с членами Церкви, уже оставившими этот мир. По свидетельству святителя Иоанна Златоуста (IV в.), этот праздник отмечался на христианских кладбищах уже в древности.

Этимологически слово «радон и ца» восходит к словам «род» и «радость», причем особое место Радоницы в годичном круге церковных праздников — сразу после Светлой пасхальной недели — как бы обязывает христиан не скорбеть и не сетовать по поводу смерти близких, а, наоборот, радоваться их рождению в другую жизнь — жизнь вечную. Победа над смертью, одержанная смертью и воскресением Христа, вытесняет печаль о временной разлуке с родными.

Именно на Радоницу существует обычай празднования Пасхи на могилах усопших, куда приносятся крашеные яйца и другие пасхальные яства, где совершается поминальная трапеза и часть приготовленного отдается нищей братии на помин души. Такое общение с усопшими, выраженное через простые бытовые действия, отражает веру в то, что они и после смерти не перестают быть членами Церкви Того Бога, Который «не есть Бог мертвых, но живых».

Распространившийся же в настоящее время обычай посещать кладбища в самый день Пасхи противоречит древнейшим установлениям Церкви: вплоть до девятого дня после Пасхи поминовение усопших никогда не совершается. Если человек умирает на Пасху, то его хоронят по особому пасхальному чину. Пасха — время особой и исключительной радости, праздник победы над смертью и над всякой скорбью и печалью.

Аграфена-купальница и Иванов день. Иванов день (7 июля) в русских традициях Прикамья не считается большим церковным праздником, но обрядов, поверий и представлений, связанных с этим днём, достаточно много. В комплекс обрядности Иванова дня входил день Аграфены Купальницы, отмечаемый накануне (6 июля). К Аграфене Купальнице приурочивали заготовку веников, парились с ними в бане, гадали, купались и обливались водой. В северном Прикамье Купальница была днём, с которого начинали купаться в реках, прудах и озёрах.

В Прикамье помимо распространённого названия — Иванов день-существовали другие варианты: Иван Креститель, Иван Предтеча, Иван Святник (указывающие на связь с церковным названием праздника); Иван Росник, Иван росной (отражающие представления о целебных и магических свойствах ивановской росы); а также Иван-день, Иван Ягодобор, Иван Капустник, Иван Травник, Иван Цветник, Иван Утопленник.

Представления об очистительных и целебных свойствах ивановской воды и росы раскрывают широко распространённые обычаи купаться и обливаться водой, умываться росой на Иванов день. На ивановскую росу выносили подойницы, промывали глаза, водой лечили ноги.

В некоторых деревнях, наоборот, все действия с водой, и в первую очередь, купание, наоборот, строго запрещались. Запреты на купание, скорее всего, были связаны с представлениями о русалках, водных духах. Говорили, что «на Иванов день именины водяного».

Распространённым обрядом был обряд гадания на венках. Венки плели и пускали по реке. Если чей-то венок тонул, это была дурная примета. В северном Прикамье для гаданий использовали и веники: их вязали на Купальницу из берёзовых веток и травы купальницы, потом мылись в бане и веники бросали в реку. Кроме гадания с венками и вениками, к Иванову дню гадали на вещий сон: клали под подушку паука или травы 12 цветов, чтобы приснился суженый.

На Иванов день собирали лекарственные травы. Венки из купальских трав использовались в лечебной магии. Сорок трав, собранных в Иванов день, затыкали за матицу, чтобы в доме не было клопов и тараканов. Травы, собранные раньше положенного срока, выносили накануне праздника «под ивановскую росу».

Время, совпадающее с Ивановым днём, считалось особым. По народным воззрениям, именно в этот день «открываются небо и земля», в то время как на Рождество и Пасху лишь «небо открывается». Считалось, что в этот день выходит нечистая сила, выходят клады, в этот день можно было колдовать или учиться колдовству.

С этим праздником, как и повсеместно у русских, в Прикамье связывались представления о цветке папоротника, мужского цветка конопли (поскони), травы купальницы. Считалось, что цветок поскони делает человека невидимым, а если сорвёшь цветок папоротника — счастье будет.

Иванов день, как никакой другой летний праздник, вобрал все действия и поверья, связанные с летним периодом вообще.

Покров. Покров пресвятой Богородицы празднуется Святой Русской Православной Церковью 14 октября по новому стилю.

Христианские историки говорят о том, что почти шестьсот лет назад на греческую империю напали сарацины, неприятель был силен, и грекам угрожала большая опасность. В то время и произошло чудное явление Матери Божией. Преклонив колена, Пресвятая Дева начала со слезами молиться за христиан и долгое время пребывала в молитве, потом, подойдя к Престолу, продолжала свою молитву, закончив которую, Она сняла со Своей головы покрывало и распростерла его над молящимися в храме людьми, защищая их от врагов видимых и невидимых. Пресвятая Владычица сияла небесной славой, а покров в руках Ее блистал «паче лучей солнечных». Дивное явление Богородицы, покрывающей христиан, ободрило и утешило греков, собрав последние силы, они победили сарацинов.

Почитание Покрова отмечено у восточных славян давно и повсеместно. Русские Прикамья сохранили легенды, связанные с происхождением и почитанием Покрова: «Богу молились, была сильная война, не могли остановить войну. Мать Богородица вышла и сказала: «Будете веровать в Покров, и война остановится!» Война и остановилась».

Про Покров говорят: «Покров—последний праздник, с Покрова—зима». Приметы и поверья на Покров связаны с пограничностью, переходностью

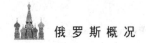
праздника. Например, гадания на жениха: если на Покров снег будет, замуж девка пойдёт. Кое-где гадания на Покров повторяли святочные.

Девушки просили: «Батюшка Покров, покрой землю снежком, а меня—женишком!». На Руси с Покрова дня начинались свадьбы, а девушки в этот день ходили в церковь молиться, что бы господь послал им хороших женихов. По примете, чем больше снега на Покров, тем больше свадеб будет в этом году.

Новые слова

1. растопить 生火,点炉子
2. евангелист 福音传道者
3. предписание 下命令,规定
4. регламентировать 严格规定
5. идентификация 证实,鉴定
6. вероисповедание 宗教信仰
7. суеверие 迷信
8. пихта 冷杉
9. плаун 石松
10. кулич （专为复活节烤制的）圆柱形甜面包
11. стряпня 饭菜;食品
12. кружало （古时俄罗斯的）酒馆
13. этимологически 词源上
14. яство （常用复数）丰盛的食物

◇ Задания по тексту

Задание 1 Прочитайте текст и ответьте на вопросы.

1. Что такое «Масленица»?

2. Как в России отмечают Пасху?

Задание 2 Прочитайте текст и перескажите его содержание.

Урок 5   Русская кухня

В России обычно принимают пищу три раза в день — на завтрак, обед и ужин.

Ни завтрак, ни его приготовление в России обычно не занимает много времени. В России вообще не принято много есть утром. Обычный завтрак включает омлет, бутерброды, кукурузные хлопья или что-то в этом роде. Но, конечно, и здесь существуют традиционные русские блюда. Например, сырники. Сырники готовят из теста, содержащего большое количество творога, на сковороде. На стол их подают со сметаной и сахаром. Другими утренними блюдами являются блины и блинчики. В России их подают с маслом и сахаром, а иногда с медом. Блинчики же — это очень тонкие блины. Их, конечно, готовят их другого теста. Чем тоньше блинчик, тем он вкуснее. Кроме того, существуют блинчики с начинкой. Существует множество разных начинок. Например, блинчики с творогом, мясом, повидлом. Если Вы окажетесь в России во время Масленицы, то Вы сможете попробовать разные виды блинчиков, так как в этот праздник блинчики считаются главным и обязательным блюдом. Здесь попробуйте блинчики с икрой — самый роскошный вариант этого блюда. Русские вообще очень любят икру и подают ее на стол на многие праздники.

Но вернемся к завтраку. Каша — еще одно традиционное блюдо для завтрака в России. Вы можете увидеть ее на столе чаще, чем сырники и блинчики, так как оно намного проще в приготовлении. Популярны каши не только из овсяных хлопьев, но и из различных круп. Обычно завтрак сопровождается чашечкой чая.

Обед состоит из нескольких блюд. Со времен Советских столовых их принято называть первое, второе и третье. Первое — это суп. Второе блюдо включает мясо и гарнир. Третьим же в России называют напиток, подаваемый к обеду. Обычно это чай, кофе, сок или компот. Иногда третье включает еще и десерт. На работе официальное время обеда часто устанавливают с полудня и до одного часа после полудня. Дома, например в выходной день, обед проходит позже — в три-четыре часа после полудня.

На ужин вся семья собирается вместе, и это, наверное, самый длительный и приятный прием пищи за целый день. Ужин обычно начинается около семи часов после полудня и может длиться несколько часов. За столом обсуждается прошедшие события, члены семьи делятся впечатлениями друг с другом. Именно на ужин обычно приглашают гостей. За ужином у Вас есть прекрасная возможность получше познакомиться с русской кухней.

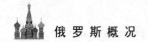

Так что же едят русские? Во-первых, конечно, щи. Щи — это суп, приготовленный из мяса, капусты, моркови, картофеля, помидоров и лука. А если ко всему этому добавить еще и сметану, то получится великолепный вкус. Вот что помогает согреться русскому холодной зимой. Может быть многие раньше и не слышали, что такое щи, зато каждый знает, что такое борщ. На самом деле, борщ — это щи со свеклой. Это главное отличие между этими супами. Борщ чаще относят к блюдам украинской кухни.

Также в России существует свой традиционный салат. Спросите любого русского, что это за салат, и он сразу ответит вам. Это оливье! Русские готовят его на каждый праздник. Здесь это стало доброй традицией. За границей этот салат иногда называют русским салатом. Название же «оливье» имеет французское происхождение. Как ни странно, в России этот салат считается блюдом, которое было завезено в Россию неким французом по имени Оливье. Правда это или нет, сказать, конечно, сложно. Кроме того, оливье уж точно не имеет отношения к французской кухне. Его готовят из вареной курицы, картофеля, моркови, консервированного горошка, соленых огурцов, лука и майонеза. Немного странная смесь ингредиентов, но, тем не менее, попробуйте и вы поймете, что это действительно очень вкусно.

Другим блюдом русской кухни, которое содержит большое число компонентов, которые на первый взгляд не сочетаются, является окрошка. Слово «окрошка» происходит от глагола «крошить», который означает на английском крошить, резать. Так, название блюда говорит само за себя, потому что во время его приготовления в него «крошат» разные виды продуктов.

Основу блюда составляет квас. Квас в России сам по себе является традиционным напитком. В зависимости от той части страны, в которой вы окажетесь, у Вас есть возможность встретить как темный, так и светлый квас. И то, что Вам понравился темный квас, еще не означает, что Вам понравится и светлый квас, так как их вкусы сильно различаются. Остается только добавить туда вареное мясо, яйца, зелень, огурцы, редиску и суп готов. В итоге вы получаете превосходный холодный суп — любимое блюдо многих русских, особенно в летний период времени. Но окрошка имеет достаточно специфический вкус, поэтому она может и не понравиться иностранцам с первого раза.

Кроме супов в России есть еще много вкусных вещей. Голубцы и пельмени — среди них. Они популярны во многих странах за рубежом, но все же лучше попробовать их в России, потому что здесь они лучшие.

Важную роль в приеме пищи играет хлеб. Русские едят хлеб практически со всеми блюдами. В России готовят светлый и темный хлеб. Цвет хлеба зависит от вида муки, используемой для его приготовления. Раньше в деревнях хлеб пекли в печках. Такой хлеб имеет необыкновенный вкус, и конечно, его нельзя сравнить с тем хлебом, которые предлагают магазины. К сожалению, сейчас эта традиция исчезает, хотя некоторые пожилые люди продолжают выпекать хлеб и не покупают его в магазинах.

Из напитков русские очень любят чай и водку. Возможно, на подобный выбор напитков повлиял российский климат, известный своими холодами. Но когда тепло, русские с удовольствием пьют квас и компот.

Новые слова

1. омлет 摊鸡蛋
2. бутерброд （夹奶油、干酪、腊肠、鱼肉、鱼子等的）面包片
3. хлопья 碎粒;糁子
4. сырник 加调料的乳渣食物;乳渣馅饼
5. блин （俄罗斯式的）油煎薄饼
6. щи 菜汤
7. квас 克瓦斯（俄罗斯一种清凉饮料）
8. голубцы 肉馅菜卷
9. пельмень 饺子

◇ Задания по тексту

Задание 1 Прочитайте текст и ответьте на вопросы.

1. Из каких блюд обычно состоит русский обед?

2. Какие напитки русские любят?

Задание 2 Прочитайте текст и перескажите его содержание.

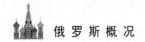

Урок 6　Русское имя

Русское полное имя состоит из трёх основных элементов — имя, отчество и фамилия. Кроме того, существуют такие разновидности имён, как прозвище, уменьшительное имя, а для соответствующих социальных групп также псевдоним, монашеское имя.

Так же, как и в большинстве европейских культур, в русской именной формуле общепринятой литературной и языковой нормой является порядок слов, начинающийся с личного имени, однако он жестко не зафиксирован и в некоторых специфических случаях от него отходят, что не является ошибкой.

Отчество является характерной чертой, отличающей русскую систему антропонимики от большинства современных европейских: в Европе оно представлено лишь у других восточных славян (белорусов и украинцев), а также у болгар, греков и исландцев (у последних практически отсутствуют фамилии). Адаптация русскими имён других народов обычно сопровождается теми или иными фонетическими изменениями, а нередко и появлением отчества.

Имена, отчества и прозвища были известны с древнейших времён. При этом древние источники не всегда помогают чётко разграничить дохристианские имена (даваемые с рождения) и прозвища (приобретаемые в более позднем возрасте). Фамилии появились на Руси довольно поздно и, как правило, они образовывались из имён и прозвищ предков. Первыми в XIV — XV вв. приобрели фамилии князья и бояре. Впрочем, и в XVI веке наследование некняжеских боярских фамилий было весьма неустойчивым. Потом стали приобретать фамилии купцы и духовенство. В середине XIX века, особенно после отмены крепостного права в 1861 г., формируются фамилии крестьян. Процесс приобретения фамилий, в основном, завершился к 30-м годам XX века.

Существует следующие традиционно используемые компоненты русского антропонима, из которых могут складываться различные модели именования человека:

имя — личное имя, даваемое при рождении, обычно одно, но в древности могло даваться и несколько имён.

уменьшительное (гипокористическое) имя — неофициальная форма имени, образуемая от личного при помощи тех или иных суффиксов или усечения (Мария — Маша — Машка — Маня — Муся и т. п., Александр — Саша — Сашка — Шура — Саня — Шурик — Санёк; Николай — Коля — Колюсик — Колян и т. п.). В новое время подобные образования, граничащие с прозвищами, производятся и от фамилий (Кислов — Кислый, Панов — Пан), что представляет собой процесс, исторически обратный образованию фамилий.

отчество — патроним, указание на имя отца. Имеет окончание -(в)ич, -(в)на; в древности также -ов, -ин аналогично современным фамилиям (в болгарском языке это сохранилось).

фамилия — наследуется из поколения в поколение по мужской линии (или по женской). Обычно исконная русская фамилия заканчивается на -ов/-ев/-ёв (от основ второго склонения: Петров, Конев) или -ин/-ын (от основ первого склонения: Фомин, Синицын); -ский/-цкий (Рождественский, Высоцкий); -ой (Толстой); реже -их/-х (Русских, Петровых); менее характерны для русских (в отличие от других восточных славян) фамилии с нулевым окончанием (Бобёр, Воробей и т. п.).

прозвище — индивидуальное наименование, которое даётся не при рождении и связано с теми или иными характерными особенностями или событиями. Для древних времён характерно весьма устойчивое и почти официальное употребление многих прозвищ (например, Иван Калита, Василий Есифович Нос — новгородский посадник), но и сейчас прозвища неформально широко используются, особенно в молодёжных социальных группах, где могут выступать как фактически основное средство номинации человека.

В наиболее полной форме (ФИО) русское имя, как и полные имена других народов не употребляется в устной речи, а используется в официальных документах. В России для её граждан (не только этнических русских) эти три элемента антропонима в обязательном порядке указываются в официальных документах. Для резидентов не указывается отчество (при отсутствии такового), а в графе имя указывается как личное, так и среднее имя. В большинстве случаев используют двухкомпонентную модель. Разные формы показывают разную степень уважения при общении:

уменьшительное имя — гипокористика используется при неформальном

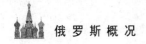

общении и в семье.

отчество — неформально, но уважительно (особенно к старшим), при этом отчество произносится в намеренно упрощенной просторечной форме, если такую возможно образовать (Михалыч, Саныч, Палыч).

имя — также используется при неформальном общении. В последние годы под влиянием Запада постепенно заменяет следующую форму, особенно в бизнесе.

имя + отчество — чаще используется по отношению к взрослым и пожилым людям или при подчеркнуто уважительном обращении к человеку (Андрей Александрович, Евгений Алексеевич).

имя/уменьшительное имя + фамилия или фамилия + имя/уменьшительное имя — стереотипная форма при упоминании человека в третьем лице или при обращении в учебном заведении(Василий Кудрявцев или Вася Кудрявцев, Татьяна Смирнова или Таня Смирнова, Козлов Александр или Козлов Саша).

имя/уменьшительное имя + прозвище — чаще неформальное именование человека (Борис Бритва, Саня Белый).

обращение + фамилия — строго официальное. В советское время использовались обращения товарищ, гражданин/гражданка (последнее сохранилось и в наше время). В современном обществе используется префикс уважаемый, господин/госпожа, в основном при деловой переписке. В военизированных организациях роль обращения играет звание (рядовой Сычёв, капитан Харитонов, товарищ гвардии старший лейтенант Хрусталёв).

фамилия — распространено в школах, учебных заведениях (обращение обучающих к учащимся) и военизированных организациях к нижестоящим по чину, часто не является приятным для владельца фамилии. Также используется как способ переклички. Часто используется при упоминании в третьем лице известных людей (политики, спортсмены, актёры и т.п.).

Предыдущие варианты относятся к знакомым людям (за исключением псевдонимов, например, Дима Билан, Наташа Королёва). Следующие чаще используются, когда речь идет о третьих лицах:

имя + прозвище + фамилия — американский вариант, популяризирован шоу Камеди-клаб и способом написания ника В Контакте (Тимур Каштан

Батрудинов, Дмитрий Гоблин Пучков).

имя + отчество + фамилия — уважительно называет человека, о котором не говорилось ранее (например, представляет его перед аудиторией) (Александр Исаевич Солженицын, Сергей Юрьевич Беляков).

фамилия + имя + отчество — аналогично предыдущему варианту, но звучит более официально и используется в основном в официальных документах и алфавитных списках (например, телефонных справочниках или энциклопедиях).

Новые слова

1. разновидность　变种
2. уменьшительный　指小的
3. псевдоним　笔名，化名
4. монашенский　僧侣的
5. адаптация　适应；改写
6. номинация　称名
7. алфавитный　按字母顺序的

◇ Задания по тексту

Задание 1 Прочитайте текст и ответьте на вопросы.

1. Чем отличаются имя, отечество и фамилия между собой?

2. В каком случае русское имя употребляется в полной форме?

Задание 2 Прочитайте текст и перескажите его содержание.

Урок 7　Музеи Москвы и Санкт-Петербурга

В России насчитывается несколько тысяч музеев и музейных центров, но лидерами в сфере музейного туризма являются две столицы.

Музеи Москвы насчитывают более 400 музейных учреждений. Расположенный в Москве Государственный музей изобразительных искусств им. А. С. Пушкина является после Государственного Эрмитажа в Санкт-Петербурге второй по величине в России картинной галереей, в которой представлены шедевры западноевропейских мастеров, начиная от средневековья вплоть до середины XX века. Всемирно известная Третьяковская галерея уступает своими фондами только Государственному русскому музею в северной столице.

Богатейшими собраниями, в красках раскрывающими историю России в целом и Москвы в частности, обладают фонды Государственного музея «Московский Кремль», в том числе знаменитой Оружейной палаты, Музея искусства народов Востока, Музейного объединения «Музей истории Москвы», Центрального музея Великой Отечественной войны 1941 — 1945 годов. Память обо всех великих деятелях отечественной науки и культуры, что когда-либо проживали в Москве, бережно хранится сотрудниками множества музеев-квартир: А. С. Пушкина, М. Ю. Лермонтова, Ф. М. Достоевского, Л. Н. Толстого, В. В. Маяковского, М. А. Цветаевой, В. М. Васнецова, Ф. М. Шаляпина, К. С. Станиславского, А. П. Чехова, Н. Г. Рубинштейна, и др. Кроме того, в Москве находится один из крупнейших научно-технических музеев мира - национальный музей истории науки и техники, Политехнический музей, в котором представлены технические достижения русских ученых XIX — XX веков, редкими коллекциями располагает Палеонтологический музей им. Ю. А. Юрлова, который считается одним из наиболее представительных естественноисторических музеев мира.

Санкт-Петербург-крупнейший музейный центр не только в России, но и во всем мире. Более 100 музеев, в числе которых всемирно знаменитые Эрмитаж и Русский музей, обладают уникальной коллекцией произведений живописи, скульптуры, графики, декоративно-прикладного искусства. Не менее знамениты Юсуповский дворец, Музей декоративно-прикладного искусства при Художественно-Промышленной академии, Исаакиевский собор, комплекс Петропавловской крепости, домик Петра I и Летний дворец Петра I, Кунсткамера, Смольный монастырь, Казанский собор, из петербургских музеев-квартир наиболее известны Мойка 12-музей-квартира А. С. Пушкина, а также музеиквартиры А. Ахматовой, А. А. Блока, Ф. М. Достоевского, Д.И. Менделеева, Н. А. Некрасова.

Новые слова

1. политехнический　工科的；综合 技术的　2. палеонтологический　古生物学的

◇ **Задания по тексту**

Задание　1　Прочитайте текст и ответьте на вопросы.

1. Какие музеи в Москве?

2. Какие музеи в Санкт-Петербурге?

Задание　2　Прочитайте текст и перескажите его содержание.

Урок 8　Театры Москвы и Санкт-Петербурга

Россия имеет давние театральные традиции. История русского театра связана с древними народными обрядами и играми. Упоминание о первых русских актерах-скоморохах относится к XV — XVIII вв. большое распространение на Руси получили такие виды народного театра, как театр Петрушки, балаган и др.

Первые профессиональные театральные труппы появились в России в XVII — XVIII вв. С 1672 по 1676 гг. при дворе царя Алексея Михайловича существовал первый профессиональный театр, актерами которого были как русские, так и иностранцы. В середине XVIII в. Выдающийся русский актер Федор Григорьевич Волков создал в городе Ярославле первый русский постоянно действующий публичный театр. Во второй половине XVIII в., кроме государственных, появляются частные профессиональные труппы, а также большое число любительских коллективов. Широкое распространение получает крепостной театр, труппа которого состояла из крепостных крестьян. Наиболее известные крепостные театры были в имениях Шереметьевых, Юсуповых, Воронцовых.

В XIX в. в России создана национальная драматургия, появились талантливые актеры, сформировались выдающиеся театральные коллективы:

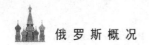

Большой, Малый и Художественный (ныне МХАТ) театры в Москве, Мариинский и Александринский театры в Петербурге. В XIX в. театр играл особую роль в общественной жизни России.

Лучшими традициями русского театра всегда были его демократизм и гуманизм, верность передовым идеям, последовательное утверждение сценического реализма.

Центрами театрального искусства России по-прежнему являются Москва и Петербург.

В Москве работают много театров. Самые старые из них — Государственный академический Большой и Малый театр. Возраст большиства театров насчитывает несколько десятилетий. Ряд театров выросли из студий. Например, из двух студий МХАТа выросли такие впоследсвии известные театры, как Государсрственный академический театр им. Вахтангова и Московский академический музыкальный театр им. Станиславского и Немировича-Данченко. Большой авторитет успели завоевать коолективы театров «Соверменник», Драмы и комедии на Таганке, Детского музыкального и Камерного музыкального театров.

В Санкт-Петербурге насчитывается более 100 театров и театральных коллективов. В список включены театральные коллективы, регулярно выпускающие спектакли, и площадки, используемые для театральных представлений.

В Санкт-Петербурге указом императрицы Елизаветы Петровны 1756 года был учреждён первый российский постоянный профессиональный публичный театр «Русский для представления трагедий и комедий театр». В 1785 году был открыт Эрмитажный театр в комплексе эрмитажных зданий, это старейшее театральное здание сохранившееся в подлинном виде из ныне существующих в Санкт-Петербурге.

Александринский государственный академический театр драмы им. А.С. Пушкина — старейший русский драматический театр, созданный в 1756 году, он раположен на площади Островского и знаком всем туристам как театр «с конями на фасаде». Он является подлиным украшением Екатерининского сквера. Специализация данного театра — произведения русских класиков. Типичный репертуар — «Дядя Ваня» «Ревизор» и «Чайка». Как и в случае с Мариинском театром, такие постановки навивают на среднестатистического туриста тоску и предназначены для тех кто по настоящему увлекается, например, русской литературой.

Большой драматический театр основан в 1918 году — он один из первых театров, созданных после Октябрьской революции. Нынешнее название получил в 1956 году в честь своего одиннадцатого режиссёра и художественного руководителя Г. А. Товстоногова.

Это один из немногих отечественных театров, судьба и репертуарная политика которого сыграли важную роль в становлении качественной российской драматургии. Благодаря стараниям теперешних режиссеров и актеров труппы в театре по сей день чтут традиции, заявленные в качестве кредо при самом его открытии.

Театр был организован при непосредственном участии писателя Максима Горького, поэта Александра Блока и комиссара театров и зрелищ союза коммун Северной области Марии Андреевой.

Мариинский театр — один из крупнейших музыкальных театров России, сыгравший ведущую роль в становлении русского хореографического и оперного искусства. Оркестр театра под руководством В. А. Гергиева входит в число лучших симфонических коллективов мира, тогда как оперная и балетная труппы по праву считаются сильнейшими среди отечественных и зарубежных коллективов. В репертуаре театра наряду с классическими постановками — ультрасовременные спектакли прогрессивных хореографов и мировые премьеры современных композиторов.

Малый драматический театр был создан в 1944 году в Ленинграде. Небольшая труппа показывала свои спектакли только в городках и сёлах Ленинградской области. В 1973 году на должность главного режиссёра был приглашён ученик Г. Товстоногова — Ефим Падве. Он привлёк к сотрудничеству известных драматургов и молодых режиссёров, одним из них был Лев Додин. Постепенно театр стал приобретать известность в городе. С 1983 года и по сей день Лев Додин — Художественный руководитель Малого драматического театра. Ныне МДТ — признанный театральный лидер страны, получивший широкую известность и признание во всём мире. Малый драматический неоднократно завоёвывал «Золотую маску» и является одним из трёх театров на планете, носящим почётный титул «Театр Европы».

Новые слова

1. Петрушка 彼得鲁什卡 (俄罗斯民间木偶戏中主要丑角的名字)；(革命前俄国的) 民间木偶戏；木偶剧团
2. балаган （集市、娱乐场上的）民间演艺场；(滑稽的戏剧、杂技的) 民间演出
3. труппа 剧团；戏班
4. публичный 当众的，公开的
5. крепостной 农奴的，农奴制的
6. демократизм 民主主义
7. гуманизм 人道主义
8. фасад 正面，前面

◇ Задания по тексту

Задание 1 Прочитайте текст и ответьте на вопросы.

1. Какие известные театры Москвы вы знаете?
2. Какие известные театры Санкт-Петербурга вы знаете?

Задание 2 Прочитайте текст и перескажите его содержание.

Природные ресурсы России

Урок 1   Природно-ресурсный потенциал России

Природно-ресурсный потенциал России составляет свыше 20 % мировых запасов. Это обеспечивает России особое место среди индустриальных стран. Природные ресурсы, используемые экономикой России, составляют 95,7 % национального богатства страны. В России открыто более 20 тыс. месторождений полезных ископаемых. В недрах земли выявлены и разведаны многочисленные месторождения нефти, природного газа, каменного угля, руд черных, цветных, редких и благородных металлов, редкоземельных элементов, горнохимического нерудного технического сырья, драгоценных и поделочных камней и минеральных материалов.

Россия занимает первое место в мире по запасам газа (32 % мировых запасов, 30 % мировой добычи); второе место по уровню добычи нефти (10 % доля мировой добычи); третье место по запасам угля (22 угольных бассейна, 115 месторождений, в том числе в европейской России — около 15,6 %; в Сибири — 66,8 %; на Дальнем Востоке — 12,9 %; на Урале — 4,3 %). По разведанным запасам железных руд Россия занимает тоже первое место, по олову — второе, по свинцу — третье. Также Россия занимает лидирующее положение в мире по обеспеченности лесом. В 2005 году по запасу золота Россия заняла первое место в мире.

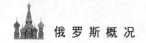

Вместе с тем, большинство месторождений полезных ископаемых РФ — низкого качества, содержание полезных компонентов в них на 35 % — 50 % ниже среднемировых, кроме того, в ряде случаев они труднодоступны (отдаленность, отсутствие транспорта, тяжелые климатические условия). В результате, несмотря на наличие значительных разведанных запасов, степень их промышленного освоения (доля запасов в эксплуатации) достаточно низкая: для бокситов — 32,6 %; нефелиновых руд — 55,4 %; меди — 49 %; цинка — 16,6 %; олова — 42 %; молибдена — 31,5 %; свинца — 8,8 %; титана — 1,3 %; ртути — 5,9 %.

Новые слова

1. индустриальный 工业的
2. урановая руда 铀矿石
3. олово 锡
4. свинец 铅
5. редкоземельные элементы
   稀土元素
6. минеральный 矿物的
7. боксит 铝土矿
8. нефелиновые руды 霞石
9. цинк 锌
10. молибден 钼
11. титан 钛
12. ртуть 汞

◇ Задания по тексту

Задание 1 Прочитайте текст и ответьте на вопросы.

1. Какой природно-ресурсный потенциал в России?

2. Сколько процентов национального богатства страны составляют природные ресурсы России?

3. В России открыто сколько месторождений полезных ископаемых?

4. Почему низкая степень промышленного освоения значительных разведанных запасов?

Задание 2 Постарайтесь передать содержание текста.

Урок 2   Нефть и газ России

По запасам нефти РФ занимает седьмое, а газа — 1-е место в мире (2010). Суммарные прогнозные нефтяные ресурсы страны оцениваются в 62,7 млрд т. Большая часть этих ресурсов сосредоточена в восточных и северных районах страны, а также на шельфах арктических и дальневосточных морей. В начале XXI века с 2152 открытых в России нефтяных месторождений в разработку вовлечено менее половины, а запасы эксплуатируемых месторождений выработаны в среднем на 45 %. Однако начальный потенциал ресурсов нефти России реализован примерно на треть, а в восточных районах и на российском шельфе — не более чем на 10 %, так что возможно открытие новых крупных запасов жидких углеводородов, в том числе в Западной Сибири.

Залежи нефти и газа установлены в осадочных горных породах от венда (温德原系：元古界最晚期地层) до неогена (新近纪), но наибольшие ресурсы углеводородного сырья сосредоточены в палеозойском (古生代) (девон 泥盆纪 , карбон 石炭纪 , пермь 二叠纪) и мезозойской (中生代) (юра 侏罗纪 , мел 白垩纪) отложениях. На терр. РФ выделяют следующие нефтегазоносные провинции: Западно — Сибирскую, Тимано — Печорскую, Волго — Уральскую, Прикаспийскую, Северо — Кавказско — Мангышлак, Енисейско — Анабарскую, Лено — Тунгусскую, Лено — Вилюйскую, Охотскую и нефтегазоносные области: Балтийская, Анадырская, восточно-камчатская.

Западно-Сибирская нефтегазоносная провинция приурочена к одноимённой плите и охватывает Тюменскую (Лянфорское месторождение газа, Правдинское нефтяное месторождение), Томскую, Новосибирскую и Омскую области, западную окраину Красноярского края. Пром. нефтегазоносность связана с мощным чехлом мезозойско-кайнозойских отложений (中生代 — 新生代沉积层). Здесь открыто более 300 месторождений нефти и газа. Тимано-Печорская провинция расположена на севере Европейской части РФ. Нефтегазоносен почти весь разрез (露天矿) осадочных горных пород (от ордовика 奥陶纪 , до триаса 三叠纪), но больше залежей и более 90 % запасов сосредоточено в про-изводительных горизонтах среднедевонско-нижнефранского терригенного комплекса (Усинское, Возейское, Зап.-Тебукское и другие месторождения). С карбон-нижнепермским комплексом пород связаны залежи Вуктыльского, Лаявожского, Юго-Шапкинского и др. месторождений. Волго-Уральская провинция находится на востоке Европ. части РФ. Ок. 40 % от всех нефтяных ресурсов провинции здесь сосредоточено в девонских и более 50 % — в каменноугольных отложениях, а около 90 % запасов газа связано с пермскими горными породами. Нефтяные и газовые месторождения выявлены в Пермской, Кировской, Ульяновской, Самарской, Оренбургской, Саратовской и Волгоградской областях, Татарской, Башкирской и Удмуртской республиках. Крупнейшие нефтяные месторождения: Ромашкинское, Арланское, Бавлинское, Мухановское, Ишимбайское и другие, а также Оренбургское газовое месторождение. На терр. РФ находится северный -западная часть Прикаспийской провинции, где основными продуктивными горизонтами являются палеозойские горные породы, а подчиненное значение имеют пермско-триасовые и юрские. Здесь выделяется Астраханское газоконденсатное месторождение. Нефтяные залежи разведаны в песчаниках аптского яруса в пределах вала Карпинского и в прилегающих к нему зонах. Нефтегазоносность в северный-Кавказско-Мангышлакской провинции (Простирается вдоль северный. Кавказа от Азовского до Каспийского морей) установлена по всему разрезу мезозойско-кайнозойских осадочных отложений, но наибольшее значение имеют юрский, нижне-и верхнемеловые (早晚白垩世), палеогеновые и неогеновые продуктивные комплексы. В рамках этой провинции расположены старейшие в стране Майкопский (Майкопское газоконденсатное месторождение) и Грозненский нефтяные промыслы, а также месторождения нефти и газа Краснодарского (Анастасиевское-Троицкое нефтегазовое месторождение) и Ставропольского краев, Дагестана и Калмыкии. Енисейско-Анабарская провинция расположена на севере Красноярского края и Якутии. Пром. скопления газа установлены в мезозойских породах Усть-Енисейской впадины. Лено-Тунгусская провинция охватывает северный и центр. районы Красноярского края, зап. и северный районы Иркутской обл. и зап. часть Якутии (Сахи). Нефтегазоносность связана с осадочными породами верх. Протерозоя (元古代) (рифей-венд) и ниж. палеозоя (кембрий). Перспективны также ордовикские и силурийские отложения. Особенностями провинции является наличие трапов магматизма, что осложнило формирование нефтяных и газовых месторождений, и вечная мерзлота, которая затрудняет их разведку и освоение. Лено-Вилюйская провинция расположена в зап. части Якутии. Продуктивными являются терригенные пермские, триасовые и юрские г.п. Охотская нефтегазоносная провинция охватывает акваторию Охотского море, Татарского залива, остров Сахалин и зап. побережья полуострова Камчатка. Промышленно нефтегазоносны породы неогена. На терр. РФ (в пределах Калининградской области) находится южн. часть Балтийской нефтегазоносной области. Пром. нефтеносными являются терригенные отложения среднего кембрия. Анадырская область расположена в юго-вост. части Чукотского авт. округа. Здесь наиболее перспективны отложения мелового периода, палеогена и неогена. Востоко-Камчатская нефтегазоносная область охватывает вост. часть п-ова Камчатка и прилегающие шельфы Берингова моря и Тихого океана Перспективными являются палеогеновые и неогеновые отложения. Нефтеносная шельфовая зона Арктики охватывает Берингово, Баренцево (остров Колгуев) и др. моря.

По оценкам British Petroleum на 2003 год в России запасы нефти составляют 60 млрд барр, доля в мире — 6 %, оцененный по уровню потребления будущий продуктивный период — 22 года. Запасы газа, доля в мире и оставшиеся годы добычи: 48 трлн м^3 (31 %), 81 год. Доказанные запасы газа России распределяются по экономическим районам следующим образом: на районы европейской части страны приходится 4,9 трлн м^3 (в том числе на Поволжский — 5,9 %, Уральский — 2,3 %, Северный — 1,5 %, Северо-Кавказский — 0,6 %), Западной Сибири — 36,8 трлн м^3 (77.5 %), Восточной Сибири — 1,0 трлн м^3, Дальнего Востока — 1,1 трлн м^3, шельфа — 3,7 трлн м^3. Крупнейшими газовыми месторождениями являются Уренгойское и Ямбургское. На полуострове Ямал на 25 месторождениях разведано 10,4 трлн м^3 запасов. В акватории Баренцева моря запасы газа более 3 трлн м^3.

Новые слова

1. шельф   陆架

2. жидкие углеводороды   液态烃

3. залежь   积存物, 堆积物

4. отложение   沉积层

5. плита　地台；板状节理

6. нефтегазоносный　含油气的

7. разрез　露天矿

8. песчаник　砂岩

9. акватория　水域

◇**Задания по тексту**

Задание 1 Прочитайте текст и ответьте на вопросы.

1. Какое место в мире РФ занимает по запасам нефти и газа?

2. Где сосредоточена большая часть прогнозных нефтяных ресурсов?

3. Какие нефтегазоносные провинции выделяют на терр. РФ?

4. Какие газовые месторождения являются крупнейшими в РФ?

Задание 2 Прочитайте текст и постарайтесь пересказать текст.

Урок 3　Уголь России

В РФ имеются большие запасы угля (третье место в мире после США и Китая), установленные в отложениях девона-плиоцена. Разведаны угли всех геологических типов и стадий метаморфизма — от чисто гумусового к богхедовому и от липтобиолитового и мягкого бурого угля (Нижнезейский угольный бассейн) до антрацитов. Главные угольные бассейны — Кузнецкий, Печорский, Южно-Якутский и российская часть Донецкого. В вост. районах страны сосредоточено около 63 % всех запасов. По геол.-структурному положению угольные бассейны относят к платформенным (Подмосковный, юго-Уральский, Канско-Ачинский, Иркутский, Таймырский, Ленский и др.) и к геосинклинальным типам. Последние имеют особенно важное значение, поскольку содержат высококачественный каменный уголь, в том числе коксующийся — Донецкий, Печорский, Кузнецкий и другие бассейны.

Угленакопления в Подмосковном угольных бас. происходило в палеозое; разведанные запасы 4 млрд т. Угли бурые, плотные, мощность пластов 1,5 — 2,5 м, макс. зольность 45 %. На терр. РФ находится небольшая вост. часть

Донецкого угольных бассейн Уголь каменный, высококачественный, практически всех марок. Печорский угольный бас. сформировался в перми, включает 30 угольных месторождений. Теплота сгорания угля 16,8 — 32 МДж/кг. Осн. значение имеет уголь марок Д, Ж и К. Содержание серы в них не превышает 1,5 %. Уголь Кизеловского угольного бас. приурочен к осадочным породам ниж. карбона. Выявлено 29 пластов простого строения, из них 4 имеют пром. значение. Угли гумусовые, каменные (от Д до Ж), труднообогатимые. Кузнецкий угольный бассейн выделяется своими большими запасами (более 67 млрд т., прогнозные ресурсы более 430 млрд т.). Суммарная мощность пластов 4 — 95 м. Угли каменные гумусовые. Горловский угольный бас. является вторым после Донбасса районом добычи антрацита. Угленосные отложения содержат до 16 рабочих пластов. В Минусинском угольном бас. они принадлежат к верх. палеозою, содержится 40 пластов угля марок Д и Г суммарной мощностью до 100 м. Угли гумусовые, каменные, газовые и др. Разведанные и оцененные запасы 49 млрд т., в том числе пригодные для открытых работ 36 млрд т.. Тунгусский угольный бас. имеет прогнозные ресурсы более 2 трлн т.. Угли каменные и бурые. Осн. угленосность связана с отложениями перми и карбона. Кол-во пластов от 3 до 11 м, суммарная мощность от 11 до 74 м. В Таймырском угольном бассейне угленосны пермские отложения, установлено 26 пластов суммарной мощностью 48 м. Рабочие пласты кам. угля имеют мощность 1 — 3 м, реже 6 — 7 м. Угли Ленского бас. относятся к мезозою. Всего в разрезе юры известно 150 угольных пластов, из которых 50 мощностью 1 м. Прогнозные ресурсы бассейна оцениваются в 1,6 трлн. т. Крупнейшим в РФ по подтвержденным запасам (801,97 млрд т.) является Канско-Ачинский угольный бассейн Свыше 1/4 всех запасов бурого угля бассейна пригодны для разработки открытым способом. Крупнейшие месторождения — Урюпское, Абанское, Барандатское, Назаровское, Березовское и др. Уголь низкозольные, с теплотой сгорания до 29,3 МДж/кг. Иркутский угольный бассейн расположен в вост. части Сибирской платформы, здесь разведано 20 крупных месторождений (Черемховское, Вознесенское, Мугунсское, Каранцайское и др.). Угленосные отложения содержат до 65 пластов; кол-во рабочих пластов на окр. месторождения от 1 до 25. Разведанные запасы 74 млрд т. Южно-Якутский угольный бассейн выделяется наличием наибольшего количества в РФ коксующегося угля. Разведаны Нерюнгринское, Чульмаканское, Денисовское и др. месторождения. Уголь марок Ж, КЖ, К и ОС, малосернистый и малофосфористый, верх. горизонты угля окислены. Разведанные запасы 56 млрд т., около 60 % угля размещено на глубине до 300 м. Крупными ресурсами располагает Улуг-Хемский бассейн (Тува), прогнозные ресурсы кам. угля здесь оцениваются в 9 млрд т. Угленосные отложения юры содержат уголь с небольшим содержанием серы и фосфора. На вост. склоне Урала известны триас-юрский Челябинский буроугольный бассейн, Сев.-Сосвинский, а также Серовский, Буланаш-Ёлкинский и Орский угленосные районы. Многочисленные разобщенные месторождения кам. и бурого угля юры установлены в Забайкалье (Гусиноозерское, Олон-Шибирское, Харанорское и др.), часть из них пригодна для открытой разработки.

Новые слова

1. стадия   阶段，期
2. метаморфизм   变质作用
3. гумус   腐殖质，腐殖土
4. богхед   藻煤
5. липтобиолит   残植煤
6. антрацит   无烟煤
7. коксующийся уголь   焦煤

8. зольность   灰份，含灰量
9. сера   硫
10. мощность   （矿层、大气、水体等的）厚度
11. фосфор   磷
12. буроугольный   褐煤的

◇ Задания по тексту

Задание 1   Прочитайте текст и ответьте на вопросы.

1. Какое место в мире РФ занимает по запасам угля?
2. Какие угольные бассейны имеются в РФ?
3. Какой угольный бассейн является крупнейшим в РФ по подтвержденным запасам?

Задание 2   Прочитайте текст и постарайтесь пересказать текст.

Урок 4 Металлические руды России (1)

Железные руды (铁矿石). Россия стоит на первом месте в мире по общим и подтвержденным запасам (264 млрд т.) железняка. Железные руды России отличаются значительной глубиной залегания, имеют содержание железа 16 % — 32 %, характеризуются большой прочностью и сложным минеральным составом. Практически все они подлежат обогащению.

Залежи железняка в основном находятся в европейской части страны. Самый большой бассейн РФ и один из крупнейших в мире — Курская магнитная аномалия. Из разведанных в РФ запасов руд только здесь более 16 % может быть использовано без обогащения. Месторождения жел. руд представлены всеми генетическими типами. Магматические месторождения известны в Карелии (Пудожгорское), на Урале (Качканарская,Кусинско-Копанская группы, Суроямское), в Горном Алтае (Харловское), Вост. Саянах, в Забайкалье (Кручининское). Руды характеризуются промысиленым содержанием железа, ванадия, титана, низким содержанием серы и фосфора.

Марганец (锰). Месторождения марганцевых руд на терр. РФ многочисленные, но небольшие, преимущественно карбонатного типа. В Госбалансе учтены 14 месторождений, разведанные запасы которых составляют около 150 млн т. — 2,7 % от мировых (2002). Качество руд низкое. Около 91 % запасов относятся к карбонатному типу с низким содержанием Mn и тяжелой обогатимостью. Крупнейшие залежи известны на Урале, в Сибири и на Д. Востоке. Крупнейшие из них на Урале — Юркинское, Екатерининское, Березовское и др. (Карбонатные руды), Новоберезовское, Полуночное (оксидные руды). Руды Сев. Уральского бас. характеризуются содержанием марганца ок. 21 %. На Юж. Урале с вулканогенно-осадочной формацией Магнитогорского синклинория связаны многочисленные мелкие залежи окисленных марганцевых руд. Крупнейшее в Сибири — Усинское марганцевое месторождение (Кемеровская область), которое содержит 65 % запасов марганцевых руд России, руды в осн. карбонатные. Кроме того, есть небольшие скопления марганца на Енисейском кряже (Порожинское месторожд.), Салаирском кряже, Ангарском хребте, на зап. побережье оз. Байкал, в ряде районов Сибири, Д. Востока (группа месторожд. Малого Хингана), Ирнимийское месторожд. в Удскую-Шантарском районе, на Сев. Кавказе (Лабинское). В России преобладает карбонатный тип руд со средним содержанием марганца 20 % (более 90 % российских запасов). Оксидные руды (при содержании Mn 21 %) составляют 4,7 %, окисленные (27 % Mn) — 4,5 %, смешанные (16 % Mn) — сотые доли процента.

Титановые руды (钛矿石). В РФ их подразделяют на две группы — коренные и россыпные. Коренные месторождения характеризуются невысоким содержанием диоксида титана, значительно меньше, чем в Канаде и Норвегии. Россыпи имеют более низкие, чем их мировые аналоги, концентрации ильменита, рутила, циркона, худшие геолого-экономические и горнотехнические условия. Добывают руды главным образом из древних (погребенных) прибрежно-морских, а также аллювиальных и аллювиально-делювиальных россыпей, ильменита и др. титаносодержащих минералов неогена, палеогена (古近纪), мезозоя и палеозоя. Они распространены на Вост.-Европейской платформе, Урале, в Зап. и Вост. Сибири, в Забайкалье.

Основу минерально-сырьевой базы титана России составляют россыпные месторождения комплексных ильменит-рутил-циркониевых песков (Центральное, Лукояновское, Бешпагирское, Туганское, Тарское, Георгиевское), ильменитовых песков (Тулунское, Катенское, Николаевское), лейкоксеновых песчаников (Ярегское), ильменит-титаномагнетитовых песков (россыпи бассейна р. Ай на Урале, Ручарзкое, Рейдовское, Халактирское, Озерновское), ильменит-рутил-фосфатных песков (Унечское). Коренными источниками титанового сырья являются месторождения апатит-ильменитовых руд (Гремяха-Вирмес, Большой Сеим), титаномагнетита-ильменитовых (Медведевское, Кручининское, Харловское, Чинейское), титаномагнетитовых (Пудожгирское, Пидлисанское) и лопаритових руд (Ловозерское). Значительные запасы титана сосредоточены в сфенитах хибинских апатитовых месторождений.

Хром (铬). Из месторождений хромовых руд пром. значение имеет Сарано-вское месторожд. (Пермский край), приуроченное к габбро-перидотитовому массиву. Рудные концентрации в виде субпараллельных жиловидных тел прослеживаются на расстояние до 1 км при мощности 3 — 10 м. Содержание Cr_2O_3 (34 % — 39 %), Al_2O_3 (15 % — 18 %), MgO (16 % — 18 %), FeO (12 % — 14 %).

На Урале известно также Ключевское месторождение, связанное с дунит-гарцбургитовой субформацией. Наиболее богатые руды содержат 13 % — 18 % Cr_2O_3. С аналогичными формациями связаны залежи массива Рай-Из (Полярный Урал) и Верблюжьегорское месторожд. (Челябинская обл.) На Урале известны также россыпные месторожд., к которым относятся валунные руды Сарановского и элювиальные россыпи Алапаевского и Варшавского месторождений. Руды, как правило, бедные, требующие обогащения. Обнаружена минер.-сырьевая база хромовых руд представлена в осн. прогнозными ресурсами. Доля разведанных (C_1) и предварительно оцененных (C_2) запасов не более 10 %.

Ванадий (钒). На Урале широко развиты породы габбро-пироксенит-дунитовой формации, с которыми связаны месторождения ванадий-содержащего титаномагнетита (Качканарское и др.). Есть также небольшие месторожд. ванадия в зонах окисления полиметаллических руд. На побережье Каспийского моря и Курильских о-вах обнаружены прибрежно-морские россыпи титаномагнетитовых песков с содержанием ванадия. Повышенное содержание ванадия установлено в угольных и железорудных месторожд., а также в высокосернистой нефти в Волго-Уральской провинции.

Новые слова

1. железняк 铁矿
2. залегание 矿层
3. обогащение 选矿, 洗矿
4. магматический 由岩浆形成的
5. апатит 磷灰石
6. титаномагнетит 钛磁铁矿
7. ильменит 钛铁矿
8. ванадий 钒
9. титан 钛

◇ Задания по тексту

Задание 1 Прочитайте текст и ответьте на вопросы.

1. На каком месте Россия стоит в мире по общим и подтвержденным запасам железняка?

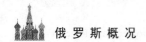

2. Чем характеризуются железные руды России?

3. Где известны крупнейшие залежи марганца?

4. Что составляет основу минерально-сырьевой базы титана России?

Урок 5　Металлические руды России (2)

Алюминий(铝)**.** РФ имеет значительные ресурсы алюминиевых руд — бокситов, нефелинов и других видов алюминиевого сырья. Залежи бокситов геосинклинального типа разведаны на Северном Урале (Северо-Уральский бокситоносный район), Юж. Урале и в Зап. Сибири. Месторожд. бокситов платформенного типа расположены в Европ. части РФ — Тихвинский (содержание Al_2O_3 35 % — 49 %) и Онежский (49 % — 53 %) бокситоносные районы, а также месторожд., связанные с разрушением кор выветривания на Сибирской платформе (Чадобецкая, Приангарская и Татарская группы родов). Латеритные (остаточные) месторожд. бокситов в нижнепалеозойские корах выветривания обнаружены в Белгородском районе КМА (Вислохское; 49 % — 51 %) и на среднем Тимане. Освоено производство глинозёма и получение алюминия из нефелиновых концентратов апатит-нефелиновых руд Хибинских месторождений (Кольский рудный район), из нефелинов КияШалтирского месторождения (Кузнецкий Алатау). Перспективное сырье — синнириты (калий-алюмосиликатные породы Синнирского массива) в Забайкалье, кианитовые сланцы Кейвского плато на Кольском полуострове, силлиманитовые сланцы Бурятии (Кяхтинский месторожд.), алуниты Д. Востока (Аскумское месторожд.) и др.

В России ощущается острый дефицит алюминиевого сырья, обусловленный отсутствием крупных месторождений высококачественных бокситов и обоснованных перспектив их обнаружения. Наиболее высокое качество имеют бокситы Северо-Уральского бокситоносного района. Наиболее перспективным источником этого сырья является Середнетиманская группа месторождений на северо-западе республики Коми, в 150 км от города Ухта; подтвержденные запасы их — 200 млн т. По другим данным, запасы до глубины 200 м здесь составляют 264 млн т. Разведанные запасы Среднего Тимана сконцентрированы на Вежаю-Ворыквинском (150 млн т.), Верхне-Щугорском (66 млн т.) и Восточном (48 млн т.) месторождениях. Эти месторождения находятся в необжитом районе, открыты в конце шестидесятых годов и детально разведаны в 80-х годах. Качество руд — среднее.

Вольфрам (钨) **и молибден** (钼)**.** По ресурсам вольфрама Россия вместе с Казахстаном разделяет 2 — 3-е место в мире (после Китая) — 18,2 % (4 млн т.). Около 60 % разведанных запасов приходится на скарновые месторождения. В России по состоянию на 2000 год разведаны более 90 вольфрамовых месторождений, причем на долю 50 коренных приходится более 99 % суммарных запасов промышленных категорий, и лишь менее 1 % запасов заключено в россыпях. Более 40 % запасов вольфрама сконцентрировано на Северном Кавказе, почти 30 % — в Забайкалье, 10 % — в Приморском крае, 9 % — в Якутии, остальные — на Чукотке, Алтае, Урале. Около 55 % всех разведанных запасов заключено в месторождениях скарнового геолого-промышленного типа, 25 % — в штокверковых), 14 % — в жильных, 5 % — в стратиформных месторождениях. Несмотря на достаточно высокий ресурсный потенциал, в освоении минерально-сырьевой базы страны остается ряд серьёзных и пока не решенных проблем. Это прежде всего высокая концентрация разведанных запасов в месторождениях, а также в целом более низкое, чем за рубежом, содержание триоксида вольфрама в рудах.

Россия обладает существенной частью мировых подтвержденных запасов молибдена. Данные о запасах молибдена в РФ официально не объявлены. По данным западных источников, экономические запасы России, соответствующие части подтвержденных запасов, составляют 240 тыс.т, а база запасов, или сумма общих запасов и части условно-экономических ресурсов, — 360 тыс. т. Российские специалисты считают эту оценку существенно заниженной. На 1997 год в стране было учтено 9 месторождений с балансовыми запасами молибдена. Из них семь, расположенных преимущественно в Восточной Сибири, относятся к разряду средних и крупных. До 40 % подтвержденных запасов находится в республике Бурятия, преимущественно в штокверковых молибденовых месторождениях. В Читинской области — 28 % запасов, основная их часть сконцентрирована в молибденпорфировых месторождениях. Качество руд основных месторождений России низкое. Среднее содержание молибдена в рудах в 1,5 — 2,5 раза ниже средних содержаний в основных зарубежных молибденовых месторождениях.

Медь (铜). По западным источникам, подтвержденные запасы меди в РФ составляют 20 млн т., общие — 30 млн т., значительная часть разведанных запасов нерентабельна для современной разработки. Одновременно сырьевые ресурсы России по меди не уступают по своему качеству зарубежным. Осн. ресурсы медных руд на терр. РФ сосредоточены в сульфидных медно-никелевых (65 % — 70 % добычи), медно-колчеданных (30 % — 35 % добычи) месторождениях и в месторождениях медистых песчаников. Большие залежи сульфидных медно-никелевых руд, связанные с трапами ниж. мезозоя, расположены в Норильском рудном районе (Норильское, Талнахское, Октябрьское и др.). Месторождения таких руд известны также на Кольском полуострове, где они связаны с интрузиями докембрийского возраста (早寒武纪) (Ждановское, Каули, Аллареченское, Ниттис-Кумужья-Луга и др.). Залежи медно-колчеданных руд распространены на Урале, вдоль его восточного склона (Красноуральская, Кировоградская, Карабашская группы месторожд., Дегтярское, Учалинское, Сибайское, Гайское, Аралчинское и др.). Содержание меди в рудах — от долей процента до 20 %. Колчеданные месторожд. Сев. Кавказа залегают в средне-палеозойских осадочно-вулканогенных образованиях (Урупское, Худеское и др.). Осадочные месторожд. типа медистых песчаников залегают в толще метаморфизированных терригенных пород ниж. протерозоя (Удоканское в Читинской обл.) Содержание меди в рудах 0,2 % — 4 %. Значительные запасы меди сосредоточены в комплексных полиметаллических месторождениях.

Никель (镍) **и кобальт** (钴). По запасам никеля РФ занимает 1-е место в мире (33 %). Россия имеет 6600 тыс.т. подтвержденных запасов никеля, доля в мире — 13,2 %, общие запасы — 7300 тыс.т. Гл. источником никелевых и кобальтовых руд являются магматические месторождения, расположенные в Норильском рудном районе Красноярского края и на Кольском пове. Они заключены главным образом в интрузивных габбро-долеритовых формациях мезозойского возраста. Рудные тела имеют пластоподобные, линзовидные или жильные формы при мощности до 50 м и протяженности до нескольких километров. Сульфидные руды этих месторождений являются комплексными: они содержат медь, кобальт, никель, платину. Экзогенные месторожд. Силикатных никель-кобальтовых руд известны на Урале (Серовское, Черемшанское, Синарское, Липовское, Буруктальское и др.). В Туве разведано комплексное Хову-Аксинское месторожд. мышьяк-никель-кобальтовых руд. Всего в России 85 % запасов никеля связано с сульфидными медно-никелевыми месторожд. (Норильск, Печенга), и 15 % — с силикатными (Урал).

Олово (锡). По разведанным запасам олова РФ занимает одно из ведущих мест в мире. По ресурсам олова Россия занимает шестое место среди стран мира (после Бразилии, Китая, Индонезии, Малайзии и Таиланда) — 7,6 % мировых ресурсов (3,6 млн т). Основу минерально-сырьевой базы олова в России составляют мезозойские коренные месторождения жильных и штокверковых руд (свыше 86 % разведанных запасов металла), запасы россыпных месторождений составляют менее 14 %. Почти 95 % всех российских запасов разведанных месторождений сосредоточены в Дальневосточном регионе, в том числе 41 % — в Якутии, по 20 % — в Хабаровском крае и Магаданской области, 13 % — в Приморском крае. Содержание металла в российских рудах низкое — главным образом 0,4 % — 0,6 %, тогда как в рудах Бразилии, Боливии, Китая (1 % — 1,5 %).

Новые слова

1. марганец   锰
2. карбонатный   含碳酸盐的
3. оксидные руды   氧化矿
4. синклинорий   复向斜
5. диоксид титана   二氧化钛
6. рутил   金红石
7. циркон   锆石
8. россыпь   砂矿；冲积矿床
9. делювий   坡积
10. лопарит   铈铌钙钛矿
11. габбро   辉长岩
12. перидотит   橄榄岩
13. валунные руды   漂砾矿

◇**Задания по тексту**

Задание 1 Прочитайте текст и ответьте на вопросы.

1. Почему В России ощущается острый дефицит алюминиевого сырья?

2. Какое место занимает РФ по запасам никеля в мире?

3. Какое место занимает Россия по ресурсам олова среди стран мира?

Урок 6 Металлические руды России (3)

Полиметаллы (多金属). В России общие запасы цинка составляют 22,7 млн т., подтвержденные 17,2 млн т. (1999 г.). Примерно 82 % запасов находится в месторождениях Восточно-Сибирского и Уральского регионов, других 18 % — в пределах Западно-Сибирского, Дальневосточного и Северо-Кавказского регионов. Наиболее крупные месторождения цинка в России: Холоднинское, Озерное, Корбалихинское, Гайское, Узельгинское, Учалинское и Николаевское.

Свинцово-цинковые руды России сосредоточены главным образом в месторожд. колчеданно- и стратиформного типов, значительно меньше — в зернистых, скарновых и жильных. Руды содержат цинка больше, чем свинца, а свинца больше, чем меди. Палеозойские колчеданные полиметаллические месторожд. есть в Сев. Забайкалье (Озерное, Холоднинское). К стратиформным залежам относят Горевские метасоматические (Енисейский кряж, Pb : Zn = 1 : 0,2). К этому же типу относится месторожд. Сардана на р. Алдан, залегающее в доломитах верх. венда (Pb : Zn = 1 : 4). Большинство свинцово-цинковых месторожд. характеризуются комплексным составом руд: наряду со свинцом и цинком содержат медь, олово, благородные металлы, редкие металлы и элементы, а также серный колчедан, иногда барит и флюорит. По содержанию цинка и свинца руды Россия уступают зарубежным (кроме Горевского месторожд., где содержание цинка 6 %). Содержание свинца и цинка в рудах России соответственно 1 % — 1,3 % и 3,9 % — 4,7 %, тогда как в рудах Австралии, США, Бразилии содержание свинца в рудах 5 % — 7,8 %, Канады — 3,6 % — 4,5 %, а содержание цинка от 3,6 % до 15,3 %.

Уран (铀). РФ занимает седьмое место в мире по общим разведанным запасам уранового сырья (на 2000 год запасы урана 177 тыс.т., доля в мире 5,3 %). В Госбалансе РФ на 2002 год учтены запасы 54 урановых месторождений. Из них только 16 отнесены к балансовым с общей оценкой 180 тыс.т. Основная часть этих запасов сосредоточена в 15 месторождениях Стрельцовского рудного района в Забайкалье и пригодна для подземной добычи. Запасов этих месторождений при достигнутом уровне добычи хватит на 15 — 20 лет. На ещё одном учтенном в госбалансе РФ Далматовском месторождении урана, пригодном для разработки методом скважинного подземного выщелачивания, балансовые запасы весьма ограничены и позволят в течение 20 лет вырабатывать 500 тыс.т урана в год.

Золото (金). К началу XXI в. по запасам золота РФ разделяет вместе с Канадой 4-е (после ЮАР, США и Австралии) место в мире. Горным бюро и Геологической службой США запасы золота оценены: в ЮАР — в 38 тыс. т., США — в 6 тыс. т., Австралии — в 4,7 тыс. т., Канаде и России — по 3,5 тыс. т. Пр-огнозные ресурсы России — более 25 тыс. т. золота — вторые в мире по величине (после ЮАР, 60 тыс.т., в мире —— 110 — 180 тыс. т.).

Россия располагает пятью большими (> 300 т.) месторождениями золота. В РФ разведано более 200 коренных и 114 комплексных месторождений золота (2000 г.). Основная часть балансовых запасов золота в РФ (73,6 %) сосредоточена в Восточно-Сибирском (Бодайбинское месторождение золота) и Дальневосточном регионах (в частности, Бамское золоторудное месторождение). Ок. 80 % общих запасов металла находится в рудных месторождениях, а 20 % — в россыпных.

Серебро (银). По российским источникам, Россия занимает первое место в мире по запасам серебра. Основные из них (73 %) сосредоточены в комплексных рудах месторождений цветных металлов и золота. Собственно серебряные месторождения заключают 27 % запасов. Среди комплексных месторождений наибольшим количеством серебра (23,2 % всех его запасов) отличаются медно-колчеданные (Гайское, Узельское, Подольское на Урале, в рудах которых содержание серебра колеблется от 4 — 5 до 10 — 30 г/т). К собственно серебряным принадлежат 16 месторождений, в рудах которых среднее содержание серебра превышает 400 г/т. Основные запасы собственно серебряных руд (около 98 %) находятся в Охотско-Чукотском и Восточно-Сихотэ-Алиньском вулканических поясах.

Платиноиды (铂族元素). На Россию, исходя из оценки Геологической Службы США, приходится 10,7 % мировых запасов платиноидов и 8,1 % платины. По прогнозным ресурсам Россия занимает третье место в мире —— 6 — 10 тыс. т. (после ЮАР —— 15 — 25 тыс.т., и США —— 9 — 10 тыс.т.; в мире всего —— 40 — 60 тыс. т.). Месторождения металлов платиновой группы (МПГ) представлены позднемагматичными коренными и россыпными типами. В платиновый пояс Урала входит позднемагматичное Нижнетагильское месторождение. Известны элювиальные, делювиальные и аллювиальные россыпи платиноидов. Среди них пром. значение имеют позднечетвертичные аллювиальные россыпи Урала (в осн. уже отработанные). Платину и металлы платиновой группы изымают попутно также из сульфидных медно-никелевых руд магматических месторождений. В Мурманской области находится крупнейшее в стране по запасам палладия и платины Федорово-Панское месторождение малосульфидных руд.

Сурьма (锑). По ресурсам сурьмы (8 % мировых) Россия занимает третье место среди стран мира (после Китая и Таджикистана). По запасам сурьмы РФ опережает все страны СНГ. Содержание сурьмы в золото-стибиевих рудах высоко — до 18 % — 20 % (в других странах от 1 % — 1,5 % до 5 % — 10 %). Сурьма локализуется главным образом в гидротермальных месторождениях жильного типа на Енисейском кряже (Раздольнинское и Удерейское), в Якутии (Сарилах, Сентачанское).

Ртуть (汞). Гидротермальные месторождения ртутных руд распространены на Сев. Кавказе (Перевальное, Сахалинское, Белокаменный и др.), в Кузнецком Алатау (Билоосипивское), в Горном Алтае (Чаган-Узунское, Акташское), в Туве (Чазадирское, Терлиг-Хаинское), на Чукотке (Тамватнейское, Западно-Палянское и Пламенное), на Корякский нагорье (Тамватнейское, Олюторское, Ляпганайское и др.), на п-ове Камчатка (Чемпуринское и др.), на о. Сахалин (Светловский).

Новые слова

1. полиметаллический 多金属的
2. боксит 铝土矿
3. нефелин 霞石
4. алунит 明矾石
5. скарн 矽卡岩
6. триоксид 三氧化物
7. сульфидный 硫化物的
8. интрузия （岩浆的）侵入
9. долерит 粗玄岩
10. платина 铂
11. силикатный 硅酸盐的
12. мышьяк 砷
13. барит 重晶石
14. флюорит 萤石
15. выщелачивание 浸析作用；去碱作用
16. палладий 钯
17. локализоваться 集中

◇ Задания по тексту

Задание 1 Прочитайте текст и ответьте на вопросы.

1. Какое место занимает Россия по запасам золота в мире?

2. Какое место занимает Россия по запасам серебра в мире?

Урок 7 Горнохимическое сырье России

Горнохимическое сырье РФ представлено месторождениями барита, фосфатными рудами, калийными, калий-магниевыми и каменными солями, сульфатом натрия и естественной содой, самородной серой, борными рудами и др. Стратиформные баритовые и барит-содержащие полиметаллические залежи находятся на Полярном Урале, в Зап. Сибири, в Хакасии. Пром. месторождения борного сырья представлены эндогенными и экзогенными типами — например, месторождения в Приморье. Крупнейшее в России собственно баритовое месторождение — Хойлинское на Полярном Урале, в 95 км южнее города Воркута. Общие запасы месторождения на 2000 год достигают 9,2 млн т. Содержание $BaSO_4$ в руде — 85,44 %. Баритовые рудные тела месторождений представляют собой пластовые залежи и линзы, локализованные в средне-и верхнедевонских флишоидных терригенно-карбонатно-кремнистых толщах. Основные запасы Хойлинского месторождения сконцентрированы в трех рудных телах: Западном (средней мощностью 3,5 м), Центральном (6,4 м) и Восточном (15 м). Месторождение может разрабатываться открытым способом практически без вскрытия.

РФ богата калийными солями. Основные месторождения безсульфатного (хлоридного) типа. Примерно 95 % подтвержденных запасов калийных солей приходится на одно месторождение — Верхнекамский соленосный бассейн в Пермском крае. Главные калийные минералы — сильвин и карналлит. Калийные соли отрабатываются на глубинах 250 — 350 м шахтным способом. Среднее содержание K_2O в рудах существенно ниже, чем в канадских месторождениях, около 17 %. Известны также месторождения, приуроченные к соляно-купольным структурам (напр., Эльтонское). Перспективным является Непско-Гаженский калиеносний бассейн в Иркутской обл.

Осадочные залежи каменной соли бывают пластовые и линзовые (Усольское, Зиминское в Вост. Сибири). Среди озерных месторождений крупнейшие — Эльтонское, Баскунчак в Прикаспии, Кучукское озеро, о. Кулундинское, Эбейты и др. озера в Зап. Сибири. Источниками серы являются коренные залежи самородной серы, сероводородные газы (Оренбургское и Астраханское месторождения), сернистая нефть, серный колчедан (пирит) и полиметаллические руды. Кроме того, сера присутствует в вулканогенных родов. Д. Востока: на Камчатке (Малетойваямское) и на Курилах (Новый).

РФ богата флюоритами. Россия занимает пятое место в мире (после Китая, Мексики, ЮАР и Монголии) по общим запасам флюорита (5,6 %) и 4-е место по подтвержденным запасам. В России около 40 % запасов плавикового шпата сосредоточено в месторождениях Вознесенско и Пограничное в Приморском крае, обеспечивающих около 80 % производства флюоритового концентрата. Руды содержат 20 % — 70 % флюорита, но отличаются сложным минеральным составом. Важное промышленное значение имеют жильные кварц-кальцит-флюоритовые месторождения Забайкалья: Калангуйское, Солонечное, Усуглинское, Абагатуйское, Наранское и др. Практически все пром. месторождения гидротермального типа. Большие залежи флюорита часто связаны с карбонатными породами (Вознесенский район Приморья). В Сибири обнаружены Каягинское, Бусичанское и др. месторождения флюорита.

Фосфатные руды РФ представлены апатитами и фосфоритами. Запасы P_2O_5 в России — 4, 6 % от мировых. В стране находится почти две трети мировых ресурсов апатитовых руд. Наиболее значительные ресурсы высококачественных апатитов разведаны в Мурманской обл. (Хибинская группа месторождений комплексных апатит-нефелиновых руд). Содержание P_2O_5 в рудах 7,5 % — 19 %. На Кольском полуострове разрабатывается Ковдорское месторождение апатит-содержащего железняка. Залежи апатитовых и апатитвмисних комплексных руд имеются на Урале (Волковская), в Красноярском крае (Маймеча-Котуйська апатитоносна провинция), в Иркутской обл. (Билозиминское), в Бурятии (Ошурковское), в Читинской обл. (Кручининское), Якутии (Селигдарское). Одно из крупнейших в РФ — Вятско-Камское месторождение фосфоритов платформенного типа. Существенные запасы имеют Кингисеппское месторождение (Ленинградская область), Егорьевское (Московская область) и Полпинское (Брянская обл.).

Новые слова

1. горнохимическое сырье   矿山化学原料
2. фосфатный   含磷酸盐的
3. калий   钾
4. магниевый   含镁的
5. сульфаты натрия   硫酸钠
6. сода   碳酸钠
7. бор   硼
8. сильвин   钾盐
9. карналлит   光卤石
10. каменная соль   岩盐
11. пирит   二硫化铁
12. флюорит   萤石
13. шпат   晶石
14. концентрат   精矿

◇ Задания по тексту

Задание 1   Прочитайте текст и ответьте на вопросы.

1. Какое собственно баритовое месторождение является крупнейшим в

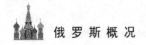

России?

2. Что составляет главныекалийные минералы?

3. Какое место в мире Россия занимает по общим запасам флюорита?

4. Где разведаны наиболее значительные ресурсы высококачественных апатитов?

Задание 2 Прочитайте текст и постарайтесь пересказать текст.

Урок 8 Нерудное индустриальное сырье России

Недра РФ богаты разнообразными видами этого сырья (асбест, графит, слюда и др.). Месторождения асбеста представлены различными генетическими и минералогическим типами, но большое пром. значение имеют скопления хризотил-асбеста. К числу наиболее значит. месторождений принадлежат Баженовское и Красноуральское на Урале, Киембайское на Юж. Урале, Актовракское, Саянское и Ильчирское в Саянах и Молодежное в Забайкалье.

Месторождения графита известны на Урале, в Вост. Сибири и на Д. Востоке. Преобладающая часть залежей относится к метаморфическому и мета-морфогенному типу (Тайгинское и др. на Урале, Ногинское, Курейское, Союзное и др. в Вост. Сибири и на Д. Востоке). Ботогольское месторождение в Восточных Саянах, приуроченное к массиву нефелинов явл. магматическим. Крупнейшими месторождениями с кристаллическими рудами являются Тайгинское на Урале, Безымянное в Иркутской области, а с аморфными — Курейское и Ногинское в Красноярском крае.

Из большого числа разновидностей слюд в РФ осн. пром. значение имеют мусковит, флогопит и вермикулит. Все пром. месторождения мусковита генетически связаны с гранитными пегматитами. Месторождения флогопита постмагматичние или гидротермальные. Скопления вермикулита являются остаточными, образовавшимися в коре выветривания магматических пород, богатых железо-магнезиальными слюдами. Пром. значение имеют месторождения Мамским-Чуйского и Кольский-Карельского слюдоносного района, представленные мусковитоносными пегматитовыми жилами. Крупнейшие месторождения флогопита и вермикулита расположены на

Кольском полуострове (Ковдорское месторождение), в Якутии (Алданская группа), Иркутской обл. (Слюдянское месторождение) и на севере Красноярского края (Гулинское). Кроме того, месторождения вермикулита есть на Урале (Потанинское) и в Якутии (Инаглинское).

Запасы магнезита в РФ сосредоточены на Урале и в Вост. Сибири. Большое промышленное значение имеют апокарбонатные месторождения кристаллического магнезита, связанные с протерозойскими отложениями Урала (Саткинская гр. месторождений), Енисейского кряжа (Удерейская гр., Верхотуривское месторождение) и Присаянья (Савинское месторождение, Онотская группа). Гл. пром. значение имеет Саткинская группа месторождений с высоким содержанием магния(镁) (до 46 %). Запасы талька в РФ расположены на Урале, в Зап. и Вост. Сибири: тальткиты (содержание талька около 70 %) и тальковые камни (35 % — 70 %). Среди них выделяются месторождения гипербазитового и карбонатного типов. Месторождение первого типа характеризуются относительно невысоким качеством сырья из-за больших примесей железа (Урал: месторождения талькового камня Шабровское и Сыростанское, месторождение талька Ведмедевское). Залежи связанные с метасоматозом карбонатных пород и качественным сырьем — месторождения талька Алгуйское и Светлый Ключ в Зап. Сибири, Киргитейское и Онотское в Вост. Сибири.

Залежи каолина — Еленинское и Кыштымское (г. Кыштым) месторождения на Юж. Урале, Гусевское в Приморском крае, Чалганское в Амурской обл. Кроме того, есть месторождение фарфорового камня, огнеупорных глин, кварцевых песков, карбонатных пород (мела, известняков, доломитов и др.), гипса и ангидрита, перлита, бишофита и др.

Новые слова

1. асбест 石棉
2. графит 石墨
3. слюда 云母

4. хризотил-асбеста 温石棉
5. кристалл 晶体
6. аморфный 非晶形的

7. мусковит　白云母	14. каолин　高岭土
8. флогопит　金云母	15. фарфоровый камень　瓷石
9. вермикулит　蛭石	16. мел　白垩；白粉；粉笔
10. гранитный пегматит 　伟晶花岗岩	17. известняк　石灰石
	18. доломит　白云石
11. магнезит　菱镁矿	19. гипс　石膏
12. тальк　滑石	20. ангидрит　硬石膏
13. метасоматизм　交代 (作用)	21. перлит　珍珠岩

◇ **Задания по тексту**

Задание 1　Прочитайте текст и ответьте на вопросы.

1. Где известны есмторождения графита?

2. Что имеет осн. пром. Значение из большого числа разновидностей слюд в РФ?

3. Где сосредоточены запасы магнезита и талька в РФ?

Задание 2　Прочитайте текст и постарайтесь пересказать текст.

Урок 9　Драгоценные и поделочные камни, алмазы России

В РФ выявлены и разведаны запасы драгоценных и поделочных камней, в осн. эндогенного происхождения. Группа месторождений связана с гранитными (берилл, топаз, турмалин, морион и др.) и десилицироваными пегматитами (изумруд, александрит, фенакит, сапфир и рубин), а также с грейзенами (топаз, берилл) и гидротермальными жилами (горный хрусталь, аметист, цитрин и др.), с древними корами выветривания (благородный опал, хризопраз, бирюза, малахит). Месторождения яшмы есть на Урале (г. Полковник) и на Алтае, лазурита в Забайкалье, нефрита в Вост. Саянах, чароита в Читинской области, родонита и малахита на Урале, ювелирно-поделочного агата (Сев.

Тиман), богаты россыпи сердолика и др. разновидностей цветного халцедона (Бурятия, Приамурье), аметистовых щеток (район Белого моря). Разведаны многочисленные месторождения мрамора и мраморных брекчий на Урале, Алтае, Кибик-Кордонском месторождении в Хакасии и в других районах РФ; офиокальцита, зелёного лиственита, серпентинитов на Урале и в Башкирии, поделочного гипса, селенита и ангидрита на Урале и в Архангельской области, родонита на Урале.

Алмазы. В России первый алмаз был найден в 1829 году в Пермской губернии (рудник Крестовоздвиженская). В Сибири первый алмаз был найден в 1897 году (Енисейск). Размер его составлял 2/3 карата. Следующий алмаз был обнаружен в Сибири в 1948 году. Месторождения алмазов представлены эндогенными (коренными) и экзогенными (россыпными) типами. Большое пром. значение имеют эндогенные месторождения (в осн. в якутской алмазоносной провинции и Уральском алмазоносном районе). Эндогенные месторождения Сибирской платформы представлены вкрапленными рудами — кимберлитами. Широко распространены аллювиальные россыпи (главные источники добычи алмазов в россыпях), известные на Урале и в Якутии. Одно из крупнейших в мире месторождений технических алмазов — Попигайское.

Новые слова

1. поделочные камни 半宝石
2. берилл 绿柱石
3. топаз 黄玉, 黄晶
4. турмалин 电气石
5. морион 黑晶
6. яшма 碧石, 碧玉
7. нефрит 软玉
8. чароит 恰拉石
9. родонит 蔷薇辉石
10. малахит 孔雀石
11. сердолик 光玉髓
12. халцедон 玉髓
13. брекчия 角砾岩
14. лиственит 滑石菱镁岩
15. серпентинит 蛇纹岩
16. селенит 透明石膏
17. вкрапленный 浸染的
18. кимберлит 角砾云橄岩

Прочитайте текст и постарайтесь пересказать текст.

Урок 10　Нерудные строительные материалы и геотермальные ресурсы России

Нерудные строительные материалы представлены залежи песчано-гравийных минералов (строительные пески, гравий, песчано-гравийная смесь), камнями, облицовочными материалами — всего ок. 100 наименований минерального сырья (2000 г). Промышленные месторождения связаны с отложениями аллювиального, морского, ледникового, эолового (пески) генезиса. В Госбалансе учтены около 8500 месторождений, 80 % из которых приходится на месторождения кирпично-черепичного, керамзитового сырья, сырья для извести, строительного сырья. Крупнейшие месторождения — Сичевское, эксплуатируемое в Московской (запасы 162,9 млн м^3), Кирсинское в Кировской (124,8 млн м^3) и Вяземское в Смоленской (104,5 млн м^3) областях. Большинство залежей песчано-гравийного материала приурочена к аллювиальным отложениям. Месторождения строительных камней расположены на Вост.-Европейской платформе (Балтийский щит), Сибирской платформе (Алданский щит), а также в осадочных и вулканогенных породах чехла платформ (карбонатные породы и траппы). В качестве облицовочных материалов используются граниты, гранодиориты, сиениты, гнейсо-граниты, базальты, андезиты, вулканические туфы и др.). Недра РФ содержат большие запасы цементного сырья.

Геотермальные ресурсы. Месторождения термальных вод приурочены к ряду пластовых и трещинных водонапорных систем. Наибольшее практическое значение из них имеют пластовые водонапорные месторождения в мезозойско-кайнозойских терригенно-карбонатных отложениях (Скифская, Зап.-Сибирская платформенные области и артезианские бассейны о. Сахалин) и трещинные системы (Байкальский рифт, районы современного вулканизма). Термальные воды этих районов вскрыты скважинами на глубине 1000 — 3500 м.

Температура этих вод 35 — 120 °C, а в районах вулканизма 150 — 250 °C и более. Минерализация вод от 1 до 35 г/л, на окр. площадях до 100 г/л и более. Прогнозные ресурсы тепла в пластовых водонапорных системах в условиях самоизлива около 44 млн ГДж/год, при насосной эксплуатации около 963 млн ГДж/год, в условиях поддержания пластового давления (путем закачки использованных термальных вод) ок. 3,4 млрд ГДж/год. Запасы тепла трещинных водонапорных систем (при температуре до 100 °C) 54,5 ГДж/год.

Новые слова

1. гравий 砾石
2. облицовочные материалы 砌面材料
3. керамзит 陶粒 (用作轻质混凝土 的骨料)
4. кирпично-черепичный 砖瓦的
5. известь 石灰
6. гранит 花岗岩
7. гранодиорит 花岗闪长岩
8. сиенит 正长岩
9. базальт 玄武岩
10. андезит 安山岩
11. вулканический туф 火山凝灰岩
12. цемент 水泥
13. геотермальные ресурсы 地热资源
14. трещинный 裂缝的
15. вулканизм 火山作用

Задания по тексту

Прочитайте текст и постарайтесь пересказать текст.

Урок 11 Сотрудничество в энергетической сфере между Китаем и Россией (1)

Сотрудничество в энергетической сфере — важная часть торгово-экономического сотрудничества между Китаем и Россией.

Сотрудничество между КНР и Россией в энергетической сфере имеет огромный потенциал и ряд уникальных преимуществ. Близкое соседство двух стран означает удобство в плане транспортировки нефти и газа — отпадает необходимость в прокладке нефтегазопроводов и в транзитной транспортировке нефти через территории третьих стран. Во-вторых, Китай, испытывающий большие потребности в нефти и газе, является стабильным рынком сбыта российских энергоресурсов. В-третьих, благоприятные взаимоотношения между Китаем и Россией служат политической гарантией долгосрочного сотрудничества сторон в энергетической сфере.

Сотрудничество между Китаем и Россией в нефтегазовой отрасли стало постепенно разворачиваться после официального подписания в 1996 г. двустороннего межправительственного соглашения о сотрудничестве в энергетической сфере. Стороны выдвинули ряд крупных проектов сотрудничества, главными из которых являются следующие:

(1) Прокладка нефтепровода «Ангарск — Дацин». Летом 2001 г. Китай и Россия достигли договоренности о совместном строительстве нефтепровода общей протяженностью 2400 км из Ангарска (Россия) в Дацин — город на Северо-Востоке Китая. Прокладку нефтепровода планируется завершить к 2005 г. Ежегодный объем поставок нефти в Китай будет составлять 20 млн т., а в перспективе увеличится до 30 млн т.

(2) Разведка, освоение и прокладка газопроводов с Ковыктинского газоконденсатного месторождения под Иркутском (Восточная Сибирь). В настоящее время китайская и российская стороны ведут технико-экономические исследования по данному проекту с тем, чтобы в возможно скором времени приступить к освоению и прокладке газопровода. После сдачи объекта в эксплуатацию объем поставок природного газа из России в КНР будет достигать 20 млрд кубометров в год.

(3) Разведка, освоение и прокладка газопроводов с месторождений в Уренгое (Западная Сибирь). Стороны уже развернули концептуальные исследования по данному проекту.

(4) Поставка газа с месторождений на шельфе Сахалина. Китай и Россия готовы совместно рассмотреть возможность экспорта газа в Китай с газовых месторождений, расположенных в прилегающей к острову. Сахалин акватории, а также изучают вопрос о поставке газа с расположенных тут нефтепромыслов

на юг Китая.

(5) Крупнейшая российская газовая компания «Газпром», принимающая участие в реализации проекта «Переброски природного газа из Западного в Восточный Китай», предоставит Китаю услуги в области оптимизации сети транспортировки газа и в строительстве подземных газохранилищ.

Помимо нефтегазовой отрасли стороны ведут сотрудничество в других отраслях энергетики, в частности, в атомной энергетике: мощность совместно построенной Тяньваньской АЭС составляет 2 млн кВт. Стороны достигли успехов в проведении анализа и в оценке проекта переброски электроэнергии из Иркутской области в Китай. Результаты начальных исследований показывают, что с технической и экономической точки зрения данный проект вполне осуществим. Россия также предоставляет электроэнергетическое оборудование ряду китайских электростанций и участвует в проектах технической реконструкции некоторых энергетических объектов Китая.

Проблемы сотрудничества между Китаем и Россией в энергетической области.

Несмотря на широкие перспективы сотрудничества двух стран в энергетической сфере, при осуществлении конкретных проектов сотрудничества стороны столкнулись с рядом проблем. Сторонам необходимо руководствоваться принципами взаимного доверия, равенства и взаимной выгоды. Только так они смогут преодолеть эти проблемы и максимально выявить потенциал сотрудничества.

Во-первых, отсутствует комплексная стратегическая программа сотрудничества в нефтегазовой отрасли. После подписания в 1996 г. межправительственного соглашения между Китаем и Россией о совместном сотрудничестве в энергетической сфере сторонами были подготовлены планы сотрудничества по многочисленным проектам, однако в целом, эти проекты не имеют единой долгосрочной программы, а в некоторых случаях — противоречат друг другу. Китайская сторона, ведя переговоры с российской компанией «РУСИА Петролеум» о совместном освоении Ковыктинских месторождений, одновременно обсуждала с компанией «Газпром» возможность сотрудничества по проекту месторождений в Уренгое, что вызвало недовольство российской стороны. Считая, что сотрудничество с Китаем в газовой отрасли носит рискованный характер, российская сторона надеется получить от китайских партнеров информацию о стратегии развития газовой промышленности и совместно разработать программу долгосрочного сотрудничества в указанной сфере. Но в рамках X Пятилетнего плана экономического и социального развития Китая разработка комплексного плана развития газовой промышленности не предусмотрена. О плане развития газовой отрасли, который будет разработан только в следующей пятилетке, российская сторона будет проинформирована по мере его составления. Можно сказать, что отсутствие средне- и долгосрочной программы сотрудничества в нефтегазовой сфере является основным фактором, от которого зависит уровень будущего сотрудничества между двумя странами в нефтегазовой области.

Во-вторых, российская сторона относится к сотрудничеству с Китаем с некоторым сомнением. Несмотря на благоприятный политический климат в двусторонних отношениях, некоторые россияне выражают сомнение в отношении тесного торгово-экономического сотрудничества с Китаем, опасаясь, что мощная экономика Китая представляет угрозу российской экономике. В конце 2002 г. нижняя палата российского парламента приняла резолюцию о недопустимости участия Китайской национальной нефтяной корпорации в аукционе по продаже пакета акций компании «Славнефть» под тем предлогом, что участие государственного предприятия в аукционе является нарушением законодательства о приватизации. Поэтому КННК была вынуждена отказаться от участия в аукционе. Другим примером служит проект строительства нефтепровода из Ангарска в Дацин. Первоначально обе стороны — китайская и российская уже достигли договоренности о прокладке нефтепровода по указанному маршруту, но некоторые российские деятели выразили опасение, что прокладка нефтепровода только в одну страну — Китай — способна в будущем поставить Россию в зависимость от Китая. После того, как воспользовавшаяся моментом Япония поддержала проект строительства нефтепровода из Ангарска в российский порт Находка на Дальнем Востоке, российская сторона стала колебаться в выборе маршрута. Только в ходе недавнего визита Председателя КНР Ху Цзиньтао в Россию китайская и российская стороны заключили соглашение о строительстве нефтепровода «Ангарск — Дацин», и тем самым окончательно решили вопрос о выборе маршрута.

1. оптимизация 优化
2. аукцион 拍卖
3. приватизация 私有化
4. колебаться 动摇
5. стимул 刺激因素,动机
6. обуславливаться 由……决定
7. претензия 要求
8. переброска 输送
9. прокладка 铺设

◇Задания по тексту

Прочитайте текст и постарайтесь передать главное содержание.

Урок 12   Сотрудничество в энергетической сфере между Китаем и Россией (2)

Нефтяной коридор: новый стимул китайско-российского энергосотрудничества.

Россия и Китай в 2009 г. заключили соглашение о сотрудничестве в нефтяной сфере, согласно которому, в частности, российская сторона в настоящее время поставляет соседнему государству 15 млн. тонн нефти ежегодно, начиная с 1 января 2011 г. Соглашение рассчитано на 20 лет. Поставки осуществляют крупнейшая российская нефтекомпания «Роснефть» и государственная трубопроводная монополия «Транснефть». Обе компании при этом получили от Китая кредиты в размере $15 млрд и $10 млрд соответственно. Нефть поставляется по трубопроводу «Восточная Сибирь - Тихий Океан» (ВСТО) и его отводу на Китай.

1 января 2011 года в 5 часов 48 минут был официально введен в эксплу-

атацию российско-китайский нефтепровод. Сырая нефть начала поступать в резервуары(贮存器) первого пункта китайского участка в поселке Синъань уезда Мохэ. Старт символизирует официальное открытие стратегического канала импорта нефти в северо-восточном направлении. Таким образом, 2 страны официально приступили к выполнению соглашение о ежегодных поставках сырой нефти в объеме 15 млн т. на протяжении 20 лет.

Научный сотрудник Исследовательского института восточной Европы и центральной Азии при Китайской академии социальных наук, начальник кабинета исследования российской экономики Чэн Ицзюнь недавно в интервью отметил: «Энергетическое сотрудничество уже стало главной частью торгово-экономических отношений КНР и РФ. Это обуславливается и экономической структурой, и состоянием России. С китайской стороны, в последние годы непрерывно увеличивается спрос на энергетические ресурсы. Мы прогнозируем, что в будущие несколько лет обе стороны добьются еще больших успехов в энергетическом взаимодействии».

Сотрудничество в сфере природного газа между Китаем и Россией продвигается со скрытой взаимной претензией.

Переговоры и строительство китайско-российского нефтепровода завершили утомительный 10-летний процесс. 1 января 2011 года нефтепровод был официально запущен в эксплуатацию для переброски нефти в Китай. Это стало вехой энергетического сотрудничества Китая и России. Зато сотрудничество по другому важному энергетическому профилю, газовому, не добилось большого прогресса. После заключения первоначального соглашения о газовом сотрудничестве в 2004 году стороны до сих пор не добились намеченных результатов. Недавно на 15-й регулярной встрече премьеров Китая и России, на шестом и седьмом регулярных диалогах между представителями правительств двух стран по энергетическим вопросам почти полностью были сняты вопросы по газовым базам, объемам поставки и маршрутной карте. Остался лишь вопрос о цене, который может быть снят в первом полугодии 2011 года.

Россия торопится больше, чем Китай.

На самом деле, в течение шестилетних переговоров по природному газу между Китаем и Россией настрой России значительно изменился. От первоначального полного отказа от уступок до настоящего активного продвижения — такой процесс отражает перемены на международном рынке природного газа.

После финансового кризиса западные страны значительно сокращают спрос на природный газ, на мировом рынке природного газа появился новый феномен — предложение значительно выше спроса. На фоне того, как на Ближнем Востоке были построены некоторые новые предприятия по производству сжиженного газа, на рынке наметился избыток. С другой стороны, в результате реформирования США в сфере сланцевого газа Северная Америка сокращает спрос на импорт природного газа, что приводит к тому, что другие районы мира получают легкий доступ к массовому газоснабжению.

Сокращение спроса Европы на природный газ и увеличение объема предложения сжиженного газа заставляют Россию испытать большое давление. В этой связи, для продажи лишнего природного газа России необходимо, как можно скорее, найти нового клиента. Китай, как раз, является большим потенциальным клиентом для России.

Цена природного газа-крупнейшее препятствие.

Хотя существует большое пространство для сотрудничества Китая и России в сфере природного газа, но до сих пор остается много препятствий, как, например, цена природного газа.

За последние пять лет резкое повышение цены на международном энергетическом рынке привело к тому, что Европа принесла России большое богатство. В среднем, цена экспорта российского природного газа в Европу сохраняется на уровне около 200 долларов США за 1000 м^3. В настоящее время на рынке Европы цена, в среднем, составляет 300 долларов США за 1000 м^3. В 2008 году цена создала даже рекордную отметку — 353 доллара США за 1000 м^3.

В Китае природный газ стоит дешево. В июле 2010 года Китай приобрел сжиженный газ из Австралии по цене 165 долларов США за 1000 м^3 и из Туркменистана за 165 долларов США. «Если Россия хочет заключить рентабельную сделку с Китаем, то цена предложения газа, по крайней мере, должна сохраняться на уровне 200 — 220 долларов США за 1000 м^3.

18 ноября 2010 года зам. директора департамента международного сотрудничества Государственного энергетического управления Гу Цзюнь на пресс-конференции отметил: «Китай и Россия прилагают общие усилия на переговорах о цене природного газа, однако мы испытываем разногласия по ценообразованию. Разница в цене составляет 100 долларов США за 1000 м^3». Россия предложила цену примерно в 300 долларов США, а Китай настаивает на снижении цены до менее 200 долларов США за 1000 м^3.

В этой связи, ученые России считают, что «до сих пор Россия не построила газопровод в Китай, и Китай не хочет приобретать природный газ по европейской цене — это будет мешать успешному продвижению сотрудничества в сфере природного газа между Китаем и Россией».

Надо сказать, что перспективы сотрудничества в сфере природного газа между Китаем и Россией светлые. По мнению китайской стороны, в предстоящие пять лет расширение потребительского рынка природного газа в Китае приведет к увеличению экспорта. Это предоставит большие возможности для участия и сотрудничества крупным мировым странам-газопоставщикам. Китай старательно развивает низкоуглеродную экономику, и это будет продвигать развитие экологически чистой энергетики и новой энергетики в мировом масштабе.

Новые слова

1. веха 里程碑
2. феномен 现象
3. избыток 过剩
4. сланцевый газ 页岩气
5. рекордно 创纪录地
6. препятствие 障碍
7. рентабельный 盈利的
8. пресс-конференция 新闻发布会
9. низкоуглеродная экономика 低碳经济

◇Задания по тексту

Прочитайте текст и постарайтесь передать главное содержание.

Урок 13   Сотрудничество в энергетической сфере между Китаем и Россией (3)

Рост китайского спроса придал новый облик энергетическому сотрудничеству.

В последние годы быстро развивается китайская экономика, соответственно увеличивается и спрос на энергоносители. Китай развивает энергетическое сотрудничество со многими странами, в том числе и Россией. По словам Чэн Ицзюня, китайско-российское энергетическое сотрудничество только начинается, доля энергетической поставки в Китай от общей внешней поставки будет постепенно увеличиваться.

До прокладки нефтепровода Китай импортировал из России нефть по железным дорогам. После открытия нефтепровода объем перевозки гораздо увеличился, себестоимость перевозки стала ниже. Российско-китайский нефтепровод является одним из четырех каналов нефтегазового импорта Китая. Его строительство и сдача в эксплуатацию сыграют важную роль для повышения объема энергетических поставок двух стран, экономического развития. Чэн Ицзюнь отметил: «Открытие российско-китайского нефтепровода является важнейшим событием в энергетическом сотрудничестве двух стран». Более того, энергетическое сотрудничество не ограничено нефтегазовой поставкой, поскольку есть еще сфера угля, электропередачи, ядерной энергии и т.д.

В последние годы Китай и Россия непрерывно укрепляют угольное сотрудничество. В 2010 г. показатель китайского импортирования превысил 12 млн. тонн. Угольная поставка уже стала новой сферой китайско-российского энергетического сотрудничества. В 2010 г. китайская компания «Шэньхуа» заключила с российским партнером рамочное соглашение о совместном освоении углересурсов в Амурской области.

Сотрудничество в электроэнергетике является также важным направлением китайско-российского энергетического сотрудничества. Например, парк в г. Хэйхэ уже много лет подряд приобретает российскую электроэнергию.

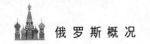

Государственная электросетевая корпорация КНР и Восточная энергетическая компания РФ заключили контракт по угольной поставке на 2011 г.

Кроме того, строительство китайско-российского газопровода является другим важным объектом после двухстороннего нефтепровода. Чэн Ицзюнь отметил, хотя переговоры о ценах еще не дали результатов, но стороны уже согласились на начало строительство западного маршрута газопровода, а также согласились на завершение строительства восточного маршрута до 2016 г. Российская сторона уже развернула работу по проектированию маршрутов и направлений газопровода, соответственная работа успешно идет, стороны также выразили гибкость в обработке проблемы с ценой.

Китайско-российское энергетическое сотрудничество: шансы и вызовы сосуществуют.

Россия обладает богатыми нефтегазовыми ресурсами. В последние годы быстрый рост экономики страны в большой степени зависит от экспорта нефти и газа, а также от быстрого роста их цен. Однако раньше ее нефть и газ в основном экспортировался в европейские страны что мало перспективно для роста. Более того, российско-украинский газовый конфликт повышает неопределенность ситуации. Китай является новоразвивающимся экономическим субъектом с самыми быстрыми темпами экономического роста, обладающим большим рыночным потенциалом. «Акцент на восток» даст для нефтегазовой промышленности России долгосрочность и стабильность.

Аналитики считают, что энергетические ресурсы являются важнейшими продуктами внешнего экспорта для России. Из-за влияния финансового кризиса международные нефтяные цены остаются на невысоком уровне, что сказывается на российском бюджете. Для восстановления национальной экономики расширение энергетического экспорта стало важной задачей российского правительства, а увеличение экспорта в Китай в настоящее время является оптимальным выбором для России.

Чэн Ицзюнь также отметил, в настоящее время объем китайско-российского энергетического сотрудничества остается еще на невысоком уровне. Обеим сторонам предстоит еще добиться больших успехов на имеющейся основе, благо есть большие перспективы.

«На самом деле не только Китаю нужны энергоресурсы России», — отметил Чэн Ицзюнь, «Китай предоставляет для России и широкий рынок. Недавно в Тяньцзине начато строительство совместного нефтеперерабатывающего завода. Это значит, что Россия может прямо продавать продукты на китайском рынке. В будущем Россия, вероятно, создаст в Китае заправочные станции, этот хороший проект повысит российские интересы в КНР».

В настоящее время Европа остается главным объектом нефтяных поставок для России, это состояние исторически сформировано. Время сотрудничества России с Европой гораздо дольше чем с Китаем. Европа является традиционным рынком для России, а Китай — совсем новый рынок. Для России рыночный плюрализм может страховать от рисков и неопределенностей. Кроме того, из-за энергетических конфликтов между Россией и другими европейскими странами некоторые клиенты могут ощущать нестабильность российских поставщиков, что прямо влияет на уровень их спроса на энергоресурсы из России. Все это благоприятно сказывается на китайско-российское энергетическое сотрудничество.

Однако точную величину объема будущих энергопоставок в Китай пока еще трудно прогнозировать. По мнению специалистов, после открытия нефтепровода ежегодный объем российских поставок может достигнуть примерно 30 млн. тонн. По словам Чэн Ицзюня, этот объем зависит от многих факторов. Во-первых, от потенциального открытия нефтяного месторождения на Дальнем Востоке, что очевидно позволит сэкономить на транспортировке. Также велико влияние будущей ценовой политики РФ во внешней торговли.

Конечно, китайско-российскому энергосотрудничеству предстоят и определенные вызовы. По словам Чэн Ицзюня, в настоящее время некоторые россияне беспокоятся, не станет ли Россия сырьевым придатком Китая, и поэтому бояться за большой объем энергопоставок в Китай. Эти страхи, возможно, создадут определенные сложности для будущего китайско-российского энергетического сотрудничества.

Новые слова

1. электропередача　电力传输
2. рамочное соглашение　框架协议
3. электросетевая корпорация
　　电网公司
4. гибкость　灵活性
5. сказываться　影响到
6. заправочные станции　加油站
7. плюрализм　多元化
8. сэкономить　节省
9. придаток　附属物；附庸

◇Задания по тексту

Прочитайте текст и постарайтесь передать главное содержание.

Раздел VI

Нефтяные компании России

Урок 1   Энергетическая компания России – Газпром

«Газпром» (俄罗斯天然气工业股份公司) — глобальная энергетическая компания России. Компания входит в пятерку крупнейших производителей нефти в РФ, а также является крупнейшим владельцем генерирующих активов на ее территории. Их суммарная установленная мощность составляет 15 % от общей установленной мощности российской энергосистемы.

В августе 1989 года постановлением Совета Министров СССР Министерство газовой промышленности СССР преобразовано в государственный газодобывающий концерн «Газпром». В 1991 году в результате распада СССР «Газпром» потерял часть своего имущества на территории бывших советских республик. 5 ноября 1992 года Президент России Борис Ельцин подписал Указ о преобразовании государственного концерна «Газпром» в РАО «Газпром», и 17 февраля 1993 года РАО «Газпром» было учреждено Постановлением Совета Министров — Правительства РФ. В 1995 году состоялось первое годовое Общее собрание акционеров «Газпром». В 1998 году решеием собрания акционеров РАО «Газпром» преобразовано в Открытое акционерное общество. В 2005 году «Газпром» получил контроль над 75,68 % акций «Сибнефти», которая стала фундаментом для дальнейшего развития его нефтяного бизнеса. В 2010 году «Газпром» завершил приобретение 100% акций ОАО «Белтрансгаз» и стал владельцем белорусской газотранспортной системы. В 2011 году «Газпром» стал лидером среди всех компаний мира по размеру чистой прибыли — 44,56 млрд долл. В 2014 году «Газпром» увеличил долю в «АрмРосгазпром» до 100 %, которое владеет газотранспортными активами на территории Армении и осуществляют поставки газа потребителям республики. В 2015 году «Газпром» стал Публичным акционерным обществом.

Основные направления деятельности данной компании — геологоразведка, добыча, транспортировка, хранение, переработка и реализация газа, газового конденсата и нефти, реализация газа в качестве моторного топлива. «Газпром» располагает самыми богатыми в мире запасами природного газа. Его доля в мировых запасах газа составляет 17 %, в российских — 72 %. На «Газпром» приходится 12 % мировой и 72 % российской добычи газа. В настоящее время компания активно реализует масштабные проекты по освоению газовых ресурсов полуострова Ямал, арктического шельфа, Восточной Сибири и Дальнего Востока, а также ряд проектов по разведке и добыче углеводородов за рубежом.

«Газпром» — надежный поставщик газа российским и зарубежным потребителям. Компании принадлежит крупнейшая в мире газотранспортная сеть — Единая система газоснабжения России, протяжённость которой превышает 168 тыс. км. На внутреннем рынке «Газпром» реализует свыше половины продаваемого газа. Кроме того, компания поставляет газ в более чем 30 стран ближнего и дальнего зарубежья. Кроме того, «Газпром» является единственным в России производителем и экспортером сжиженного природного газа.

Новые слова

1. совет министров　部长会议
2. преобразование　改造
3. РАО(российское акционерное общество)　俄罗斯股份公司
4. общее собрание акционеров　股东大会
5. ОАО(открытое акционерное общество)　开放式股份公司

6. ПАО(публичное акционерное общество)   公开股份公司

7. потребитель   需求者，需求单位

8. газоснабжение   天然气供应

9. протяжённость   长度

10. сниженный природный газ   液化天然气

◇ **Задания по тексту**

Что вы знаете о Компании «Газпром»?

Урок 2   Нефтяная компания России – Роснефть

ОАО НК «Роснефть» (俄罗斯国家石油公司) — росс-ийская государственная нефтегазовая компания и крупнейшая публичная нефтегазовая компания мира по доказанным запасам и добыче углеводородов. По данным журнала «Эксперт» занимала 3 место по объёмам выручки в 2012 году среди российских компаний. Штаб-квартира — в Москве. Входит в список Fortune Global 500 2014 года (46-е место).

Государственное предприятие по добыче и переработке нефти «Роснефть» было создано в апреле 1993 года. Новому госпредприятию в доверительное управление были переданы свыше 250 предприятий и объединений отрасли, нефтяных и газовых месторождений, образованных в советский период. Предприятия топливно-энергетического комплекса и связанные с ними предприятия государственного сектора экономики были объединены в вертикально интегрированные компании по образцу крупнейших мировых корпораций. Кризис 1998 года принес НК «Роснефть» серьезные финансовые и операционные испытания. Однако уже в 2000 году (впервые с момента экономического кризиса 1998 г.) «Роснефти» удалось добиться роста добычи. Несмотря на снижение мировых и внутренних цен на нефть и нефтепродукты в 2001 году, Компания существенно улучшила свою операционную эфф-

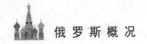

ективность.

В 2002 — 2004 годах Компания наращивала активы и расширяла географию деятельности. В 2005 году Компания заняла лидирующие позиции среди нефтяных компаний России по объемам добычи нефти и газа и, как следствие — в июле 2006 года провести первичное размещение акций на Лондонской фондовой бирже (IPO). Общая сумма размещения составила 10,7 млрд долл. — это пятое крупнейшее IPO в мире и крупнейшее за всю историю нефтегазовой отрасли, а также-среди российских компаний. В конце октября 2012 года «Роснефть» анонсировала сделку по приобретению своего конкурента — российской нефтяной компании «ТНК-ВР», — которая, в случае завершения, предположительно выведет «Роснефть» на первое место среди публичных нефтяных компаний мира по запасам и по добыче. Сделка завершилась 21 марта 2013 года. За 2013 год «Роснефть» заметно увеличила свою активность в зарубежных проектах, активно развивала экспортное направление, в том числе используя такие передовые формы развития бизнеса, как долгосрочные контракты с предоплатой. По итогам 2014 г. чистая прибыль «Роснефти» составила почти 350 млрд рублей. Компания сохранила за собой статус крупнейшего налогоплательщика Российской Федерации, обеспечивающего около четверти всех налоговых поступлений в бюджет РФ.

Основными видами деятельности ОАО НК «Роснефть» являются поиск и разведка месторождений углеводородов, добыча нефти, газа, газового конденсата, реализация проектов по освоению морских месторождений, переработка добытого сырья, реализация нефти, газа и продуктов их пере-работки на территории России и за ее пределами. Главными задачами ОАО НК «Роснефть» являются поддержание добычи на зрелых месторождениях, развитие собственного направления нефтесервиса, продолжение работы на шельфе. Успешные итоги деятельности Компании в 2014 году подтверждают эффективность применяемой стратегии, значимость определенных приоритетов и позволяют рассчитывать на дальнейшее устойчивое развитие Компании.

Новые слова

1. НК (нефтяная компания)　石油公司
2. выручка　收入, 利润
3. штаб-квартира　总部, 办公总部
4. рейтинг 500 крупнейших мировых компаний　财富世界500强
5. первичное размещение акций (IPO)　首次公开募股
6. ТНК-ВР　秋明 – 英国石油公司 (秋明 ВР 公司)
7. предоплата　预付款
8. разведка　勘探

◇ Задания по тексту

1. Расскажите о истории развития ОАО НК «Роснефть».

2. Расскажите о основных видах деятельности этой нефтяной компании.

Урок 3　Нефтяная компания России – Лукойл

ПАО «Лукойл» (俄罗斯卢克石油公司) — компания является второй крупнейшей частной нефтегазовой организацией (после ExxonMobil) в мире по размеру доказанных запасов углеводородов. Доля фирмы в общемировых запасах нефтепродуктов составляет около 1,1 %, в общемировой добыче нефти — около 2,3 %. Фирма играет ключевую роль в энергетическом секторе Российской Федерации, на ее долю приходится 18 % общероссийской добычи и 19 % общероссийской нефтепереработки.

Государственный нефтяной концерн «ЛангепасУрайКогалымнефть» («Лукойл») был создан постановлением Совета Министров СССР №18 от 25 ноября 1991 года. В новом нефтяном концерне были объединены три нефтедобывающих предприятия «Лангепаснефтегаз» «Урайнефтегаз» «Когалымнефтегаз», а также перерабатывающие предприятия «Пермнефтеоргсинтез»,

Волгоградский и Новоуфимский нефтеперерабатывающие заводы. 5 апреля 1993 года на базе государственного концерна было создано акционерное общество открытого типа «Нефтяная компания Лукойл». Наименование компании «Лукойл» происходит от первых букв названий городов нефтяников (Лангепас, Урай, Когалым) и слова «ойл» (от англ. oil — нефть). В 2004 году «Лукойл» окончательно стал частной компанией — остававшиеся у государства 7,59 % акций компании были проданы американской нефтяной компании ConocoPhillips за 1,988 млрд $. В 2005 году Лукойл и ConocoPhilips создали совместное предприятие для разработки нефтегазового месторождения Южное Хыльчую в Ненецком автономном округе. К февралю 2011 года ConocoPhillips полностью вышла из капитала «Лукойла», продав свои акции в связи со сложным финансовым положением.

Основными видами деятельности организации являются разведка и добыча нефти и газа, производство нефтепродуктов и нефтехимической продукции, а также сбыт произведенной продукции. Основная часть деятельности фирмы в секторе разведки и добычи осуществляется на территории России, основной ресурсной базой является Западная Сибирь. «Лукойл» владеет современными нефтеперерабатывающими, газоперерабатывающими и нефтехимическими заводами, расположенными в Российской Федерации, Восточной и Западной Европе, а также странах ближнего зарубежья. Основная часть продукции организации реализуется на международном рынке.

Лукойл считает своей целью создание новой стоимости, поддержание высокой прибыльности и стабильности своего бизнеса, обеспечение акционеров высоким доходом на инвестированный капитал путём повышения стоимости активов Компании и выплаты денежных дивидендов. Для достижения этих целей Лукойл будет использовать все доступные возможности, включая дальнейшие усилия по сокращению затрат, росту эффективности своих операций, улучшению качества производимой продукции и предоставляемых услуг, применению новых прогрессивных технологий.

Новые слова

1. ExxonMobil   埃克森美孚公司
2. нефтяник   石油专家
3. ConocoPhillips   康菲石油公司
4. нефтехимический   石油化工的

5. сбыт   销售
6. стоимость активов   资产总值
7. дивиденд   （股东的）红利，股息

◇Задания по тексту

Задание 1   Прочитайте текст и ответьте на вопросы.

1. Когда компания «Лукойл» окончательно стала частной компанией?

2. Откуда происходит наименование компании «Лукойл»?

3. Расскажите о цели дальнейшего развития компании «Лукойл»?

Задание 2   Прочитайте текст и перескажите его содержание.

Урок 4   Нефтяная компания
России – Сургутнефтегаз

«Сургутнефтегаз» (苏尔古特石油天然气股份公司) —
одна из крупнейших нефтяных компаний России,
активно развивающая секторы разведки и добычи нефти
и газа, переработку газа и производство электроэнергии,
производство и маркетинг нефтепродуктов, продуктов

нефте- и газохимии. Полное наименование — Открытое акционерное общество
«Сургутнефтегаз». По данным журнала «Эксперт» занимала 7 место по
объёмам выручки в 2008 году среди российских компаний. Компания занимает
496 место в Fortune Global 500 (2011 год).

История нефтедобывающего предприятия «Сургутнефтегаз» берет свое
начало в октябре 1977 года, когда ему был присвоен статус многопрофильного
производственного объединения, а в 1993 году оно было преобразовано в

акционерное общество открытого типа. В качестве вертикально-интегрированной компании ОАО «Сургутнефтегаз» присутствует на рынке немногим более 20 лет.

«Киришинефтеоргсинтез» является структурным подразделением ОАО «Сургутнефтегаз». Это единственный нефтеперерабатывающий завод на Северо-Западе России, история которого началась в 1966 году. Завод выпускает продукты нефтепереработки с высокими экологическими и эксплуатационными свойствами, в том числе моторные топлива, ароматические углеводороды, жидкий парафин, кровельные и гидроизоляционные материалы и др. Дизтопливо, авиакеросины, кровельные материалы и битумы, выпускаемые заводом, соответствуют международным стандартам качества. В декабре 2013 года ОАО «Сургутнефтегаз» на базе Киришского НПЗ завершило строительство и ввело в промышленную эксплуатацию крупнейший в Европе комплекс глубокой переработки нефти.

Основные рынки сбыта компании — регионы Северо-Запада России. В настоящее время розничная сеть Сургутнефтегаза представлена пять торговыми компаниями: «Калининграднефтепродукт», «Киришиавтосервис» «Новгороднефтепродукт», «Псковнефтепродукт», «Тверьнефтепродукт».

Основными направлениями бизнеса компании являются разведка и добыча углеводородного сырья, переработка нефти, газа и производство электроэнергии, производство и маркетинг нефтепродуктов, продуктов газопереработки, выработка продуктов нефте- и газохимии.

Новые слова

1. сектор　部门
2. маркетинг　销售
3. Киришинефтеоргсинтез　基里希石油合成公司
4. позразделение　分公司
5. моторное топливо　内燃机燃料，发动机燃料
6. ароматические углеводороды 芳香族碳水化合物
7. жидкий парафин　液体石蜡

8. кровельные материалы 屋面材料

9. гидроизоляционные материалы 防水材料

10. дизтопливо 柴油

11. авиакеросин 航空煤油

12. эксплуатация 生产

◇ **Задания по тексту**

Задание 1   Прочитайте текст и ответьте на вопросы.

1. Когда была создана компания «Сургутнефтегаз»?

2. Что такое «Киришинефтеоргсинтез»?

3. Где находятся основные рынки сбыта компании «Сургутнефтегаз»?

4. Расскажите о основных направлениях бизнеса компании.

Задание 2   Прочитайте текст и перескажите его содержание.

Урок 5   Нефтяная компания России – Татнефть

«**Татнефть**» (鞑靼石油公司) — это одна из крупнейших российских нефтяных компаний, международно-признанный вертикально-интегрированный холдинг.  В составе производственного комплекса Компании стабильно развиваются нефтегазодобыча, переработка нефти, нефтехимия, шинный комплекс, сеть АЗС и блок сервисных структур. Татнефть также участвует в капитале компаний финансового сектора.

В целях дальнейшего экономического роста, инновационного развития и укрепления своих позиций как одного из лидеров нефтяной отрасли России «Татнефть» успешно реализует программы по стабилизации объемов рентабельной добычи нефти и газа на разрабатываемых лицензионных месторождениях; активно осваивает новые месторождения, в том числе высоковязкой и трудноизвлекаемой нефти на территории Татарстана; расширяет ресурсную базу за пределами РТ и РФ; увеличивает объемы

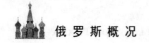
производства и реализации готовых видов продукции высокой конкурен-
тоспособности за счет развития нефтехимии и нефтепераработки; эффективно
формирует и реализует инновационно-направленную инженерно-техническую
политику.

Одним из важнейших проектов Компании является строительство в
Нижнекамске Комплекса нефтеперерабатывающих и нефтехимических заводов
«ТАНЕКО» (Комплекс НПиНХЗ). Реализация проекта была начата в 2005 году
с целью развития нового этапа нефтеперерабатывающей отрасли Татарстана.
Инициаторами строительства выступили Правительство республики и
«Татнефть». В 2011 году введена в промышленную эксплуатацию первая
очередь Комплекса НПиНХЗ, в начале 2014 года — комбинированная установка
гидрокрекинга.

Сегодня Комплекс НПЗ является полноправным участником нефтепере-
батывающей отрасли России и производит высококонкурентную, экологически
чистую продукцию, среди которой дизельное топливо Евро-5, авиационный
керосин марок РТ, ТС-1 и Джет А-1, высокоиндексные базовые масел Ⅲ группы.
С завершением реализации Проекта предусматривается выпуск широкой
номенклатуры продукции высокого передела нефти.

Помимо нефтедобывающей промышленности компания обеспечивает
разведку месторождений, имеет предприятия в сфере нефтехимии, еще
Татнефть знаменита своей экологической политикой, которую проводит в
своем регионе. Также компания относительно недавно занялась обустройством
Татарстана – стройкой новых домов, и «озеленением» республики. Помимо
всего прочего компания владеет комплексом Танеко - нефтеперерабатывающим
предприятием, который также придерживается экологической политики
компании и энергонезависим, т.к. работает на энергии, которую сам и
вырабатывает.

Новые слова

1. холдинг   控股公司

2. инновационный   创新的

3. АЗС(автозаправочная станция)
   汽车加油站

4. шинный комплекс   轮胎综合生产

5. рентабельный   赢利的

6. высоковязкая нефть   高黏度油

7. гидрокрекинг   氢化裂化

8. трудноизвлекаемая нефть   废油或轴承回油

9. РТ(Республика Таджикистан)   塔吉克斯坦共和国

10. номенклатура   目录；汇编

◇ **Задания по тексту**

Задание 1   Прочитайте текст и ответьте на вопросы.

1. Расскажите о нефтяной компании «Татнефть».

2. Что вы знаете о проектах данной компании?

3. Чем Татнефть знаменита кроме нефтедобывающей промышленни?

Задание 2   Прочитайте текст и перескажите его содержание.

Урок 6 Нефтяная компания России – Славнефть

ОАО НГК «Славнефть» (斯拉夫石油天然气公司) — российская нефтяная компания. Доля Славнефти в общем объёме добываемой в России нефти составляет

3,4 %. «Славнефть» в 2012 году добыла 17,9 млн т. нефти, переработала (с учетом Мозырского НПЗ) 26,6 млн т. Выручка по РСБУ в 2012 году составила 11,056 млрд руб., чистая прибыль — 3,496 млрд руб..

Открытое акционерное общество «Нефтегазовая компания «Славнефть» (ОАО НГК «Славнефть») было учреждено 26 августа 1994 года на основании постановления Правительства Российской Федерации от 8 апреля 1994 года №305 и распоряжения Совета Министров Республики Беларусь от 15 июня 1994 года №589-р. Основными учредителями «Славнефти» выступили Госкомимущество России с первоначальной долей в уставном капитале Компании 86,3 % и Мингосимущество Республики Беларусь (7,2 %). В ноябре

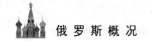

2002 года Правительство Республики Беларусь реализовало принадлежавший белорусскому государству пакет акций «Славнефти» в размере 10,83 %.

Сегодня «Славнефть» входит в число крупнейших нефтяных компаний России. Вертикально-интегрированная структура холдинга позволяет обеспечивать полный производственный цикл: от разведки месторождений и добычи углеводородных запасов до их переработки. Основным нефтедобывающим предприятием Компании является ОАО «Славнефть-Мегионнефтегаз» (ОАО «СН-МНГ»). Работая на Мегионском, Аганском, Ватинском и ряде других месторождений, «СН-МНГ» ежемесячно добывает 1,34 млн т. углеводородного сырья. Ежегодная добыча всех предприятий холдинга составляет порядка 16,2 млн т. нефти.

Добытая нефть (за исключением экспортной доли) отправляется на переработку, которая осуществляется ОАО «Славнефть-Ярославнефтео-ргсинтез» (ОАО «Славнефть-ЯНОС») и ОАО «Мозырский НПЗ». Нефтеперерабатывающие предприятия Компании обладают значительными производственными мощностями и современным оборудованием, что позволяет выпускать высококачественную продукцию на уровне мировых стандартов. Ежегодно НПЗ «Славнефти» перерабатывают свыше 27,5 млн т. углеводородного сырья и производят более 5 млн тонн автобензинов.

Реализуемая «Славнефтью» бизнес-стратегия призвана обеспечить устойчивое и сбалансированное развитие нефтедобывающих и перерабатывающих мощностей. Основными задачами Компании в настоящее время являются стабилизация уровня нефтедобычи, продолжение модернизации перерабатывающего производства и наращивание объемов переработки сырья, а также реструктуризация бизнеса, создание оптимальной схемы взаимодействия предприятий холдинга, снижение издержек и рост эффективности производственной деятельности.

1. НГК(нефтегазовая компания)
   石油天然气公司
2. РСБУ(российские стандарты бухгалтерского учёта) 俄罗斯会计核算标准
3. уставный капитал 固定资本
4. аукцион 拍卖
5. лицензия 许可证
6. производственная мощность 生产能力
7. автобензин 车用汽油
8. бизнес-стратегия 商业战略
9. модернизация 现代化
10. наращивание 增长

◇ Задания по тексту

Задание 1 Прочитайте текст и ответьте на вопросы.

1. Какое место занимает компания «Славнефть» в России?

2. Что вы знаете о нефтедобывающих и нефтеперерабатывающих предприятиях Компании?

Задание 2 Прочитайте текст и перескажите его содержание.

Урок 7 Нефтяная компания России – Башнефть

ПАО АНК «Башнефть» (巴什基尔石油公司) — одна из наиболее динамично развивающихся вертикально-интегрированных российских нефтяных компаний, объединяющая крупнейшие предприятия  топливно-энергетического комплекса Республики Башкортостан. Компания входит в первую пятерку по объемам нефтепереработки. Важнейшими видами деятельности Башнефти являются разведка и добыча нефти и газа, производство нефтепродуктов и нефтехимической продукции, а также сбыт произве-денной продукции. Основной акционер компании – АФК «Система».

В начале XVIII века зафиксированы первые нефтепроявления на территории

Башкирии. 16 мая 1932 г. состоялось открытие Ишимбайского месторождения, которое стало точкой отсчета начала промышленной добычи нефти в Республике Башкортостан. В 1946 году был создано производственное объединение «Башнефть», в которое вошли тресты «Ишимбайнефть», «Туймазанефть», «Башнефтеразведка», «Башнефтестрой», заводы «Красный пролетарий» и Ишимбайский машиностроительный, «Башнефтепроект» и «Баштехснабнефть». В 1967 году «Башнефть» вышла на пик добычи — около 48 млн тонн. 13 января 1995 г. учреждено акционерное общество открытого типа «Акционерная нефтяная компания «Башнефть». В 2005 году АФК «Система» купила первые крупные пакеты акций ПАО АНК «Башнефть», четырех нефтеперерабатывающих заводов и «Башкирнефтепродукта». В марте 2009 г. основным владельцем шести предприятий ТЭК Республики Башкортостан, включая ОАО АНК «Башнефть», стало ОАО АФК «Система». В 2010 г. ОАО АНК «Башнефть» приобрело у АФК «Система» контрольные пакеты акций ОАО «Уфанефтехим», ОАО «Новойл», ОАО «УНПЗ», ОАО «Уфаоргсинтез» и ОАО «Башкирнефтепродукт» и стало головной компанией нового нефтяного холдинга. В 2003 году завершено формирование вертикально-интегрированной нефтяной компании (ВИНК) федерального уровня. ОАО АНК «Башнефть» провело реорганизацию в форме присоединения пяти дочерних обществ — ОАО «УНПЗ», ОАО «Новойл», ОАО «Уфанефтехим», ОАО «Башкирнефтепродукт» и ОАО «Оренбургнефтепродукт». В декабре 2014 г. по решению Арбитражного суда ОАО АФК «Система» передало контрольный пакет акций ОАО АНК «Башнефть» Российской Федерации в лице Росимущества.

«Башнефть» владеет лицензиями на разработку более 180 месторождений. Компания ведет активную экспансию в Ненецком автономном округе, где главным ее активом являются месторождения имени Р.Требса и А.Титова, разрабатываемые совместно с «Лукойл». Также «Башнефть» имеет проекты в своем историческом регионе Башкирии и за рубежом, частности, в Ираке, Африке и ЮгоВосточной Азии. Перерабатывающий комплекс «Башнефть» представлен тремя нефтеперерабатывающими заводами: Уфанефтехимом, Уфимским НПЗ и Ново-Уфимским НПЗ, совокупная мощность которых составляет 24,1 млн тонн в год. Компании также принадлежит нефтехимическое предприятие«Уфаоргсинтез». Розничная сеть «Башнефть» включает в себя более 460 собственных АЗС, а также свыше 220 партнерских станций в 20 регионах России.

Новые слова

1. динамично   发展变化的

2. АФК «Система»(Акционерная финансовая корпорация «Система») 俄罗斯 Sistema 公司 (俄罗斯最大的公开上市控股公司)

3. реорганизаця 改造

4. дочерное общество 子公司

5. пакет акций 大宗股票

6. экспансия 扩张

7. розничная сеть 销售网

◇ Задания по тексту

Задание 1 Прочитайте текст и ответьте на вопросы.

1. Своими словами передайте содержание данного текста.

2. Расскажите о динамичном развитии «Башнефть».

Урок 8 Нефтяная компания России – РуссНефть

АО НК «РуссНефть» (罗斯石油公司) — единственная крупная нефтяная компания России, созданная не в ходе приватизации государственных нефтедобывающих предприятий в начале 1990-х, а в результате консолида-

ции активов других компаний. Создание компании происходило при финансовой поддержке крупной швейцарской трейдинговой компании Glencore.

«РуссНефть» была создана в сентябре 2002 года. Основной целью стратегии «РуссНефти» на первом этапе являлось создание высокоэффективной, конкурентоспособной структуры, являющейся лидером нефтегазового сообщества России и гарантом благосостояния регионов действия Компании. В 2004 году благодаря эффективному управлению и последовательной реализации стратегии развития «РуссНефти» удалось в течение 2004 года увеличить объем добычи углеводородного сырья в пять раз до 10 млн т. и уверенно войти в TOP -10 российских нефтяных компаний. В 2007 году в условиях освоения новых месторождений и работы на старых нефтепромыслах «РуссНефти» удалось стабилизировать объем добычи нефти в объеме более 14 млн т. в год при среднесуточной добыче 39 тыс. т. В 2011 году Компании удалось увеличить объем добычи нефти на 5,6 % по сравнению с 2010 годом, который составил 13,6 млн т. При этом динамика прироста добычи значительно превысила среднеотраслевые показатели среди российских ВИНК. В 2012 году «РуссНефть» отметила 10-летие со дня своего образования. Юбилейный год холдинг встретил новыми достижениями. Объем добычи нефти Компанией составил в 2012 г. 13,9 млн т., что на 1,7 % превышает аналогичный показатель 2011 года. В 2014 году одним из ключевых направлений развития деятельности ОАОНК «Русснефть» стало реализация газовой программы. Цель программы: повышение уровня эффективного использования попутного нефтяного газа в составе извлекаемой нефти до 95 %.

В структуру Группы Компаний «РуссНефть» входят 45 добывающих предприятия. География деятельности «РуссНефти» охватывает 16 регионов России, страны СНГ. Головной офис Компании расположен в Москве. В разработке находится 167 нефтегазовых месторождений. Суммарные извлекаемые запасы нефти Группы Компаний «РуссНефть» превышают 765 млн т., газа — 177 млрд м^3.

Основными акцентами долгосрочной стратегии развития ОАОНК «РуссНефть» являются органический рост добычи углеводородного сырья, геологоразведка, развитие газовых проектов. «РуссНефть» сосредоточится на более активном вовлечении в разработку имеющихся лицензионных участков с уточнением геологической структуры запасов, их прирост в границах нефтяных месторождений холдинга. НК «РуссНефть» намерена и в будущем повышать эффективность деятельности путем внедрения передовых технологий и современного нефтегазового оборудования, инвестируя в развитие собственных производственных мощностей.

Новые слова

1. приватизация　私有化
2. Glencore　嘉能可斯特拉塔股份有限公司 (全球大宗商品交易巨头)
3. конкурентоспособный　有竞争力的
4. трейдинговый　贸易的
5. среднесуточная добыча　日平均产量
6. ВИНК (вертикально-интегрированные нефтяные компании) 纵向一体化石油公司

◇ Задания по тексту

Расскажите о долгосрочной стратегии развития «РуссНефть».

Урок 9　Ныне несуществующие нефтяные компании

Кроме вышеупомянутых нефтяных компаний, в России были некоторые нефтяные компании, которые играли важную роль в истории российской нефтяной промышленности, в том числе Сибнефть, ЮКОС, ТНК-BP, Сиданко.

ОАО «Сибнефть» было создано в 1995 году на базе перспективных нефтедобывающих и нефтеперерабатывающих предприятий России. В его состав вошёл «Ноябрьскнефтегаз», месторождения которого отличаются нефтью с низкой плотностью и невысоким содержанием серы, что позволяет производить из неё продукцию высокого качества, соответствующую экологическим нормам. Омский нефтеперерабатывающий завод, вошедший также в состав «Сибнефти», отличался мощными технологическими установками, обеспечивающими глубокую переработку сырья. В сентябре 2005 года учредители «Сибнефти» продали более 72 % акций ОАО «Газпром», практически передав права на владение компанией. В конце декабря этого же года компания была переименована в «Газпром Нефть», с которой «ДСК-НЕФТЬ» по сей день удачно сотрудничает.

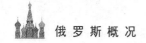

ОАО НК «ЮКОС» — российская нефтяная компания, существовавшая с 1993 по 2007 год. В 2004 году на основе первого аукциона по продаже активов ЮКОСа 76,79 % акций крупнейшей нефтедобывающей «дочки» «ЮКОСа» — компании «Юганскнефтегаз» купила малоизвестная компания «Байкалфинансгруп». Вскоре 100 % долю в «Байкалфинансгруп» купила государственная компания «Роснефть». 1 августа 2006 «ЮКОС» был объявлен банкротом, до 12 ноября 2007 года в отношении компании осуществлялось конкурсное производство. В течение 2007 года имущество компании продавалось на аукционах с целью покрытия долгов. 21 ноября 2007 года компания была ликвидирована.

ОАО ТНК(Тюменская нефтяная компания) было создано в 1995 году. Компания имела в своём составе два нефтедобывающих предприятия (Нижне-вартовскнефтегаз и Тюменнефтегаз), Рязанский НПЗ и сбытовые активы в центре России и в Тюмени. В 1999 — 2000 годах ТНК существенно нарастила нефтедобывающий сектор, приобретя компанию «Сиданко», испытывавшую финансовые трудности. В 2000 году ТНК купила контрольный акций «ОНАКО». В 2002 году ТНК совместно с «Сибнефтью» приобрела контрольный пакет акций «Славнефти». В результате этих сделок компания существенно нарастила добывающие и перерабатывающие мощности, расширила сбытовую сеть. В 2003 году на базе ТНК была создана российско-британская компания ТНК-BP. В октябре 2012 года было объявлено о предстоящей покупке компании российским государственным нефтегазовым гигантом «Роснефть». 21 марта 2013 года в официальном пресс-релизе «Роснефть» сообщила о завершении сделки по покупке 100 % ТНК-BP.

Сиданко-Сибирско-Дальневосточная нефтяная компания, существовавшая в 1994 — 2005 годах (с 1999 в составе ТНК). Компания была создана путём выделения ряда активов из состава государственной «Роснефти» в рамках кампании по приватизации российской нефтяной отрасли. В 2005 ОАО «Сиданко» окончательно прекратило существование.

Новые слова

1. плотность 密度, 浓度
2. переименовать 更名
3. ликвидировать 清理, 消灭
4. нарастить 增长
5. завершение 完成

◇ Задания по тексту

Задание 1 Прочитайте текст и ответьте на вопросы.

1. Когда случился банкрот компании «ЮКОСа»?

2. Что вы знаете о нефтяной компании «ТНК-ВР»?

3. Когда компания «Сиданко» прекратила своё существование?

Задание 2 Расскажите о взаимоотношениях между компанией «Сибнефтью» и компанией «Газпромом».

Урок 10 ОАО НК «Транснефть»

ОАО НК «Транснефть» (俄罗斯石油运输公司) — российская государственная транспортная монополия, оператор магистральных нефтепроводов России, крупнейшая трубопроводная компания в мире.  «Транснефти» принадлежит свыше 70 тыс. км магистральных трубопроводов, компания транспортирует 90 % добываемой в России нефти и около 25 % производимых в стране нефтепродуктов, а также значительные объемы углеводородного сырья стран СНГ.

Открытое акционерное общество «Акционерная компания по транспорту нефти «Транснефть» учреждено Постановлением Правительства Российской Федерации от 14 августа 1993 года №810. Идея создания нефтяной транспортной компании тесно связана с гениальным русским учёным Д.И.Менделеевым, который открыл один из фундаментальных законов мироздания – периодический закон химических элементов. Он выдвинул идею использовать трубопровод для перекачки нефти и продуктов ее переработки. Он не только убедительно доказал преимущества этого вида транспорта перед прочими, но и сформулировал принципы его создания. В 1878 году в России появился первый нефтепровод длиной 10 км, по которому в декабре было перекачано 841150 пудов нефти.

Основными видами деятельности ОАО НК «Транснефть» являются оказание услуг в области:

(1) Транспортировки нефти по системе магистральных трубопроводов в Российской Федерации и за ее пределами, диспетчеризация поставок нефти;

(2) Транспортировки нефтепродуктов по системе магистральных трубопроводов в Российской Федерации и за ее пределами, диспетчеризация поставок нефтепродуктов.

Кроме того, компания оказывает услуги по хранению нефти в системе магистральных трубопроводов, компаундированию нефти, реализации нефти. Помимо основной деятельности по транспортировке нефти по территории Российской Федерации, ОАО НК «Транснефть» обеспечивает планирование и управление транспортировкой нефти на территории зарубежных стран и ее сдачи на зарубежных приемо-сдаточных пунктах, организует сбор и обобщение информации.

В соответствии с Программой стратегического развития ОАО НК «Транснефть» на период до 2020 года, основной целью компании является развитие системы магистрального трубопроводного транспорта Российской Федерации для полного обеспечения потребностей в транспортировке нефти и нефтепродуктов на основе применения современных передовых отраслевых технологий, обеспечивающих высокий уровень надежности, промышленной и экологической безопасности.

Крупные трубопроводные системы данной компании: БТС (Балтийская трубопроводная система), ТС ВСТО (трубопроводная система Восточная Сибирь – Тихий океан), Север, Куюмба – Тайшет, Юг и т.д. ТС ВСТО — это крупнейший строительный проект в нефтяной отрасли современной России, его реализация позволяет транспортировать нефть на растущие рынки Дальнего Востока и Азиатско-Тихоокеанского региона. 28 апреля 2006 в районе города Тайшета были сварены первые трубы. «Это не просто труба: это и мосты, и железные и шоссейные дороги, системы связи, коммуникации. И все выполнено на самом современном технологическом уровне, – подчеркнул через три года возглавлявший тогда правительство России Владимир Путин, лично запустивший в эксплуатацию объекты первой очереди. — Строители ВСТО работали в очень тяжелых условиях: в непроходимой тайге, без всякой инфраструктуры, без электроснабжения. И теперь все это создано».

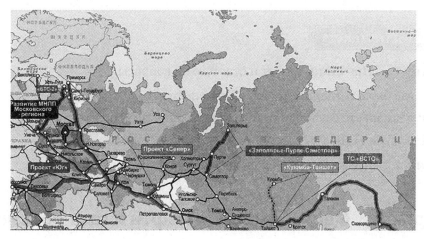

Схемы магистральных трубопроводов ОАО НК «Транснефть»

Новые слова

1. нефтепровод 石油运输
2. трубопроводная компания 管道运输公司
3. магистральные трубопроводы 管道运输线
4. нефтепродукт 石油产品,石油制品
5. периодический закон химических элементов 化学元素周期表
6. перекачки нефти 石油压送
7. пуд 普特 (俄国实行米制前的重量单位, 1 пуд=16.3 kg)
8. транспортировка 运输
9. диспетчеризация 调度

10. компаундирование　混合

11. приемо-сдаточный пункт　集输站

12. трубопроводная система　管道系统

13. Восточная Сибирь　东西伯利亚

14. Тайшет　泰舍特

15. сварить　焊接

16. эксплуатация　运营；投产

17. тайга　（俄罗斯北方的）原始森林，泰加林

18. инфраструктура　基础结构，基础设施

19. электроснабжение　供电

◇ **Задания по тексту**

Задание 1　Прочитайте текст и ответьте на вопросы.

1. Когда было создано ОАО НК «Транснефть»?

2. Что вы знаете о основных видах деятельности «Транснефти»?

3. Что такое ТС ВСТО?

Задание 2　Расскажите о «Транснефти».

Урок 11　Месторождения нефти и газа России

К настоящему времени на территории России открыто несколько десятков нефтяных и газовых месторождений. Основная часть их сосредоточена в недрах арктических морей, где их разработка осложняется сложными климатическими условиями. Также возникает проблема доставки нефти и газа к местам их переработки. В связи с этим разработка ведётся лишь на шельфе Сахалина, а также в материковой части России, где также встречаются довольно богатые нефтяные, газовые и нефтегазовые месторождения. В материковой части России большинство нефтяных и газовых месторождений сосредоточены в Сибири и на Дальнем Востоке.

На севере Западной Сибири (Ямало-Ненецкий автономный округ) сосредоточены крупнейшие газовые месторождения России (Ямбургское,

Уренгойское, Медвежье, Балахнинское, Харасавэйское и др.), а в средней части Западно-Сибирского региона (Ханты-Мансийский автономный округ) — нефтяные (Самотлорское, Мегионское, Усть-Балыкское, Сургутское и другие месторождения). Отсюда нефть и газ подаются по трубопроводам в другие районы России, страны ближнего зарубежья, а также в государства Европы.

Есть нефть также в Якутии, ведется ее добыча на острове Сахалин. Следует отметить открытие первого промышленного скопления углеводородов в Хабаровском крае (Адникановское месторождение). Для Дальнего Востока с его хроническим дефицитом энергоресурсов это событие является очень важным. В последние годы в РФ были открыты новые месторождения: природного газа на шельфе Баренцева моря (Штокмановское), газоконденсатное — на шельфе Карского моря (Ленинградское), нефтяное — на шельфе Печорской губы и др.

Общее количество нефтяных месторождений в России превышает 2000, а наиболее крупными являются: Самотлорское, Ромашкинское, Приобское, Лянторское и Федоровское.

Самотлорское нефтяное месторождение (萨莫特洛尔油田). Крупнейшее в России нефтяное месторождение и 6-е по размеру в мире нефтяное месторождение. Месторождение относится к Западно-Сибирской провинции. Открыто в 1965 году. Запасы нефти здесь оцениваются в 7,1 млрд т. Среднесуточная добыча составляет около 70000 т. в сутки. Нефть извлекается с глубины 1,6 – 2,4 км. В настоящее время разработку основной части месторождения ведёт предприятие НК «Роснефть» — ОАО «Самотлорнефтегаз», реорганизованное из АО «Нижневартовскнефтегаз». По итогам 2013 года на Самотлорском месторождении ключевыми недропользователями ОАО «Самотлорнефтегаз» и ОАО «РН-Нижневартовск» (НК «Роснефть») добыто свыше 22 млн т. нефти.

Ромашкинское месторождение (罗马什金油田) — второе по величине в России, его запасы составляют около 5 млрд т. Расположено это месторождение в республике Татарстан и эксплуатируется с 1948 года. Это одно из старейших месторождений РФ, которое до сих пор эксплуатируется.

Среднесуточная добыча составляет 15200 т. в сутки. А за все время из этого месторождения было извлечено более 3 млрд т. нефти. Добыча ведется с глубины 1600—1800 метров, разработку ведет нефтяная компания «Татнефть».

Приобское месторождение (鄂毕河油田) — данное месторождение было открыто в 1982 году, как и Ромашкинское имеет запасы нефти около 5 млрд т. Оно расположено в Ханты-Мансийском АО и на сегодняшний день является самым крупным в России по показателю среднесуточной добычи. За день здесь добывается около 110000 т. нефти. Добыча ведется с глубины 2,3 – 2,6 м³, а разработку ведут российские компании «Роснефть» и «Газпром нефть».

Лянторское месторождение (连托尔油田) — месторождение занимает 4 место в России по запасам нефти — около 2 млрд т. При этом оно является нефтегазоконденсатным и запасы природного газа здесь составляют около 250 млрд м³. Открыто месторождение было в 1965 году, а эксплуатация началась в 1978. Ежедневно извлекается 26000 т. нефти с глубины около 2 км. Работы ведет компания «Сургутнефтегаз».

Федоровское месторождение (费多罗夫油田) — месторождение находится в Ханты-Мансийском АО. Месторождение эксплуатируется с 1971 года и за время эксплуатации было извлечено 0,571 млрд т. нефти. Общие запасы оцениваются в 1,8 млрд т. Среднесуточная добыча составляет 23000 т., разрабатывает месторождение компания «Сургутнефтегаз».

Самые крупные газовые месторождения РФ, как и нефтяные находятся в Западной Сибири. И хотя Россия обладает самыми большими мировыми запасами «голубого топлива», крупнейшее месторождение находится в Персидском заливе в территориальных водах Ирана и Катара и носит название Северное/Южный Парс. Пятерка крупнейших российских газовых месторождений: Уренгойское, Ямбургское, Бованенковское, Ленинградское и Русановское.

Уренгойское месторождение природного газа (乌连戈伊气田) —— это второе в мире по величине пластовых запасов газовое месторождение. Объёмы газа здесь превышают 10 триллионов кубических метров. Данное месторождение расположено в Ямало-Ненецком автономном округе Тюменской области России, чуть южнее северного полярного круга. Имя месторождению дало название расположенного неподалёку посёлка Уренгой. После начала разработки месторождения здесь вырос целый рабочий город Новый Уренгой. Месторождение было открыто в 1966 году, а добыча газа началась в 1978.

Ямбургское месторождение (扬堡凝析气田) также находится в Ямало-Ненецком округе. Открытие данного месторождения было подготовлено геологами на пике Великой Отечественной Войны, но только в 1961 году началась работа по бурению скважины №1. В Ямбургском месторождении находится 8,2 триллиона кубометров природного газа. Это второй показатель в России и 5-й в мире. Разрабатывает месторождение ОАО «Газпром». Бован-енковское (波瓦涅科夫气田), Ленинградское (列宁格勒气田) и Русановское (鲁萨诺夫气田) газовые месторождения находятся в Карском море, разработку ведет «Газпром». Запасы газа оцениваются в 4,4 триллион и 4 триллион м^3 соответственно. Для разработки этих трёх месторождений требуется немало финансовых и временных затрат, так как месторождения расположены глубоко под морями потребуется не один год, чтобы начать их разработку.

Новые слова

1. сосредоточить   集中
2. недра   地下
3. арктические моря   北极附近海域
4. доставка   运送
5. шельф   大陆架
6. материковый   大陆的
7. Ямало-Ненецкий автономный округ   亚马尔—涅涅茨自治区
8. Ханты-Мансийский автономный округ   汉特—曼西自治区
9. Якутия   雅库特
10. хронический   长期的
11. дефицит   缺乏
12. Баренцево море   巴伦支海
13. Карское море   喀拉海
14. Печорская губа   伯朝拉湾
15. реорганизовать   改组, 改造
16. нефтегазоконденсатный   凝析油气的
17. Северное/Южный Парс   北/南帕斯气田
18. Северный полярный круг   北极圈
19. бурение   钻探
20. триллион   万亿

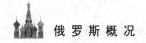

◇Задания по тексту

Задание 1   Прочитайте текст и ответьте на вопросы.

1. Где находится основная часть нефтяных и газовых месторождений России?
2. Какие крупные газовые месторождения находятся на севере Западной Сибири?
3. Какие крупные нефтяный месторождения находятся в средней части Западно-Сибирского региона?
4. Какое место занимает Самотлорское нефтяное месторождение в нефтяной промышленности России?
5. Что вы знаете о месторождениях нефти и газа в России?

Задание 2   Прочитайте текст и расскажите о Уренгойском месторождении.

Литература

[1] 李英男. 俄罗斯地理 [M]. 北京:外语教学与研究出版社,2005.

[2] 戴桂菊,李英男. 俄罗斯历史 [M]. 北京:外语教学与研究出版社,2006.

[3] 李英男,戴桂菊. 俄罗斯历史之路:千年回眸 [M]. 北京:外语教学与研究出版社, 2002.

[4] 杰弗里•霍斯金. 俄罗斯史 [M]. 广州:南方日报出版社,2013.

[5] 商玉洁,赵永华,山鹰. 俄罗斯文化国情教程 [M]. 北京:中国人民大学出版社,2002.

[6] В. В. 费多特金,赵春梅. 俄罗斯文化概观 [M]. 天津:南开大学出版社,2011.

[7] 戴桂菊. 俄罗斯文化 [M]. 北京:外语教学与研究出版社,2010.

[8] 吴国华. 俄语与俄罗斯文化 [M]. 北京:军事谊文出版社,1998.

[9] 谭林. 俄语语言国情学 [M]. 长春:吉林大学出版社,1996.

[10] 赵爱国. 俄罗斯概况 [M]. 上海:上海外语教育出版社,2006.

[11] В. 波里先科,Ю. 普罗霍洛夫,郭聿楷. 俄罗斯文化国情词典 [M]. 北京:外语教学与研究出版社,1995.

[12] 洪宇,刘庆宁,郑刚. 简明俄国史 [M]. 上海:上海外语教育出版社,1987.

[13] 任光宣. 俄罗斯文学简史 [M]. 北京:北京大学出版社,2006.

[14] 任光宣,张建华,余一中. 俄罗斯文学史(俄文版)[M]. 北京:北京大学出版社,2014.

[15] 曹靖华. 俄国文学史 [M]. 北京:北京大学出版社,2007.

[16] Арсланов Р.А., Керров В.В., Мосейкина М.Н. и др. Краткий курс истории России с древнейших времен до начала XXI века: учеб. пособие. /под ред. В.В. Керова. М.: АСТ: Астрель: ХРАНИТЕЛЬ, 2007.

[17] Шапиро А.Л. Русская историография с древнейших времен до 1917г. Учебное пособие. 2-е изд., испр. и доп. М.: Изд-во Культура, 1993.

[18] Сказкин С. Д. История — увлекательная наука, М.: Изд-во Знание, 1961.

[19] Заичкин И. А., Почкаев И. Н. Русская история: От Екатерины Великой до Александра II. М.: Изд-во Мысли, 1994.

[20] Павленко Н. И., Андреев Н.И., Кобрин В.Б. и др. История России с древнейших времен до 1861 года. М., 2000.

[21] Платонов С. Ф. Лекции по русской истории. М.: Изд-во Высшая школа, 1993.

[22] Похлебкин В. В. Внешняя политика Руси, России, СССР за 1000 лет в именах, фактах, датах: Справочник. М.: Изд-во Международные отношения, 1992.

[23] Пушкарев С. Г. Обзор русской истории. М.: Изд-во НАУКА, 1991.

[24] Энциклопедия для детей. Т.5. Ч.2. История России. От дворцовых переворотов до эпохи Великих реформ. М.: Изд-во Аванта, 1997.

[25] Вавилова Е.В. Экономическая география и регионалистика: Учебное пособие. М.: Гардарики, 2004.

[26] Гладкий Ю.Н., Добросюк В.А., Семенов С.П. Экономическая география России: Учебник. М.: Гардарика, 1999.

[27] Глушкова В.Г., Макар С.В. Экономика природопользования: Учебное пособие. М.: Гардарика, 2003.

[28] Россия: природа, население, экономика. Энциклопедия. Т.12, М.: Изд-во Аванта, 1998.

[29] Зезина М. Р., Кошман Л. В., Шульгин В. С. История русской культуры. М.: Изд-во Дрофа, 2000.

[30] Милюков П. Н. Очерки по истории русской культуры. М.: Изд-во Медиакнига, 2003.

[31] Русская литература 19 века: Большой учебный справочник. М.: Дрофа, 2004. Акимов В.М. Сто лет русской литературы. От «серебряного века» до наших дней. СПб.